河南省哲学社会科学规划项目"河南省农村流通体系促进农村消费的路径和对策研究"（2015CJJ088）；河南科技大学高层次科研项目培育基金"农村流通体系促进农村消费的路径和对策研究"；河南科技大学人文社会科学青年科研基金（2015SQN004）

扩大消费长效机制的消费品流通体系研究

丁超勋 著

中国社会科学出版社

图书在版编目（CIP）数据

扩大消费长效机制的消费品流通体系研究/丁超勋著. —北京：中国社会科学出版社，2016.7

ISBN 978-7-5161-7794-5

Ⅰ.①扩… Ⅱ.①丁… Ⅲ.①商品流通—研究—中国 Ⅳ.①F724

中国版本图书馆 CIP 数据核字（2016）第 051394 号

出 版 人	赵剑英
责任编辑	刘晓红
责任校对	周晓东
责任印制	戴 宽
出　　版	中国社会科学出版社
社　　址	北京鼓楼西大街甲 158 号
邮　　编	100720
网　　址	http://www.csspw.cn
发 行 部	010-84083685
门 市 部	010-84029450
经　　销	新华书店及其他书店
印　　刷	北京君升印刷有限公司
装　　订	廊坊市广阳区广增装订厂
版　　次	2016 年 7 月第 1 版
印　　次	2016 年 7 月第 1 次印刷
开　　本	710×1000 1/16
印　　张	14.75
插　　页	2
字　　数	258 千字
定　　价	56.00 元

凡购买中国社会科学出版社图书，如有质量问题请与本社营销中心联系调换
电话：010-84083683
版权所有　侵权必究

前　言

当前，我国正处在全面建成小康社会的重要时期，有效需求不足对经济增长的制约作用日益明显。所以，刺激国内消费需求，是扩大内需、保持我国经济平稳较快增长的重要动力。国家"十二五"规划、《国务院深化流通体制改革加快流通产业发展的意见》等中央文件都明确提出要"建立扩大消费需求的长效机制"。在此背景下，研究我国居民的消费规律，健全我国的消费品流通体系，扩大我国居民的消费需求，就成为人们关注的一个重要课题。本书就是从建立扩大消费长效机制的角度，探讨我国居民消费和消费品流通体系的现状和问题，从定性和定量方面研究流通和消费相互作用的机理，深入分析现有流通政策对扩大消费的作用效果，提出扩大消费长效机制的消费品流通体系建设的总体框架，为我国的消费品流通体系建设提供理论依据和对策建议。

第一，本书对流通体系和扩大消费的关系进行了研究。使用微观分析方法证明了流通体系的存在可以促进均衡价格的下降和消费量的扩大；分析了流通业发展和消费水平的关系，用代表流通业和消费发展水平的指标进行协整分析，并运用 VEC 模型、SVAR 模型对二者关系进行定量研究；基于全国省际面板数据，利用 Panel Data 模型定量分析流通对农村消费、城镇居民消费的影响。分析认为流通和消费存在长期均衡关系，流通体系的健全可以促进消费的扩大。

第二，本书对我国居民消费和消费品流通体系是否存在长效机制进行了分析。分析了我国消费总量、消费率、消费结构等方面的总体状况并分别对城镇居民消费和农村消费进行分析；从总量规模、发展速度、国内外比较等方面对我国流通的现状进行总体描述；以建立扩大消费长效机制为目标，分析我国消费品流通体系存在的问题，寻找流通体系阻碍消费扩大的症结，探讨消费品流通体系健全和升级的路径。

第三，分析了影响我国消费品流通体系发展的各种因素，并建立多元回归模型分析影响因素的作用的方向和程度,并指出了社区商业体系建设、网络购物体系建设和农村消费品流通体系建设是建立扩大消费长效机制的我国消费品流通体系建设的重点领域。

第四,探讨了建设扩大消费长效机制对消费品流通体系的要求,并构建了扩大消费长效机制的消费品流通体系的总体框架。然后,依照此框架建立了流通体系促进消费的评价指标体系,并使用指标的近十年的时间序列数据,建立基于因子分析的评价模型,得到了波动上升的综合评价序列值。

第五,我国流通体系的新政策实践对扩大消费的作用分析。介绍了我国流通领域的新政策和实践情况,如"万村千乡"、"双百"市场工程、农超对接、新网工程等,总结这些流通工程取得的成绩和存在的问题;对流通领域的新实践扩大消费的效果进行总体评价,认为新政策明显地扩大了居民消费尤其是农民消费,但需要解决政策落实和执行的一些问题,才能将短期的刺激政策演变成为长效的机制。

第六,提出了建立扩大消费长效机制的我国消费品流通体系的对策建议。从消费品流通物流体系、政策体系、信息体系、监管体系、市场体系、业态体系等方面提出针对如何建立具有扩大消费长效机制的消费品流通体系的对策建议。

本书从消费品流通体系的视角探索扩大消费的长效机制,从理论和实际两方面分析了消费品流通体系健全对建立扩大消费长效机制的重要意义。本书的创新之处在于一方面是理论与研究视角创新。(1)详细论述扩大消费长效机制的含义,并从定性和定量两个方面探讨其与现代流通体系建设的关系,基于扩大消费长效机制,提出建设我国消费品流通体系的重点领域。(2)系统地研究流通体系的新实践对扩大消费的促进作用,探讨在流通领域建立扩大消费的长效机制。(3)建立了流通体系促进消费的评价指标体系,并进行了实证分析。创新之处的另一方面是研究方法的集成与创新。(1)利用 VEC 模型和 SVAR 模型研究流通业发展水平和消费的关系,在指标和模型选取方面优于现有研究;(2)采用面板数据模型(Panel Data Model)基于全国的省际数据研究流通体系发展对扩大消费的作用;(3)使用多元回归模型研究影响消费品流通体系长期发展的因素;(4)使用因子分析法对流通促进消费的效果进行评价。

丁超勋
2015 年 9 月

目 录

第一章 绪论 ………………………………………………………… 1

  第一节 研究背景、目的和意义 ………………………………… 1
    一 研究背景 ………………………………………………… 1
    二 研究目的 ………………………………………………… 5
    三 研究意义 ………………………………………………… 6
  第二节 研究对象的界定 ………………………………………… 8
    一 扩大消费长效机制 ……………………………………… 8
    二 消费品 …………………………………………………… 10
    三 流通和流通体系 ………………………………………… 12
  第三节 研究方法 ………………………………………………… 14
  第四节 研究内容和技术路线 …………………………………… 15
    一 研究内容和结构安排 …………………………………… 15
    二 技术路线 ………………………………………………… 16

第二章 文献综述 ……………………………………………………… 18

  第一节 国外文献综述 …………………………………………… 18
    一 消费行为及增长理论 …………………………………… 18
    二 流通渠道和流通组织研究 ……………………………… 22
    三 流通对经济的影响 ……………………………………… 24
    四 欧美日韩的流通体系和流通政策 ……………………… 27
  第二节 国内文献综述 …………………………………………… 28
    一 现代流通体系的研究综述 ……………………………… 28
    二 流通与消费关系研究综述 ……………………………… 36
    三 扩大消费长效机制的文献综述 ………………………… 39

  四 流通体系新政策实践的相关文献 …………………… 43
 第三节 本章小结 ………………………………………………… 54

第三章 流通促进消费的经济学分析 …………………………………… 55
 第一节 流通促进消费的微观分析 ……………………………… 55
  一 基本模型 ………………………………………………… 56
  二 市场均衡 ………………………………………………… 57
  三 比较静态分析 …………………………………………… 58
  四 结论 ……………………………………………………… 60
 第二节 流通促进消费的机理阐释 ……………………………… 60
  一 流通体系通过节约交易成本促进消费 ………………… 60
  二 流通体系通过丰富消费选择促进消费 ………………… 62
  三 流通体系通过传递信息促进消费 ……………………… 63
  四 流通体系通过改善消费环境促进消费 ………………… 63
  五 流通体系通过增加就业和收入需求促进消费 ………… 64
 第三节 流通促进居民消费的实证分析 ………………………… 65
  一 向量误差修正模型分析 ………………………………… 65
  二 结构向量自回归模型分析 ……………………………… 73
  三 面板数据模型分析 ……………………………………… 79
 第四节 本章小结 ………………………………………………… 85

第四章 我国居民消费和消费品流通体系是否存在长效机制 ………… 88
 第一节 我国居民消费是否存在长效发展机制 ………………… 89
  一 我国居民消费发展的现状分析 ………………………… 89
  二 我国居民消费长效发展存在的问题 …………………… 99
  三 我国居民消费不存在长效发展机制的原因分析 …… 105
 第二节 我国消费品流通体系促进消费的状况分析 ………… 106
  一 传统流通体系解体,现代流通体系初步建立 ……… 106
  二 消费品流通市场规模扩大,流通主体多元化 ……… 108
  三 消费品流通渠道模式多元化,批发和零售地位变化 …… 110
  四 消费品流通方式多样化,向现代流通发展 ………… 112
  五 消费品流通基础环境改善,社会环境复杂化 ……… 119

第三节　我国消费品流通体系促进消费存在的问题分析…………… 122
　　一　消费品流通的城乡体系分割，难以形成统一的
　　　　消费市场…………………………………………………… 123
　　二　消费品流通体系结构不甚合理，结构调整任重道远…… 124
　　三　消费品流通体系运作效率不高，制约消费购买力……… 129
　　四　消费品流通体系整体规划不足，政策歧视严重………… 131
　　五　消费品流通体系信息化建设不足，影响
　　　　消费的现代化……………………………………………… 132
　　六　零售业态结构不合理，影响了消费需求扩大…………… 133
　　七　农产品流通体系不健全，渠道不畅阻碍消费扩大……… 135
第四节　本章小结……………………………………………………… 136

第五章　影响我国消费品流通体系发展的因素探析……………… 138

第一节　影响消费品流通体系发展的因素分析……………………… 138
　　一　影响因素定性分析………………………………………… 138
　　二　影响因素的计量模型实证分析…………………………… 142
　　三　实证分析结论和启示……………………………………… 148
第二节　建立扩大消费长效机制需要关注的流通重点领域………… 148
　　一　社区商业体系是扩大市民日用品和服务消费的
　　　　重点领域…………………………………………………… 149
　　二　农村消费品流通体系是扩大农村居民消费的
　　　　重点领域…………………………………………………… 151
　　三　网络购物是扩大消费的热点领域………………………… 154
第三节　本章小结……………………………………………………… 157

第六章　扩大消费长效机制的消费品流通体系总体
框架和评价研究……………………………………………… 158

第一节　扩大消费长效机制的消费品流通体系的总体框架………… 158
　　一　建立扩大消费长效机制对消费品流通体系的要求……… 158
　　二　扩大消费长效机制的消费品流通体系总体框架………… 161
第二节　扩大消费长效机制的消费品流通体系的评价研究………… 164
　　一　流通体系促进消费评价指标体系的建立………………… 165

二　基于因子分析的评价过程……………………………………168
　　三　评价结果阐释…………………………………………………173
第三节　本章小结……………………………………………………175

第七章　流通新政策对建立扩大消费长效机制的作用分析…………176

第一节　流通体系新政策的内涵和扩大消费的成效………………176
　　一　"万村千乡"市场工程的主要内涵和扩大
　　　　消费的成效……………………………………………………176
　　二　"双百市场工程"的主要内容和扩大消费的成效 ………179
　　三　"新网工程"的主要内容和扩大消费的成效 ……………181
　　四　"农超对接"的主要运作模式和扩大消费的作用 ………183
第二节　新政策实施中存在的问题和困难…………………………185
第三节　流通新政策对建立扩大消费长效机制的效果评判………186
第四节　本章小结……………………………………………………187

第八章　建立扩大消费长效机制的消费品流通体系的对策建议………188

　　一　促进流通新政策落实，为扩大农村消费提供
　　　　政策倾斜………………………………………………………188
　　二　加大消费品物流体系投入，为扩大消费提供
　　　　物质基础………………………………………………………189
　　三　健全消费品流通政策体系，为扩大消费
　　　　提供顶层设计…………………………………………………191
　　四　健全消费品流通信息体系，为扩大消费提供
　　　　科技支撑………………………………………………………194
　　五　健全消费品流通监管体系，为安全消费提供
　　　　洁净环境………………………………………………………196
　　六　健全消费品市场体系，为扩大消费提供活跃的
　　　　市场主体………………………………………………………198
　　七　创新流通业态体系，为消费者提供丰富的业态选择……200
　　八　本章小结……………………………………………………202

第九章　结论和展望 ·· 203

　　第一节　研究结论 ·· 203

　　第二节　研究展望 ·· 205

附　录 ·· 206

参考文献 ·· 212

后　记 ·· 225

第一章 绪论

第一节 研究背景、目的和意义

一 研究背景

改革开放以来，我国经济增长的动力主要来自投资和出口，对消费的关注较少。这种发展方式存在诸多弊端，直接导致我国在面对金融危机的冲击时，出口水平有较大波动，投资增长的动力也不持久，所以需要改革经济增长的方式。目前，我国正处在全面建成小康社会的重要时期，有效需求不足对经济增长的制约作用日益明显。扩大内需是我国当务之急，但是长期以来国内消费不尽如人意，居民的消费支出与国民经济的增长不成比例，消费对 GDP 的拉动作用没有很好体现，国内消费需求不足已成为制约我国经济持续健康发展的重要障碍。数据显示，2000—2010 年的 10 年间，我国最终消费率从 GDP 的 62% 降至 47%，居民消费从 46% 降至 34%，远远低于世界平均 60% 以上的水平。因此，应当转变发展方式，努力扩大我国城乡居民的消费水平，把我国建设成为一个强大的消费国家。所以，刺激国内消费需求，建立扩大我国居民消费的长效机制，是扩大内需、保持我国经济平稳较快增长的重要动力。在此情况下，研究我国居民的消费规律，以先进流通技术和管理理念为基础健全我国的消费品流通体系，扩大我国居民的消费需求，最终促进国民经济的可持续发展，就成为人们关注的一个重要课题。

"十二五"时期，我国实行较为宽松的货币政策，并出台了一系列促进刺激消费的政策，住房、汽车、家电成为扩大内需背景下的三大消费热点。但是目前的情况有了新的变化，在"十二五"末期这些政策的刺激效益在递减，扩大消费需求面临重大挑战。

中共十七届五中全会明确提出:"要坚持扩大内需战略、保持经济平稳较快发展,加强和改善宏观调控,建立扩大消费需求的长效机制,调整优化投资结构,加快形成消费、投资、出口协调拉动经济增长的新局面。"《国民经济和社会发展第十二个五年规划纲要》中也明确提出"建立扩大消费需求的长效机制。把扩大消费需求作为扩大内需的战略重点,进一步释放城乡居民消费潜力,逐步使我国国内市场总体规模位居世界前列"。十八大报告中也指出:"要牢牢把握扩大内需这一战略基点,加快建立扩大消费需求长效机制,释放居民消费潜力,保持投资合理增长,扩大国内市场规模。"《国务院深化流通体制改革加快流通产业发展的意见》(国发〔2012〕39号)、《国内贸易发展"十二五"规划》(国办发〔2012〕47号)中更是明确地指出:"既要紧密结合当前需要,着力降低流通成本,又要注重长远发展,建立流通引导生产、促进消费的长效机制。"中共中央的这些战略部署,透露出我国经济发展的动力将向消费侧重,流通产业将大有可为。正是在这样的背景下,本书探讨如何通过对现有消费品流通体系的改造和提升、采取怎样的政策措施激发消费品流通体系的活力来扩大国内消费需求的问题。

2015年5月25日,商务部等10个部门联合印发《全国流通节点城市布局规划(2015—2020)》,确定了石家庄、郑州等37个国家级流通节点城市,唐山等66个区域流通节点城市以及"三纵五横"国家骨干流通大通道。通知称,规划目的是加快构建全国骨干流通网络,努力提升流通节点城市功能,更好发挥流通产业的基础性和先导性作用,进一步释放消费潜力。[①]

根据国家统计局的数据,目前我国的人均GDP已经超过了7000美元,在2014年达到7485美元,根据国际经验,已经进入居民消费加速升级和转型的阶段。这个阶段居民消费由原来的简单数量增长演变为数量增长与质量提高并行,消费结构向更高层次转化,生存资料消费比重进一步降低,享受和发展资料消费比重上升,消费结构的变化越来越体现以人为本和生活质量的显著改善。其表现特征为,各种高档耐用消费品如汽车、住房、家电、电脑、现代通信商品等有效需求逐步上升,对服务消费如餐

---

① 商务部:《国家大通道图纸曝光,37城获大利好》,腾讯财经(http://finance.qq.com/a/20150602/008673.htm? pgv_ ref = aio2015&ptlang = 2052)。

饮、旅游、家政服务、保险等的需求和质量要求意识大为提高等。

"十二五"时期,我国居民消费领域的基本特征是①:

(1) 城镇消费是国内消费的重点区域。城镇是消费工业品和服务业产品的载体。我国城镇化率已经超过50%,更加注重居民生活质量提高的民生型城镇化将成为我国城镇发展的战略选择。我国目前居民消费的"主力军"是中等收入的居民阶层群体,而中等收入的居民居住在城市的数量庞大,是城市消费的主力,其消费性支出总量已经占到城市居民消费总量的50%以上。所以在新型城市建设的过程中,必须高度重视商业网点规划,合理布局超市、便利店、餐饮、家政服务、生活用品租赁、干洗店、文化用品商店等与居民密切相关的服务网点,以满足居民消费需求。

(2) 农村居民消费水平得到大幅度提高,城乡居民消费差距缩小。城乡居民消费差距是目前我国居民消费领域最重要的差距。这种差距是由我国城乡的二元经济结构决定的,农村居民的消费水平至少要落后于城市居民十年以上。"十二五"时期,随着城镇化建设的推进和国家对"三农"问题的政策倾斜和资金投入,一部分农村居民将转化为城市居民;另一部分不离本土的农村居民将大幅度地得到国家"三农"政策的实惠,收入水平有望大幅度增加,消费环境将得到极大改善。

(3) "80后"、"90后"与"银发族"成为新兴消费群体。根据第六次全国人口普查资料测算,目前我国1980年以后出生的人口约为4.2亿人,约占总人口的31.4%;普查资料同时显示:目前我国60岁及以上的"银发族"人口为1.78亿人,占总人口的13.3%,预计到2015年将达15%以上。这两部分人口已成为我国新兴消费群体,消费潜力巨大。必须顺应人口结构变化的趋势,研究这两部分消费群体的消费心理与消费特征,大力引导生产和营销企业生产和开发分别适合这两部分群体的消费产品和市场。

(4) 品牌消费将成为未来消费品市场的主旋律。随着我国居民消费结构不断优化和升级转型,消费者尤其是城镇居民日益崇尚消费品品牌。今后我国的消费品市场必将延续近年来品牌消费占据主流的发展趋势。有例为证,据中国行业企业信息发布中心对全国重点消费品市场的年度统计

---

① 王智:《对当前我国居民消费和消费品市场走势的基本判断》,《调研世界》2011年第11期。

调查表明，2010 年，市场销售量前 10 位的品牌平均市场占有率达 66.3%。

（5）网络购物、目录销售、个性化定制消费、刷卡消费将成为主流消费方式。随着消费群体结构的变化、消费观念的转变、生活节奏的加快和信息化水平的提高等，我国居民的消费方式正由传统的店铺式向无店铺式转变、由现金支付向刷卡支付转变，消费需求由单一化、大众化朝多元化、差异化、个性化方向发展。网络购物（含电子商务）、目录销售、个性化定制消费等新型消费方式将得到快速发展。随着经济的快速发展和信息化水平的不断提高，"电子商务 + 快递"不仅为广大消费者带来实惠和方便，而且这种"门对门"的服务方式也极大地改变了许多消费者尤其是年轻的消费者的消费习惯。

（6）服务消费、汽车消费、电子信息消费将成为居民消费升级转型的重要方向。随着居民收入水平的逐步提高，我国居民消费正从以衣食消费为主的生存型向以追求生活质量的享受型、舒适型转变，这也为居民消费结构优化和升级转型提供了强大基础。

（7）绿色低碳、节能环保将成为新的消费模式。随着社会的进步，绿色低碳经济给社会生产和居民生活带来了深刻的影响，越来越多的消费者倾向于选择绿色健康和节能产品。

近年来，商务系统着力通过建立和完善现代流通体系扩大消费。

一是完善促进便利消费的流通体系。在农村继续实施"万村千乡市场工程"等重点项目，标准化农家店已覆盖 75% 的行政村。在城市加大社区商业建设，新建改造城市便民菜市场已覆盖 20% 的城市。创建"国家电子商务示范城市"、"国家电子商务示范基地"和"电子商务示范企业"，促进电子商务普及应用，引导网络购物等新型消费业态健康发展。引导流通企业与金融机构合作，简化手续，降低个人信用消费成本。支持有条件的地区开展"零手续费、零首付、低利率"的信用消费优惠政策试点。

二是完善促进实惠消费的流通体系。在 9 个城市开展现代物流技术应用和城市共同配送试点。在 36 个城市开展了农产品现代流通综合试点和"南菜北运"、"西果东送"试点等工作。改造提升了 7 家农产品批发市场，41 家农贸市场和 164 家农产品流通企业的农产品流通基础设施；在 40 多个大中城市开展"农超对接"。推动 20 多个省市开展蔬菜"直供直销"试点。在大城市普遍实行"农批对接"。在主要产销区建设了 65 个产地集配中心和 12 个销地交易配送专区。

三是完善促进热点消费的流通体系。积极扩大品牌销售，确定了一批品牌促进体系建设试点项目和品牌消费集聚区联系点。继续组织实施"振兴老字号工程"，累计将 1128 个老字号品牌列入中华老字号名录。扩大居民服务消费，累计支持 164 个大中城市建设家政服务中心，培育近 300 家运作规范的家政服务企业，培训家政服务员约 100 万人。"早餐示范工程"共支持新建或改造 99 个主食加工配送中心、1.8 万多个固定早餐网点。推进融资租赁、典当、拍卖业发展。

四是完善促进循环消费的流通体系。支持 24 个城市开展再生资源回收试点工作和 12 个省开展区域性再生资源回收利用基地建设，支持 13 个试点省市开展报废汽车回收拆解体系建设、10 个试点省市开展二手车交易市场升级改造。确定 249 家企业作为第一批流通领域节能环保"百城千店"示范企业。组织开展三绿工程示范项目试点工作，推广绿色采购，培育绿色市场，引导绿色消费。

五是完善促进安全消费的流通体系。在 35 个城市和 5 家企业积极推进肉类、蔬菜、中药材、酒类流通追溯体系建设。组织开展打击侵权假冒活动，健全市场监管和"放心肉"服务体系。开展生猪定点屠宰资格审核清理工作。大力推动诚信体系建设，在 10 个城市开展商务诚信建设试点，会同 15 个单位开展"诚信兴商宣传月"活动。

二 研究目的

如何扩大居民的消费需求一直是我国社会各界人士十分关注的问题，建立扩大消费需求的长效机制也是国内学者十分关心的问题。

扩大居民消费通常可以采取的措施有：增加城乡居民收入，调整分配格局，是促进消费需求，提高消费率的重要手段；稳定收支预期，建立居民消费信心；破除陈旧消费观念，积极发展消费信贷，促进消费结构升级；加快调整具体的消费政策，建立良好的市场秩序，让消费者乐于消费；投资改善消费环境，完善消费品供给。[①] 而消费品流通体系的建立和完善被认为是扩大我国消费需求的持久动力和重要前提。

---

① 刘国光：《促进消费需求提高消费率是扩大内需的必备之路》，《财贸经济》2002 年第 5 期。

本书就是从建立扩大消费长效机制的角度，深入探讨我国消费品流通体系的现状和问题，从定性和定量两个方面研究流通和消费相互作用的机理，对现有的流通政策和措施对扩大消费的作用进行评价，从流通领域寻找建立扩大消费长效机制的突破点，为我国的消费品流通体系建设提供理论依据和措施建议。目的在于：

第一，利用现代经济学理论和分析方法、流通业和消费的基本理论，建立现代流通体系和扩大消费之间相互影响的分析框架。

第二，实证分析流通业发展和流通体系的健全对扩大消费的影响和促进作用，深入研究流通领域政策措施对扩大消费的作用和贡献，为学界提供进一步研究的经验数据。

第三，通过理论和实证研究，寻找通过消费品的流通体系建立扩大消费长效机制的途径和突破点，提出扩大消费长效机制的消费品流通体系的总体框架，评价流通体系促进消费的效果，为政府提供对策建议。

三 研究意义

建立扩大消费的长效机制，是转变经济发展方式的必然选择，有利于实现以内需为主导的大国经济的发展战略。近年来，我国经济增长的一个日益突出的特点就是过分依赖投资和出口，尽管高投资能够对经济带来明显的带动作用，但是投资过度引发的产能过剩、生产和消费结构失衡，容易导致国民经济的剧烈波动。高投资、高出口、低消费的经济发展动力格局导致了资源高消耗、环境高污染、贸易高顺差、消费低水平的无后劲、不可持续的增长和发展模式。如果我们把国民经济的发展从主要依靠投资与出口拉动回归到依靠消费、投资、出口协调拉动，消费贡献率达到70%左右的世界平均水平，消费需求必然成为影响经济发展的主要因素，成为拉动经济发展最基本的、最长久的动力。[1] 建立扩大消费需求的长效机制，有利于实现以扩大消费为战略重点的扩大内需战略。我国是拥有14亿人口的最大发展中国家，人均消费水平比较低，城乡、区域发展不平衡，扩大内需具有广阔的市场空间。今后相当长一个时期，我国工业化、城镇化快速发展，必将为经济发展开辟更加广阔的内需空间。所以，研究建立扩大消费的长效机制的路径具有一定的战略意义。

在扩大内需以保持国民经济健康发展的背景下，建立扩大消费需求的

---

[1] 文启湘、张慧芳：《论构建扩大消费的长效机制》，《消费经济》2011年第1期。

长效机制是亟须探讨的经济问题。扩大消费需求有很多视角，如提高收入水平，健全社会保障等，商贸流通服务也是不可忽视的重要一环。流通是消费的前提和基础，流通经济是国民经济的重要组成部分和吸纳就业的重要领域，从消费品流通体系建设方面探讨建立扩大消费需求的长效机制，具有一定的经济和社会意义。

当前我国消费品流通体系存在诸多体制、机制和结构矛盾，阻碍了居民消费需求的满足和扩大。（1）城乡流通产业结构失衡，导致流通效率差距加大，进而加剧城乡经济发展方式不平衡。比如农村物流配送的信息化、科学化程度还有待进一步提高；产业集中度低，规模经济难以发挥作用等。（2）零售业态发展不平衡，无法满足扩大消费的需要。我国零售企业的经营业态比较单一，无法满足多样化的消费需求；连锁模式应用范围狭窄，地区之间业态结构与发展水平参差不齐，限制了广大内陆、城镇地区消费的扩大。（3）现代流通发展滞后，制约了我国竞争力的持续提升。我国现代流通的发展仍滞后于整体经济的步伐。国内市场的分割、内外贸分割、生产与流通管理不和谐等因素仍然部分存在。（4）流通领域粗放式、低效式发展状况较为突出，导致我国经济生产效率低下。商业项目一味求大，缺乏节约的观念；部分物流设施布局缺乏合理的规划，造成资源的严重浪费。（5）政府对流通产业的政策力度不够，导致流通业的国民经济调整的先导产业功能难以实现。[①] 长期以来，一方面，由于体制机制、发展方式等多种原因，我国的发展存在重供给、轻需求，重生产、轻流通的思想，导致供给和需求出现脱节，商贸流通渠道运行不畅，甚至出现"卖难"和"买难"共存的现象；另一方面，我国消费品流通体系存在经营规模小、营销网络散、市场秩序乱和经济效益差以及现代化水平较低的情况，流通领域存在的问题制约了我国居民消费的扩大和消费层次的提升。近年来频繁出现的生活消费安全问题和居民购买力外流的现象也对我国消费品流通体系提出了更高的要求。我国商务部门近些年出台了一系列"搞活流通，扩大消费"的政策措施，评判这些流通政策对扩大消费的作用，进而为建立扩大消费的长效机制提供对策建议，是本书的社会意义所在。

---

① 梁霄、郝爱民：《经济发展方式转变背景下我国流通体系优化路径选择》，《经济学动态》2011年第10期。

本书在学术上的意义在于首次系统地研究现代流通体系建设和扩大消费长效机制的关系，分析流通体系扩大消费的机理，并运用向量误差修正（VEC）模型、结构向量自回归（SVAR）模型和面板数据模型对流通业影响消费水平的程度进行定量分析；系统地研究流通领域的新政策如"万村千乡"、"双百"等流通工程对促进消费扩大的作用；定量地研究影响流通体系长期发展的各种因素，并识别出关键因素；提出扩大消费长效机制的消费品流通体系的总体框架，建立流通体系促进消费的评价指标体系，并进行了实证分析。

第二节 研究对象的界定

本书是在扩大国内消费的背景下研究消费品流通体系的优化问题，属于产业经济学的范畴，关注的是流通产业和流通体系。由于消费和流通的概念目前尚无一致的结论，它们所包含的内容非常丰富，所以有必要对本书所研究的对象的内涵和外延进行合理的界定，以确定本书的研究范围。

一 扩大消费长效机制

机制是使制度能够正常运行并发挥预期功能的配套制度。它有两个基本条件：一是要有比较规范、稳定、配套的制度体系；二是要有推动制度正常运行的"动力源"，即要有出于自身利益而积极推动制度运行的组织和个体。机制与制度之间既有联系，也有区别，机制不等同于制度，制度只是机制的外在表现。唐未兵、刘巍（2010）认为长效机制是能长期保证工作正常运行并发挥预期功能的制度体系。[1] 姜鑫（2012）认为消费需求长效机制，是指长期保证消费需求正常扩大并发挥其拉动经济增长功能的制度体系。加大消费需求对经济增长影响的重视力度，通过直接或间接的手段刺激消费需求来制约和影响经济运动，使消费需求和经济增长有机结合起来，并在二者出现不协调的情况下，能通过适当的手段使得机制内部自发调节并解决问题，这种机制对经济活动的制约和影响长期持续有效。[2] 方振辉（2011）认为扩大消费需求的长效机制是长期扩大消费需求

---

[1] 唐未兵、刘巍：《论建立扩大消费需求的长效机制》，《消费经济》2010年第6期。
[2] 姜鑫：《构建我国扩大消费需求的长效机制研究》，硕士学位论文，黑龙江大学，2012年。

的机制，以及维持和改善这种作用机理的各种经济关系组织制度等所构成的综合系统的总和，具体地讲就是长期扩大消费需求的机理和路径。[①] 刁永作（2012）认为扩大消费长效机制的特点是内生性、系统性、长期性、制度性和功能性，建立消费需求的长效机制就是要做到使消费者"有钱可消费、有钱敢消费、有钱方便消费"。[②]

本书认为扩大消费长效机制是为了扩大居民消费需求、提升消费对经济增长贡献而建立的，具有规范性、稳定性和长期性的一整套相关经济组织和制度集成的体系。扩大消费长效机制需要政府、企业、消费者和社会公众共同努力才能建设完善，一旦建立就有促进消费的长期作用。

在消费品流通体系中建立扩大消费的长效机制就是通过一系列互为补充的制度设计和机制建设，清除阻碍消费品流通体系扩大消费的制度障碍，完善支持消费品流通体系的政策体系，以净化消费品流通环境，促进居民消费需求的扩大。

扩大消费长效机制的特征如下：

（1）长效性。扩大消费的长效机制，不是短期的而是长期的，必须是长期内有效的。只要消费品流通体系正常运转，就需要存在这样的一个机制。因此，不能把建立扩大消费长效机制作为应对国际金融危机和国内需求不足的权宜之计，也不能仅仅是出台几个刺激消费的短期性政策，而应该将之看成我国经济社会发展长期性、战略性的政策措施。长效性是扩大消费长效机制的显著特征，也是消费品流通体系发挥扩大消费作用的动力之源。无论是现在还是今后很长一段时期，这一机制都要常抓不懈。如此才能保证扩大消费长效机制的有效运行，促进流通体系在经济系统中发挥更大的作用，促进社会经济的发展和居民消费水平的升级。

（2）内生性。扩大消费长效机制，不是由于外界因素的介入，而是产生于流通体系内部，是消费品流通体系内各种构成因素综合作用的结果，是流通体系内要素运行的内在要求。流通是生产向消费过渡的必要环节，建立扩大消费的长效机制是流通体系升级完善的必然要求，具有不以人的意志为转移的客观必然性。扩大消费长效机制的制度本身并不是由人们主观随意确定的，而是经济系统和流通体系客观、内在的要求。

[①] 方振辉：《扩大消费需求长效机制的运行机理与构建路径》，《中共青岛市委党校学报》2011年第3期。

[②] 刁永作：《构建扩大消费的长效机制》，《福建论坛》（人文社会科学版）2012年第5期。

（3）制度性。扩大消费长效机制是针对消费品流通体系的问题进行的一系列规范有序的制度性安排。制度性是保证流通体系各要素存在和运行的必要条件，也是整个经济系统长期发挥作用的保障。没有对流通体系各种制度性的要求和规定，扩大消费长效机制也就不可能建立起来。如信用制度、市场管理制度、消费环境规范制度等，都是扩大消费长效机制中不可缺少的制度规定。

（4）系统性。扩大消费长效机制是多种因素综合作用的结果，是多种制度、机制要素的组合。它至少包括市场运行机制、消费增长机制、环境优化机制和制度保证机制等。并且这些构成机制不仅仅独立地存在和发生作用，而且还相互联系和影响，共同发挥作用，其作用的范围和结果具有系统联动性。所以，在建立扩大消费长效机制的过程中，不仅要注意单项机制功能的发挥，而且更要注重提升长效机制的系统效益。

二 消费品

消费品是用来满足人们物质和文化生活的那部分社会产品，也可以称作"消费资料"或者"生活资料"。根据消费者的购买行为和购买习惯，消费品可以分为便利品、选购品、特殊品和非渴求品四类。便利品（Convenience goods）指消费者要经常购买、反复购买、即时购买、就近购买、且购买时不用花时间选择的商品。选购品（Shopping goods）指顾客对使用性、质量、价格和式样等基本方面要作认真权衡比较的产品。例如家具、服装、较大的器械等。选购品可以划分为同质品和异质品。购买者认为同质选购品的质量相似，但价格却明显不同，所以有选购的必要。销售者必须与购买者"商谈价格"。但对顾客来说，在选购服装家具和其他异质选购品时，产品特色通常比价格更重要。经营异质选购品的经营者必须备有大量的品种花色，以满足不同的爱好；他们还必须有受过良好训练的推销人员，为顾客提供信息和咨询。特殊品（Specialty goods）指具有特定品牌或独具特色的商品，或对消费者具有特殊意义、特别价值的商品，如具有收藏价值的收藏品等。非渴求品（Unsought goods）指消费者不熟悉，或虽然熟悉，但不感兴趣，不主动寻求购买的商品。如环保产品、健康保险以及专业性的书籍等。非渴求品有两种类型：新的非渴求品和常规非渴求品。前者是指那些的确提供前者客户所不知的新的理念的产品。信息含量大的促销活动能帮助说服顾客接受产品，并结束其非渴求状态。后者是指那些（如人寿保险、墓碑、百科全书等）仍然处于非渴求状态，但并非一直如此的产品。需求可能存在,但潜在客户却并未激起购买欲望。对于这些产品,人员推销非常重要。

按照满足人们需要的层次分,有生存资料(如衣、食、住、用方面的基本消费品)、发展资料(如用于发展体力、智力的体育、文化用品等)、享受资料(如高级营养品、华丽服饰、艺术珍藏品等)。

按使用时间长短分,有一次或短期使用的快速消费品和可供长期使用的耐用消费品。快速消费品包括包装食品、个人卫生用品、烟草及酒类和饮料。之所以被称为快速,是因为它们依靠消费者高频次和重复的使用与消耗、通过规模的市场量来获得利润和价值的实现,典型的快速消费品包括日化用品、食品饮料、烟酒等;药品中的非处方药(OTC)通常也可以归为此类。快速消费品的产品属性是产品周转期短,进入市场的通路短而宽;市场生动化,在人流量大、档次高的地区设立户外广告牌,在卖场进行现场演示、促销、折价活动等;一般为分公司或代理商体制的销售组织形式,在分公司所辖区域设库房;售后服务的重点主要体现在对客户投诉的迅速反馈和有效处理。快速消费品与其他类型消费品相比,购买决策和购买过程有着明显的差别。快速消费品属于冲动购买产品,即兴的采购决策,对周围众多人的建议不敏感,取决于个人偏好、类似的产品不需比较,产品的外观/包装、广告促销、价格、销售点等对销售起着重要作用。快速消费品便利性、视觉化和品牌忠诚度不高的特点,决定了消费者对快速消费品的购买习惯是:简单、迅速、冲动、感性。与快速消费品概念相对应的是"耐用消费品"(Durable Consumer Goods),指通常使用周期较长,一次性投资较大,可多次使用的消费品,包括(但不限于)家用电器、家具、汽车等。也可根据产生的来源不同分为工业消费品、农业消费品等。

本书所讨论的消费品是指用来满足人们物质和精神生活的劳动产品,包括快速消费品和耐用消费品,也包括农产品,尤其是鲜活农产品。

消费品市场是整个市场体系的基础,所有其他的市场都是由它派生出来的。所以,消费品市场是社会再生产中最后的市场实现过程,它体现了社会最终供给与最终需求之间的对立统一关系。消费品市场具有以下特点:(1)消费品市场涉及千家万户和社会的所有成员,全社会中的每一个人都是消费者;(2)消费品市场因社会需求结构、形式的多样性、多变性而呈现出多样性和多变性的特点;(3)市场交易量不一定很大,但交易次数可能很多。消费品市场与人们的日常生活息息相关，它体现了社会再生产过程最终的市场实现，反映了消费者最终需求的变化。作为最终产品市场，消费品市场与其他商品市场密切相关，集中反映着整个国民经济的发展状况等。

消费品市场的作用如下：（1）资金市场的发展始终受消费品市场的制约，当消费品市场景气时，供给和需求会拉动社会投资增加，进而活跃资金市场；（2）消费需求增加和市场交易对象扩大，进一步刺激供给增加，生产规模扩大，这也将导致劳动力市场上对劳动力需求的增加。而消费品供给的满足程度，又直接决定了劳动力的质量。

三 流通和流通体系

对于流通概念的理解根据研究目的、立场、环境等因素的不同而产生不同的含义，最基本的理解有两种：一种是广义上的流通，另一种是狭义上的流通。不论是物物交换、以货币为媒介的交换，还是以商人为媒介的交换，从本质上讲都是劳动产品或生产物从生产领域到消费领域的转移。我们可以将这种转移定义为流通，即"流通一般"，也就是广义上的流通。[①] 流通一般的概念最早是由孙冶方（1981）提出的。他认为，"流通是社会产品从生产领域进入消费领域所经过的全部过程。由不断进行着的亿万次交换所构成的流通，是社会化大生产的一个客观经济过程。有社会分工，就会有交换；有社会化大生产，就会有流通过程。这就是流通一般"。[②] 显然，广义上的流通概念不仅仅包括物质的流动，还包括资金、服务等的流通，这种流通概念的内涵和外延过于宽泛，对科学的学术研究意义不大。

所以本书所探讨的流通概念是狭义上的流通，是指不包括货币、资金、人和服务的有形商品或产品的流通，是商品从生产领域向消费领域转移的过程，包括商流、物流和资金流。

关于流通体系的含义，学者们已有诸多概念。高铁生（2005）认为，流通体系与市场体系是一个问题的两个方面，并指出流通是"过程连续的市场"、市场是"空间结构的流通"[③]，市场体系发育的过程也是流通现

---

① 夏春玉：《流通概论》，东北财经大学出版社2011年版。
② 孙冶方：《流通概论》，《财贸经济》1981年第1期。
③ 高铁生：《推进流通现代化的理论依据与政策选择》，《中国流通经济》2005年第11期。

代化的过程。吴小丁（2010）认为流通体系是一个系统[①]，其内部结构不是人为安排的，而是在特定经济、社会系统下自动形成的，经济运行的内部机制使流通体制发生变革。流通体系的效率是用流通产出来衡量的；任何一种流通体系模式都是流通机构的不同协议结果。孙前进（2011）认为："中国现代流通体系应该是由政策法规与行政管理、国内流通、国际（地区）流通、支撑与保障4项一级体系、25项子体系构成的庞大系统（具体包括：流通法律体系、流通政策体系、流通行政管理体系；农业生产资料流通体系、农村商业流通体系、农产品流通体系、粮食流通与物流体系、生活消费品流通体系、生产资料流通体系、特殊商品专营体系、重要商品国家储备体系、再生资源回收体系；国际商贸流通体系、外商投资与管理体系、经济合作对外投资体系、两岸四地流通体系、海关监管与保税物流体系；商务服务体系、信息化与信息系统、商品流通基础设施体系、交通运输体系、物流体系、邮政与快递体系、流通领域食品安全体系、商业信用体系）"。[②] 蒋耀平（2010）认为现代流通体系是由物流、信息流、资金流和自然人流共同构成，尤其是基于信息化技术支撑的信息流已经成为现代流通区别于传统流通的最重要的标志。[③] 潘振良（2007）将现代流通业分为流通网络基础层、物流层、流通业态组织层、商务信息层和资本市场层五个层次。[④] 丁俊发（2007）认为适应社会主义市场经济的流通体系由六大体系构成，即商品宏观调控体系、多元化的流通企业组织体系、商品流通方式与营销业态体系、商品市场体系、商品流通法律体系和流通行政管理体系，并认为流通体系在历史上曾有着不同的概念。[⑤]

　　本书认为流通体系是一套商品配置的系统，是流通基础设施、流通主体、流通渠道、流通方式和流通制度等相互联系、密切配合的整体。消费品流通体系就是消费品资源配置的系统，由消费品流通设施、消费品流通渠道、消费品交易法规制度等构成的庞大系统。

---

① 吴小丁：《我国城市流通体系模式及政策选择》，《中国流通经济》2010年第6期。
② 孙前进：《中国现代流通体系框架构成探索》，《中国流通经济》2011年第10期。
③ 蒋耀平：《以信息化推进流通体系现代化》，《求是》2010年第15期。
④ 潘振良：《现代流通业的分层体系结构》，《物流工程》2007年第7期。
⑤ 丁俊发：《构建现代流通体系面临的形势和任务》，《中国流通经济》2007年第2期。

第三节 研究方法

本书从流通视角研究建立扩大消费的长效机制问题,遵循概念框架、规范分析和实证检验、定性和定量结合、静态和动态结合、结论和政策建议的研究范式,并尽量吸收国内外新的计量理论和方法,进行了探索性的尝试。具体运用了如下方法:

(1) 规范分析和实证分析相结合。本书遵循西方经济学的研究范式,使用微观模型分析了流通体系的存在对价格和消费量的影响。同时也十分重视实证分析,运用得较多。如用我国的省际数据实证分析流通体系对消费的影响程度、用时间序列数据验证不同因素对流通体系的影响。

(2) 定性分析与定量分析相结合。本书在分析我国流通体系发展和消费发展水平时,主要采用定性分析确定我国流通和消费的发展阶段,辅之以定量指标的揭示。在对消费和流通相互关系的论述中,一方面以马克思主义消费理论和当代西方消费经济理论为基础,对我国消费和流通体系关系进行定性分析;另一方面又大量采用了统计分析方法和计量分析法,从定量方面来分析流通业对我国农村居民消费水平和城市居民消费行为的影响和溢出效应。本书主要采用的计量模型分别为协整分析和结构向量自回归模型(SVAR)、面板数据计量模型、主成分回归、因子分析模型等,这些方法具体应用情况如下:第一,运用协整和结构向量自回归模型分析总体流通水平和消费发展的关系;采用面板数据模型分析流通业发展对居民消费的影响。第二,建立回归模型分析流通体系的影响因素和作用的程度。第三,使用因子分析法实证分析流通体系促进消费评价指标体系。

(3) 静态分析与动态分析相结合。从流通视角研究我国消费问题时,既用截面数据分析流通业对我国居民消费水平与结构的影响,同时又用时间序列数据和面板数据来考察流通业发展对我国居民消费水平与结构的影响,进一步从时间和空间揭示流通业对我国消费影响的变动规律。

(4) 宏观分析和微观分析相结合。消费品流通既是宏观经济问题,又涉及微观领域,所以本书既从社会消费品流通总量、流通政策等宏观层面分析消费品流通体系的现状,又从企业信息化路径、零售业态选择等微观角度探讨流通企业的应对措施,注重宏观分析和微观分析相结合,从产业、行业、企业等不同视角进行分析。

总之,通过上述的研究方法,力图从理论和实证相结合,以理论分析为基础,以实证分析为重点,在实证分析中注重定量分析,运用统计分析与计量分析法,从消费品流通体系的角度对建立扩大消费长效机制问题进行全面的研究。

第四节 研究内容和技术路线

一 研究内容和结构安排

第一章,绪论。主要概括了本书选题的背景、研究的目的和意义、研究思路和方法、研究内容与技术路线、创新点等基本问题。

第二章,文献综述。首先对现代流通体系的基础理论文献进行梳理和总结;其次对国内外流通和消费关系的研究进行了综述;再次研究了国内关于建立扩大消费长效机制的文献;最后对有关我国近年来流通体系的新政策实践的文献进行了综述。

第三章,流通促进消费的经济学分析。首先探讨了流通影响消费扩大的机理。其次分析流通业发展和消费发展水平的关系,用代表流通业和消费发展水平的指标进行协整分析,并将运用向量误差修正和结构向量自回归模型对二者关系进行定量研究。最后基于全国各省级的若干年的数据,利用面板数据模型定量分析流通对居民消费的影响。

第四章,我国居民消费和消费品流通体系是否存在长效机制。首先分析了我国居民消费水平的状况和问题。其次分析了我国消费品流通体系的现状和问题。从总量规模、发展速度、国内外比较等方面对我国消费品流通体系的现状进行总体描述;以建立扩大消费长效机制为目标,分析我国消费品流通体系存在的问题,寻找流通体系阻碍消费扩大的症结。

第五章,影响我国消费品流通体系发展的因素探析。本章通过分析影响我国消费品流通体系长期发展的各种因素,并建立多元回归模型分析影响因素的作用的方向和程度,指出社区商业体系建设、网络购物体系建设和农村消费品流通体系建设是建立扩大消费长效机制的我国消费品流通体系建设的重点领域。

第六章，扩大消费长效机制的消费品流通体系总体框架和评价研究。本章将探讨建设扩大消费长效机制对消费品流通体系的要求，并试图构建扩大消费长效机制的消费品流通体系的总体框架。然后，依照此框架建立了流通体系促进消费的评价指标体系，并使用指标的近十年的时间序列数据，建立了基于因子分析的评价模型，得到了综合评价的波动上升的序列值。

第七章，流通新政策对建立扩大消费长效机制的作用分析。本章首先介绍我国流通领域的新政策和实践情况，如"万村千乡"市场工程、"双百"市场工程、农超对接、新网工程等，总结这些流通工程取得的成绩和存在的问题。然后对流通领域的新实践扩大消费的效果进行总体评价，探讨能否将短期的刺激政策演变成为长效机制。

第八章，建立扩大消费长效机制的消费品流通体系的对策建议。本章将从消费品流通物流体系、政策体系、信息体系、监管体系、市场体系、业态体系等方面提出针对如何建立具有扩大消费长效机制的消费品流通体系的对策建议。

第九章，结论和展望。总结全书主要结论并对本书局限进行说明，对下一步的研究进行展望。

二 技术路线

消费品流通体系的完善将改善消费环境，为扩大居民消费提供基础条件。本书在进行文献梳理和研究对象内涵界定的基础上，通过流通和消费之间的经济学分析，探寻流通体系建设促进消费的理论支点；然后通过对我国居民消费和消费品流通体系现状的分析，讨论我国消费品流通体系是否存在扩大消费的长效机制；寻找影响我国消费品流通体系发展的各种因素，并进行多元回归分析，进而建立起扩大消费长效机制的消费品流通体系的基本框架，建立指标体系并进行因子分析；同时通过比较分析和数据说明考察流通政策对扩大消费的作用；最后根据理论分析和实证分析的结果，提出建立扩大消费长效机制的消费品流通体系的对策建议。

本书的技术路线如图1-1所示。

```
┌─────────────┐         ┌──────────────┐         ┌─────────────────┐
│ 研究前提    │---------│    绪 论     │---------│ 历史分析、归纳总结│
│ 与基础      │         └──────┬───────┘         └─────────────────┘
└─────────────┘                ↓
                        ┌──────────────┐         ┌─────────────────┐
                        │   文献综述   │---------│  文献归纳总结   │
                        └──────┬───────┘         └─────────────────┘
                               ↓
              ╭────────────────────────────────╮
              │ ┌──────────────────────┐       │ ┌──────────────────┐
              │ │流通和消费之关系的    │-------│-│微观分析、时间序列、│
              │ │经济学分析            │       │ │面板数据分析等    │
              │ └──────────┬───────────┘       │ └──────────────────┘
              │            ↓                   │
              │ ┌──────────────────────┐       │ ┌──────────────────┐
┌─────────────┐│ │我国居民消费和消费品  │-------│-│定性分析、问题归纳│
│ 研究核心    ││-│流通体系是否存在长效  │       │ └──────────────────┘
│ 与主体      ││ │机制                  │       │
└─────────────┘│ └──────────┬───────────┘       │
              │            ↓                   │
              │ ┌──────────────────────┐       │ ┌──────────────────┐
              │ │影响我国流通体系发展  │-------│-│  多元回归模型    │
              │ │的因素实证分析        │       │ └──────────────────┘
              │ └──────────┬───────────┘       │
              │            ↓                   │
              │ ┌──────────────────────┐       │ ┌──────────────────┐
              │ │扩大消费长效机制的消费│-------│-│指标体系、因子分析│
              │ │品流通体系总体框架和  │       │ └──────────────────┘
              │ │评价研究              │       │
              │ └──────────┬───────────┘       │
              │            ↓                   │
              │ ┌──────────────────────┐       │ ┌──────────────────┐
              │ │我国流通体系的新政策  │-------│-│比较分析、数据说明│
              │ │实践对扩大消费的作用  │       │ └──────────────────┘
              │ │分析                  │       │
              │ └──────────┬───────────┘       │
              ╰────────────┼───────────────────╯
                           ↓
┌─────────────┐     ┌──────────────┐           ┌─────────────────┐
│ 研究落脚    │-----│ 对策建议和总结│-----------│ 系统分析、归纳总结│
│ 点和结论    │     └──────────────┘           └─────────────────┘
└─────────────┘
```

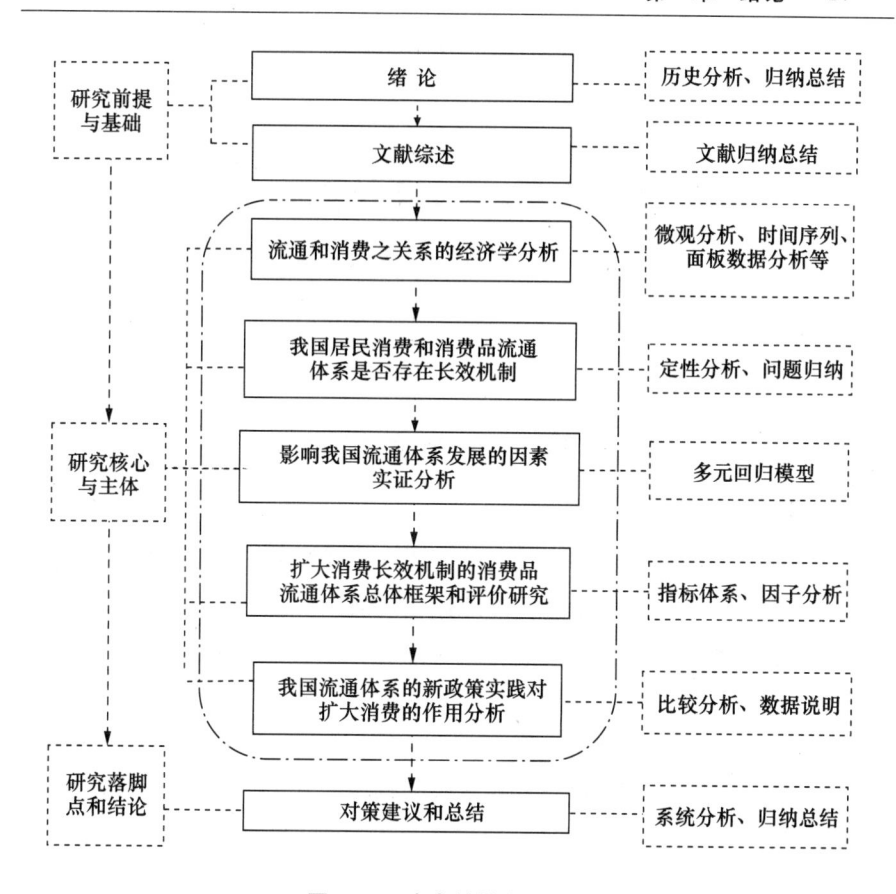

图 1-1 本书的技术路线图

第二章 文献综述

第一节 国外文献综述

由于国外主流经济学并无确切的流通、流通体系的概念，所以本书关于流通体系和扩大消费的国外文献综述，将从以下几个方面进行总结：消费理论、流通渠道和流通组织、流通对经济的影响、流通政策研究等。

一 消费行为及增长理论

在早期消费行为的理论研究中，以绝对收入假说和相对收入假说为代表，后来又出现生命周期理论和持久收入理论，到了当代又有不确定性消费理论。本书就对这些消费理论进行综述并对关于消费行为影响因素的研究进行简单介绍。

Keynes（1936）提出的绝对收入假说（Absolute Income Hypothesis，AIH）认为，影响消费行为的主要有主观因素（享受、短见、炫耀、慷慨和奢侈等）和客观因素（可支配收入、财产价值变动、利率和政策等），但是起决定作用的是可支配收入。[①] Keynes 的绝对收入假说认为，在短期中，收入与消费是相关的，即消费取决于收入，消费与收入之间的关系也就是消费倾向。同时，随着收入的增加消费也将增加，但消费的增长低于收入的增长，消费增量在收入增量中所占的比重是递减的，也就是我们所说的边际消费倾向递减，这种理论被称为绝对收入假说。Duesenberry（1949）提出的相对收入假说（Relative Income Hypothesis，RIH）认为短期内消费函数受到经济周期波动的影响，但长期来看个体或家庭的行为会

---

① Keynes, M. J., *The General Theory of Employment, Interest and Money*, London: Macmillan, 1936.

受到示范效应（家庭消费决策主要参考其他同等收入水平家庭，即消费有模仿和攀比性）和棘轮效应（家庭消费既受本期绝对收入的影响，更受以前消费水平的影响，收入变化时，家庭宁愿改变储蓄以维持消费稳定）的影响，因此，消费支出和可支配收入始终保持稳定的比例关系。[1] Modigliani 和 Brumberg（1954）提出了生命周期假说（Life Cycle Hypothesis，LCH），认为消费者总是想通过将其终生收入在终生消费上进行最佳分配，以使其通过终生消费获得总效用最大化，得到终生的最大满足。因此，消费不取决于现期收入，而是取决于一生的收入，理性的消费者要根据一生的收入来安排自己的消费和储蓄，使一生的收入和消费相等。Friedman 等（1987）提出持久收入假说（Permanent Income Hypothesis，PIH），认为消费者的支出水平取决于消费者长期中能保持的可支配收入水平，即持久收入。[2] 也就是说，理性的消费者为了实现效应最大化，不是根据现期的暂时性收入，而是根据长期中能保持的收入水平即持久收入水平来作出消费决策的，只有持久收入才影响消费。Hall（1979）根据卢卡斯（Lucas）的思想，将理性预期方法引入消费理论，提出了理性预期生命周期假说（Rational Expectation Life Cycle Hypothesis，RELCH），认为消费支出在长期呈现随机游走特征，用随机方法修正 LCH 和 PIH 的假设[3]，他的主要结论是，消费是随机游走过程，不能根据收入的变化来预测消费变化，即消费的变化不可预见。

近几十年来，关于居民消费问题的前沿研究大部分属于预防性储蓄理论。(Zeldes，1989；Carroll，1992[4]；Dynan，1993[5]；Wilson，2003[6]；等)。弗莱文（Flavin，1981）对随机游走假说进行实证研究后发现消费

---

[1] Duesenberry, J. S., *Income, Saving and the Theory of Consumer Behavior*, Cambridge: Harvard University Press, 1949.

[2] Friedman, McClains, Palmer, K., "Sources of Structural Change in the US 1963 – 1987: All input – output Perspective", *Review of Economics and Statistics*, 1987.

[3] Hall, R. E., "Stochastic Implications of the Life Cycle Permanent Income Hypothesis: Theory and Evidence", *Journal of Political Economy*, Vol. 4, 1979.

[4] Carroll, C. D., "The Buffer – Stock Theory of Saving: Some Macroeconomic Evidences", *Brookings Papers on Economic Activity*, Vol. 2, 1992.

[5] Dynan, K. E., "How Prudent are Consumers", *Journal of Political Economy*, Vol. 101, No. 6, 1993.

[6] Wilson, B. K., The Strength of the Precautionary Saving Motive when Prudence is Heterogeneous, Enrolled paper of 37th Annual Meeting of the Canadian Economics Association, 2003.

对劳动收入具有"过度敏感性"(excess sensitivity),即消费与劳动收入具有明显的正相关性。对于消费"过度敏感性"的解释,有流动性约束(liquidity constraints)、不确定性(uncertainty)、统计中的加总误差、短视(myopia)。弗莱文(Flavin,1985)利用美国宏观经济数据所作的定量分析发现,流动性约束是消费对收入"过度敏感性"的一个重要原因。不确定性也有助于解释消费对收入的"过度敏感性"。Zeldes(1989)提出运用预防性储蓄(precautionary saving)理论可对消费的"过度敏感性"和"过度平滑性"做出解释。消费理论的这些新发展,表明决定消费的最主要因素是当前收入,从而进一步证实了凯恩斯绝对收入假说的正确性。这些结论对于分析现阶段我国的消费不足,具有现实指导意义。

卡莱茨基(Kalecki,1971)基于消费者"异质性"的考虑率先从收入分配角度研究其与有效(消费)需求的关系。[①] Blinder(1975)设计了两种计量方法对收入差距与消费需求的关系进行检验,检验结果表明缩小收入差距有助于提高社会消费水平。[②] Bailey(1971)认为公共支出与私人消费之间可能存在一定程度的替代性,政府扩大公共支出对私人消费将具有一定的挤出效应。[③] Karras(1994)[④]、Devereus 等(1996)[⑤]、Okubo(2003)[⑥]和 Kwan(2006)[⑦]等都用数据证明了这种互补关系。Nelson 和 Consoli(2010)将居民消费行为要素引入演化经济学,突破了新古典消费者行为理论只重视"供给端"的研究框架。[⑧] Gorbachev 和 Olga(2011)证实了在考虑居民对利率的预期、收入波动、流动性限制等因素后,美国

[①] Kalecki, M., "*Selected Essays on the Dynamics of the Capitalist Economy*", Cambridge: Cambridge University Press, 1971.

[②] Blinder, A. S., "*Model of Inherited Wealth*", Quarterly Journal of Economy, Vol. 87, No. 4, 1975.

[③] Bailey, M. J., "*National Income and Price Level*", New York: McGraw-hill, 1971.

[④] Karras, G., "Government Spending and Private Consumption: Some International Evidence", *Journal of Money: Credit and Banking*, Vol. 26, No. 1, 1994.

[⑤] Devereus, M. B., Head, V. C. and Lapham, B. J., "Monopolistic Competition, Increasing Return and Government Spending", *Journal of Money: Credit and Banking*, Vol. 28, No. 2, 1996.

[⑥] Okubo, M., "Intertemporal Substitution between Private and Government Consumption: the case of Japan", *Economic Letters*, Vol. 79, 2003.

[⑦] Kwan, Y. K., "The Direct Substitution Government and Private Consumption in East Asian", *NBER Working Paper*, No. 12431, 2006.

[⑧] Nelson, R. R., Consoli, D., "An Evolutionary Theory of Household Consumption Behavior", *Journal of Evolutionary Economics*, Vol. 20, 2010.

居民消费的波动性在1970—2004年上升了25%。① Kjellberg（2008）从市场流通的角度研究了过度消费的问题，详细分析了市场营销在刺激过度消费中的作用，为后续研究者提供了一个实践分析的框架。② Giles, J. 和 Yoo, K.（2007）对中国农村居民的消费决策中的预防性动机进行了检验，发现有10%的储蓄是为了预防性动机，但这种动机随着居民迁移网络的扩大而减小。③ Bonis, R. D. 等（2012）使用 OECD 国家的1997—2008年的季度数据估计了家庭金融资产和实体资产对居民消费的影响，研究发现金融资产和实体资产对消费都有正向的作用，而且净金融资产的影响更大一些。④ Xiao 和 Kim（2009）研究了消费者的消费价值观对消费行为和生活满意度的影响，结果显示，功能、情感和社交因素对消费者的消费行为具有影响，集体主义和个人主义价值观的消费者对其购买国外品牌具有正向影响，但个人主义的消费者对生活现状不太满意且更倾向于购买国外品牌。⑤

主流经济学多从供给方面探讨经济增长的动力，如 Harrod – Domar 模型认为经济增长的动力主要来自劳动和资本投入，经济增长率会随着储蓄率的增加而提高；Solow – Swan 模型认为资本和劳动可以相互替代，储蓄率（消费率）的变化不会改变稳态时的 GDP；Ramsey – Cass – Koopmans 模型认为经济的长期增长取决于外生的技术进步。后来的 Lucas 和 Rome 分别强调了人力资本和知识资本的作用。

从需求方面探讨经济增长的动力始于凯恩斯，他分析了有效需求（消费等）对宏观经济的影响。Feldman 等证实了1963—1978年美国经济增长过程中最重要的因素是需求的增加，而技术进步对于行业的重要性仅仅表现为增长速度的快慢。后续的研究主要从两个方面分析消费需求对经

---

① O Lga, Gorbachev, "Did Household Consumption Become More Volatile?", *The American Economic Review*, Vol. 101, No. 5, 2011.

② Kjellberg, H., "Market Practices and Over – consumption", *Consumption Markets & Culture*, Vol. 11, No. 2, 2008.

③ Giles, J., Yoo, K., "Precautionary Behavior, Migrant Networks, and Household Consumption Decisions: An Empirical Analysis Using Household Panel Data from Rural China", *The Review of Economics and Statistics*, Vol. 89, No. 3, 2007.

④ Bonis, R. D., Silvestrini. A., "The Effects of Financial and Real Wealth on Consumption: New Evidence from OECD Countries", *Applied Financial Economics*, Vol. 25, No. 5, 2012.

⑤ Xiao, G., Kim, J. O., "The Investigation of Chinese Consumer Values, Consumption Values, Life Satisfaction, and Consumption Behaviors", *Psychology & Marketing*, Vol. 26, No. 7, 2009.

济增长产生的影响：一是消费升级促进经济结构变迁进而激发经济增长；二是新需求的扩大以种种方式对新的技术革新施加压力，从而也就形成了高速的全面增长。

关于居民消费驱动经济增长的研究，Osterthaven 等（1997）的实证研究肯定了需求因素在欧盟各国经济增长中的重要影响。① Zweimuener（2007）认为，在经济增长过程中高收入弹性的奢侈品会转变为低收入弹性的必需品，解释了经济增长和消费结构变迁之间的关系。Szirmai（2008）分析了战后各国经济发展成功和失败的经验，其中"中间因素"为"需求及其政策"，包括投资需求、消费需求和出口需求及财政和货币政策等。Sabillon（2008）证实在 20 世纪初美国经济正是由于消费需求的快速增长才使经济年均增长率保持在 5% 以上。② Hicks（2012）认为新兴经济体的消费波动相比发达国家更大，用支出来衡量的家庭消费水平会产生市场化的偏倚，而且这种波动性在不同国家表现出不同的形式。Hansen（1985）对 1955—1984 年美国经济波动的实证研究结果表明，非耐用品和服务综合的波动幅度为 1.29%，小于产出的波动水平 1.76%。Mendoza（1991，1995）估算出加拿大的总产出波动幅度为 2.81%，略大于总消费波动幅度 2.09%。但发展中国家的实证结果却往往相反，Kose 和 Riezman（2001）利用 1970—1990 年的数据，考察了 22 个没有石油出口的非洲国家的经济波动特征，研究表明，总消费的波动幅度 8.28% 是总产出波动幅度 4.10% 的 2 倍多。

综上可以看出国外的消费行为理论已经相当成熟，消费需求因素在经济增长中扮演的角色越来越受到经济学家的重视。

二 流通渠道和流通组织研究

下面简单介绍国外近些年关于流通渠道和流通组织（分销商和零售商）对居民消费影响的研究成果。国外流通组织在社会化大生产下的商品经济呈现出市场广阔、商业繁荣、流通发达的景象。国外流通组织发展的特点是商业资本集中，企业大型化；中小商业企业以提高组织化程度求生产和发展；竞争在世界范围内充分展开；市场营销概念成为商业经营的

---

① Osterhaven, J., Linden, J. A. V., "European Technology, Trade and Income Change for 1975 – 1985: An Intercountry Input – output Decomposition", *Economic Systems Research*, No. 9, 1997.

② Sabillon, C., "On the Causes of Economic Growth: the Lessons of History", *Algora Publishing*, 2008.

指导思想。在商品供过于求，人的消费水平、结构、方式不断发展的情况下，商业组织的一切活动都要以满足顾客的消费需求为指导思想。

Thomas，D. J.（2003）研究了供应链条件下分销商面对价格敏感的需求，采取合同承诺的方式以固定发货量和固定配送频率送货，可在一定水平内降低单位成本。[①] Boyle，J.（2000）认为，超市经营生鲜产品的创新，能保持超市的竞争力，同时对整个行业产生巨大的影响。Kuyven-hoven，A. 等（2002）认为供应链的整合能够获得更加完备的信息，能够稳定进入市场，利于资源的可持续利用以及农产品质量安全的提高。Berdegue，J. A. 等（2005）认为，超市现代采购体系的变革主要是从传统的批发市场，向超市自有的采购配送中心转变，并对集中配送的作用进行论述。[②] Thomas Reardon（2002）[③]、Graeiela Ghezan（2002）等通过对阿根廷超市和生鲜供应链的研究发现：超市对生鲜供应链产生了巨大的影响，农产品超市的发展削弱了以传统批发市场为核心经营的作用，继而认为中小农户逐渐退出市场交易，从而超市取代传统市场成为生鲜产品流通的主流通渠道是必然趋势。Elsa Rodriguez（2002）等运用 Probit 模型研究了阿根廷消费者的食品消费行为，得出结论：随着消费者收入的提高和购物时间的减少，消费者选择去超市购买食品的概率越来越大。[④] Bossley（2002）通过对比研究了很多国家超市农产品流通模式，认为超市集中统一采购模式和对门店的统一配送是一种有效率的模式。

Pelf 和 Reardon（2002）通过长期的考察研究发现，超市越过批发市场，直接到农产品的生产地进行农产品的采购，这是发展中国家在农产品采购模式上的一个很大的改进。Swine（2005）发现在中欧、中美洲、东欧和泰国等很多国家都实施了超市和农产品产地之间的对接。Boehije 和 Sehrader（1988）认为较之单纯地进行市场开发，将食品链的管理重点放

[①] Thomas, D. J., Hackman, S. T., "A Committed Delivery Strategy with Fixed Frequency and Quantit", *European Journal of Operation Research*, Vol. 148, No. 2, 2003.

[②] Berdegue, J. A., et al., "Central American Supermarkets Private Standards of Quality and Safety in Procurement of Fresh Fruits and Vegetable", *Food Policy*, Vol. 30, No. 3, 2005.

[③] Thomas R., "The Rapid Rise of Supermarkets in Latin America: Challenges and Opportunities for Development", *Development Policy Review*, Vol. 20, No. 4, 2002.

[④] Rodriguez, E., "Consumer Behavior and Supermarkets in Argentina", *Development Policy Review*, Vol. 20, No. 4, 2002.

在供应商、生产商以及加工商之间的关系协调方面更能够提高整体的效率。① Kliebenstein 和 Lawrence（1995）认为协调活动包括完全的整合体系（所有权整合）及各种契约协议，所有的协调活动旨在促进产业中参与者的竞争地位。② Mhurchu，C. N. 等（2010）研究得出结论认为价格折扣和营养教育可以扩大居民在超市的消费量，他们还提出了增加消费者购买的一些策略建议。③ Cacho，S. C. 和 Loussaïef（2010）通过问卷调查和访谈的形式，研究了可持续消费理念对法国零售业的品牌形象和零售商与消费者关系的影响，当零售商的理念被消费者理解时，就会给消费者以良好形象和情感维系，并激发他们的购买动机。④ Kenning，P. 等（2011）从交易成本角度论述了批发商的品牌对消费者购买行为的影响，认为批发商的品牌塑造可以传递给消费者一种质量好的信号，降低消费者的交易成本，从而提高消费者的购买频率和品牌忠诚度。⑤

三 流通对经济的影响

关于贸易或流通对经济的影响，A. G. Frank 认为，贸易有助于推动城镇的形成，并促进城镇的发展。A. Smith 认为分工的发展是促进生产率长期增长的主要原因，而分工的程度则要受到市场范围的限制，流通作为市场范围扩展的显著标志，其发展毕竟促进分工的深化和生产率的提高，进而促进消费需求的增长。Pareto 认为，在最优或最有效的状态尚未实现的情况下，交换有助于促进效率的提升；同时，贸易的好处能使双方都可以获益。F. Y. Edgeworth 认为，交换能够增进社会福利。J. R. Hicks 认为，贸易的发展，对所有人都有好处，这种受益不仅是成本的直接下降，更重要的也许是风险的减少。R. B. Wilson 认为，无论生产还是消费，交换都是有效利用资源所必不可少的，交换使生产的分散化与专业化成为可能，

---

① Boehije M., Sehrader, L. F., "The Industrialization of Agriculture: Questions of Coordination", *Great Britain: The Ipswich Book Company*, 1988.

② Kliebenstein, J. B., Lawrence, J. D., "Contracting and Vertical Coordination in the United States Pork", *Amercian Journal of Agriunltural Economics*, Vol. 77, No. 5, 1995.

③ Mhurchu, C. N., et al., "Effects of Price Discounts and Tailored Nutrition Education on Supermarket Purchases: a Randomized Controlled Trial", *American Journal of Clinical Nutrition*, Vol. 91, No. 3, 2010.

④ Cacho, E. S., Loussaïef, L., "The Influence of Sustainable Development on Retail Store Image", *International Business Research*, Vol. 3, No. 3, 2010.

⑤ Kenning, P., Grzeskowiak, S., "The Role of Wholesale Brands for Buyer Loyalty: A Transaction Cost Perspective", *Journal of Business & Industrial Marketing*, Vol. 26, No. 3, 2011.

而就消费而言，拥有不同禀赋或偏好的经济行为者，需要通过交换来获得最大的利益。I. M. Tomic 认为，人们从事交换是因为他们可以从中获利，以改善双方彼此之间的福利状况。

关于流通对区域经济的影响的研究，20世纪初，A. Weber（1909）提出工业区位理论，认为交通运输成本、劳动力成本和聚集与分散的经济性三个基本因素对工业最优区位的选择都产生影响。W. Cristaller（1933）从贸易的角度提出了中心区位理论，来解释城市增长的原因；与此相类似，A. L. Sch（1940）提出了中心市场理论，认为城市实际上起到的是一种中心市场的功能。这些理论不仅为产业的集聚和城市的产生与发展提供了一个重要的理论说明，也为城市经济学的诞生提供了理论支持。A. O'Sullivan（2006）[1] 不仅将聚集经济原理用于分析工业的聚集，而且也用于对商业聚集的分析，认为："如果一个零售商的销售额会随着其他零售商的靠近而上升，那么就出现了购物上的外在性。市场营销中的这种聚集化效应造成了零售商的聚集行为"，为流通业在城市的聚集提供了理论依据。K. J. Button 等（1995）从运输经济的角度，提出了范围经济、密度经济等概念[2]；Peter Nijkamp（2001）建立了空间相互作用、运输和区域间商品模型，用以研究城市内部和城市之间的商品流通。这些理论又被通称为"商圈"理论，为流通经济学研究商业规模和布局奠定了理论基础。Caplovitz（1963），Carmichael、Hamilton（1967）等对美国黑人集中居住区的零售产业进行了实证研究，结论表明，外来零售商垄断了该民族地区的流通产业，并以高价销售低质量产品获取高额利润，进而说明零售业对当地居民和经济的重要性。Bonacich（1988）、Waldingeretal（1990）用案例对美国的零售业进行了实证研究，说明了流通业发展对美国经济的重要促进作用。

Robert, L. 和 Xu（2003）对1910年、1920年和1930年三个时间点美国北部大城市的零售产业进行了实证研究，结果表明，零售业对城市经济发展确实具有很大的促进作用。[3] B. Minten（2009）等通过对马达加斯

---

[1] O'Sullivan, A., "Urban Economics", Mc Graw - Hill Companies, 2006.

[2] Kliebenstein, J. B., Lawrence, J. D., Contracting and Vertical Coordination in the United States Pork Industry, Amercian Journal of Agricultaral Economics, Vol. 77, No. 5, 1995.

[3] Robert, L. B., Xiaohe Xu., "Did Retail Enterprise among White Immigrants Benefit from the Residential Segregation of Blacks?", Social Science Quarterly, Vol. 84, No. 4, 2003.

加岛的调查研究发现,参与到国际零售集团公司全球供应链中的发展中国家的农民有着比普通农民更高的福利和更稳定的收入,而且国际零售集团提高了当地的生产技术和资源管理技术。[1] M. Figuié 和 P. Moustier（2009）认为超级市场的出现使越南的食品供应和分销系统出现了巨大的变化,他们通过调查分析了这种现象对贫穷消费者的风险和收益,并对该国的流通政策提出了建议。[2] M. Albayrak（2010）通过分析土耳其的批发市场和商品交易状况,试图寻找到开发市场新的手段和方法,并论述了交易中心在农产品交易的价格形成中的作用。[3]

关于流通对消费影响的研究中,Charter 等（2008）研究了商贸流通对可持续消费和生产的影响,并认为商贸业是消费和生产的很强的利益相关者,并且可以看作消费部门的一部分。C. Hawkes（2009）研究了销售促进可以通过影响消费者的购买选择进而影响消费模式,商家可以通过灵活地利用销售促进的策略来激发消费者的购买热情和扩大消费量。[4] P. Malyadri 和 K. Srinivasa Rao（2011）通过对印度的零售业进行研究后认为,零售部门已经深刻地改变了当地消费者的生活方式,而且零售部门的产值占 GDP 的比重已经从 2007 年的 9% 左右上升到 2011 年的 22% 左右,而且还将拥有每年 25% 的增长,成为印度经济的支柱产业部门之一。[5] Gert Peersman 和 Lorenzo Pozzi（2008）使用美国 1965—2000 年的季度数据并采用多元状态空间方法分析了商业周期波动与个人消费敏感性之间的关系,发现个人消费在经济衰退时的敏感性明显比较高。[6] Shahe Emran,M. 和 Hou Zhaoyang（2011）使用中国农村的数据证实了国内和国际市场准入对家庭人均消费的影响,计量显示,更好的市场准入对居民消费有正

---

[1] Minten, B., Randrianarison, L. and Swinnen, J. F. M., "Global Retail Chains and Poor Farmers: Evidence from Madagasca", *World Development*, Vol. 37, No. 11, 2009.

[2] Figuié, M., Moustier, P., "Market Appeal in an Emerging Economy: Supermarkets and Poor Consumers in Vietnam", *Food Policy*, Vol. 34, No. 2, 2009.

[3] Albayrak, M., "Organizing against Market Exploitation in Turkey: An Analysis of Wholesale Markets, Trade Exchanges and Producer organizations", *Scientific Research and Essays*, Vol. 5, No. 17, 2010.

[4] Hawkes, C., "Nutrition reviews", *Nutrition Reviews*, Vol. 67, No. 6, 2009.

[5] Malyadri, P., Rao, K. S., "Indian Retail Marketing Scenario A Pivotal Role Towards Economic Growth", *Economic Affairs*, Vol. 56, No. 2, 2011.

[6] Peersman, G., Pozzi, L., "Business Cycle Fluctuations and Excess Sensitivity of Private Consumption", *Economica*, Vol. 75, No. 299, 2008.

向的作用，而且这种作用在国内市场更显著。①

四 欧美日韩的流通体系和流通政策

欧盟主要通过加强流通基础设施建设和利用法律手段来促进流通体系建设。在欧盟，纵横交错、四通八达的高速公路网已经扩展到广大农村。美国把政府支持同利用先进信息系统和期货市场建设作为促进流通体系建设的主要对策。2002年5月，美国颁布了《2002年农业安全与农村投资法》，把农产品市场流通作为美国政府支持农业，扩大农村流通体系建设的重要环节。韩国主要通过创新流通体系，减少流通中间环节和积极发挥协会中介组织的作用来促进流通体系建设。韩国农产品流通的特点是产地竞卖，大大减少了流通中间环节，提高了流通效率。在韩国农村经济的发展过程中，农民合作组织功不可没。德国产品的销售已建立了完备的流通体系，流通中介主体包括进口商、加工商、分包商、批发商和零售商等。

日本学术界一直高度关注流通问题，并建立了比较完整的"流通经济理论"体系，有关"流通经济理论"的学术成果相当多，除传统的以"商业学"、"商业经济学"、"流通经济论"、"流通论"等命名的理论体系外，20世纪90年代以来，又有许多主流经济学家分别用制度经济学、信息经济学、计量经济学的分析方法来研究流通问题，初步形成了"流通经济论"或"流通经济学"的基本框架。综合商社作为日本流通产业的重要载体，是一种具有集贸易、投资、金融、信息、组织和协调等多项功能于一体的商业型跨国企业，作为连接国内、国外两大市场的桥梁和纽带，综合商社不仅极大地提高了日本流通业的整体运行效率，也使流通在社会经济运行中的先导性作用得到充分发挥。日本商业流通政策体系主要包括两个方面：一是维护市场经济流通秩序、促进公平竞争、保持商业流通活力的体制性政策法规；二是推动商业流通现代化、不断提高商业流通机能的效率性法规。政策可分为商业流通政策和物流政策两部分，其中商业流通政策分为竞争政策、消费者保护政策、流通业振兴政策、流通调整政策（如大店法）等；物流政策主要包括物流施政大纲、物流二法、物流综合政策。日本完整的流通政策体系和流通实践经验为流通在社会经济中的作用和地位作出了最好的诠释，值得我国借鉴。

---

① Emran, S. M., Zhaoyang, H., "Access to Markets and Rural Poverty: Evidence from Household Consumption in China", *The Review of Economics and Statistics*, Vol. 95, No. 2, 2011.

综上可以看出国外关于消费的研究已经相当成熟，对影响居民消费需求的因素的研究也有相当的理论成果，对消费需求促进经济增长的贡献已达成共识。但对流通作为一个系统和体系研究还不够清晰，对流通和消费的关系研究较少，关于健全流通体系以扩大消费需求的研究更是难以找到相关文献。

第二节 国内文献综述

一 现代流通体系的研究综述

关于现代流通体系的含义的研究。丁俊发（2007）认为现代流通体系中的"现代"是一个水平概念，"体系"则是指一个系统工程。[①] 同时他也指出了建立现代流通体系的四个目标：第一，流通在国民经济中的贡献率明显提高；第二，流通速度加快，流通效率提高，流通成本降低；第三，流通体制改革基本完成，市场化程度与国际接轨；第四，形成适应社会主义市场经济需要和满足工业化与全面小康需要的流通总格局。王增涛（2002）则认为流通体系是商品资源的配置与协调体系，包括交易组织、交易方式、交易渠道和交易制度四个方面的内容。高铁生（2005）认为，流通体系与市场体系是一个问题的两个方面，并指出流通是"过程连续的市场"、市场是"空间结构的流通"。[②] 李智（2010）认为现代流通体系是相对于传统流通体系而言的，但二者之间并非简单的时间承接关系，更重要的是一种"水平提升"关系：现代流通体系与传统流通体系相比要具有更高的经济技术水平，要更接近于国际主流运行方式，要融入更多的新型技术和先进流程。[③] 吴小丁（2010）认为流通体系是一个系统，其内部结构不是人为安排的，而是在特定经济、社会系统下自动形成的，经济运行的内部机制使流通体制发生变革。流通体系的效率是用流通产出来衡量的；任何一种流通体系模式都是流通机构的不同协议结果。洪涛（2012）认为，现代流通体系由横向7大流通体系和纵向6大流通体系构成。从横向来看，现代流通体系包括农产品流通体系、生产资料流通体

[①] 丁俊发：《构建现代流通体系面临的形势和任务》，《中国流通经济》2007年第2期。
[②] 高铁生：《推进流通现代化的理论依据与政策选择》，《中国流通经济》2005年第11期。
[③] 李智：《中国特色现代流通体系发展战略刍议》，《中国市场》2010年第5期。

系、再生资源流通体系、工业品消费品流通体系、流通业商业服务业体系、商业信息服务体系、流通业商务服务体系；从纵向来看，具有中国特色的流通体系框架，包括商品流通组织体系、商品渠道体系、流通法律体系、商品市场体系、流通管理体系、宏观调控体系。① 孙前进（2011）认为："中国现代流通体系应该是由政策法规与行政管理、国内流通、国际（地区）流通、支撑与保障 4 项一级体系、25 项子体系构成的庞大系统（具体包括：流通法律体系、流通政策体系、流通行政管理体系；农业生产资料流通体系、农村商业流通体系、农产品流通体系、粮食流通与物流体系、生活消费品流通体系、生产资料流通体系、特殊商品专营体系、重要商品国家储备体系、再生资源回收体系；国际商贸流通体系、外商投资与管理体系、经济合作对外投资体系、两岸四地流通体系、海关监管与保税物流体系；商务服务体系、信息化与信息系统、商品流通基础设施体系、交通运输体系、物流体系、邮政与快递体系、流通领域食品安全体系、商业信用体系）"。② 蒋耀平（2010）认为现代流通体系是由物流、信息流、资金流和自然人流共同构成，尤其是基于信息化技术支撑的信息流已经成为现代流通区别于传统流通的最重要的标志。③ 潘振良（2007）将现代流通业分为流通网络基础层、物流层、流通业态组织层、商务信息层和资本市场层五个层次。④

但是，我国流通体系的现状并不令人满意。王晓东（2012）指出在市场流通体系日趋完善的同时也存在诸多影响流通效率提高的问题需要警惕，主要表现为流通环节减少与流通成本上升并存、流通主体多元与主导力量分散并存、繁荣市场与稳定市场的关系定位不明、业态创新与业态模仿的关系模糊不清、统筹发展与分类应用的政策体系协调不够。⑤ 丁俊发（2006）认为我国流通业存在物流总费用与 GDP 的比率明显偏高、第三方物流不发达、商品在物流过程中的损耗明显过大和流通业对国民经济的贡献率明显偏低的问题。⑥ 宋则（2011）认为我国流通体系突出问题表现

---

① 洪涛：《"十二五"中国特色流通体系及其战略研究》，《商场现代化》2012 年第 24 期。
② 孙前进：《中国现代流通体系框架构成探索》，《中国流通经济》2011 年第 10 期。
③ 蒋耀平：《以信息化推进流通体系现代化》，《求是》2010 年第 15 期。
④ 潘振良：《现代流通业的分层体系结构》，《物流工程》2007 年第 7 期。
⑤ 王晓东：《完善我国市场流通体系的宏观思考》，《商业经济与管理》2012 年第 3 期。
⑥ 丁俊发：《加快流通速度 提高流通效率》，《中国市场》2006 年第 38 期。

在：一方面，流通"成本高、效能低、东西贵"，体制与机制问题极大地阻碍了消费增长和扩大内需政策的有效落实；另一方面，农产品销售难、农民增收难和农民购买难仍然是最突出的结构性问题。① 梁霄、郝爱民（2011）认为当前流通不畅，阻碍了我国经济发展方式的转变：（1）城乡流通产业结构失衡，导致流通效率差距加大，进而加剧城乡经济发展方式不平衡。（2）零售业也发展不平衡，无法满足扩大消费的需要。（3）现代流通发展滞后，制约了我国竞争力的持续提升。（4）流通领域粗放式、低效式发展状况较为突出，导致我国经济生产效率低下。（5）政府对流通产业的政策扶持力度不够，导致流通业的国民经济调整的先导产业功能难以实现。②

我国学者关于流通体系与居民消费之间的关系的探讨也有若干。宋则、王雪峰（2010）认为商贸流通业对治理通货膨胀、稳定物价具有多方面的重要作用，高效率的流通体系可以有效化解结构性供求矛盾，稳定物价特别是居民消费价格。③ 郝爱民（2011）指出在现代市场经济条件下，流通业和消费相互制约，相互促进，流通业发展的速度和规模直接影响到居民消费需求的实现效果，进而影响到消费结构与消费方式的升级。④ 郭琳（2009）通过湘潭市现代流通体系建设对农村消费的影响分析，指出加强农村流通体系和市场建设，可以为农民增加消费提供便利。王潇（2009）认为消费者的购买能力能否实现则取决于既定的产业结构和流通状况，不仅如此流通对消费还具有引导作用。⑤ 程建平（2006）通过例证分析指出随着经济全球化进程加快，流通现代化已经成为扩大消费的紧迫任务。⑥ 刘振娥（2010）研究了流通现代化促进和刺激居民消费增长的途径和机制，认为必须重视流通现代化对居民消费的影响，并采取一切有力措施促进流通现代化的发展。⑦

---

① 宋则：《构建现代商贸流通体系相关问题研究》，《广东商学院学报》2011年第2期。
② 梁霄、郝爱民：《经济发展方式转变背景下我国流通体系优化路径选择》，《经济学动态》2011年第10期。
③ 宋则、王雪峰：《商贸流通业增进消费的政策研究》，《财贸经济》2010年第11期。
④ 郝爱民：《消费升级与我国流通体系的优化》，《现代经济探讨》2011年第2期。
⑤ 王潇：《发展现代流通业，促进消费升级》，《经济纵横》2009年第1期。
⑥ 程建平：《消费拉动与流通带动》，《技术经济与管理研究》2006年第1期。
⑦ 刘振娥：《流通现代化对促进和刺激居民消费增长的机制和途径研究》，《现代商贸工业》2010年第11期。

国内学者对完善流通体系提出了诸多建议。黄国雄（2011）认为我国建设现代流通体系应该处理好以下十个方面的关系：建立与完善以市场机制为核心的流通产业运行机制、建立和完善多层次的社会商品需求体系、以城市市场为主体建立双向开拓的商品市场体系、完善城乡一体化的商品流通渠道、完善服务体系构建宜居环境、建立以横向流通为主要形式的商品批发体系、构建多元化的物流配送体系、建立各有特色的城市商业体系、构建多层次多形式的农村市场体系、创新发展完善业态体系。[1] 李智（2010）认为中国特色现代流通体系的战略实施重点是：加大对流通基础设施建设的投入、积极扶持流通企业信息化改造和通过流通产业政策创新推动现代流通体系的建立和完善。[2] 陈金波、陈向军（2008）认为促进我国现代流通方式进一步发展的措施有：加大对流通基础设施建设的投入、积极扶持流通企业信息化改造、促进流通产业协会组织的发展、建立合理的流通产业政策。[3] 蒋耀平（2010）认为信息化是推进现代流通体系的有效途径。[4] 曲宏飞（2011）认为，实现规划先行、加大政策扶持力度、培育现代大型物流企业、建设现代物流基地、加强城乡物流体系的大协同发展，是我国加快构建现代化流通体系的重要途径。[5] 刘统金（2011）指出，加快流通业的法制体系及标准体系建设、发展流通信息网络系统、实施人才战略和积极推进物流配送发展，是发展流通业促进居民消费的重要举措。[6] 王先庆（2012）在扩大内需的视角下研究了流通体系的结构优化问题，并建议盘活流通地区结构，减小内需差距；拓展业态结构，丰富内需渠道；抓好流通企业结构，布局内需网络；润滑流通传导结构，保障内需利益；创新流通技术结构，助力内需发展。[7] 文启湘等（2002）在工业化、信息化视角下提出了构建现代流通体系的构想：进行交易组织重塑和优化、建立社会化的流通配送中心、发展以零售商和生产者主导的交易渠道、促进交易方式的现代化和加快市场的法制化和规范化

---

[1] 黄国雄：《关于推进我国现代流通体系建设的几点建议》，《财贸经济》2011年第3期。
[2] 李智：《中国特色现代流通体系发展战略刍议》，《中国市场》2010年第5期。
[3] 陈金波、陈向军：《流通方式的发展与现代流通方式的建设》，《物流工程与管理》2008年第12期。
[4] 蒋耀平：《以信息化推进流通体系现代化》，《求是》2010年第15期。
[5] 曲宏飞：《关于构建现代化流通体系的研究》，《中国城市经济》2011年第5期。
[6] 刘统金：《以发展流通业促进居民消费增长》，《经营管理者》2011年第22期。
[7] 王先庆：《扩大内需导向下的流通体系结构优化研究》，《商业时代》2012年第16期。

进程。① 梁霄、郝爱民（2011）提出了流通体系优化的路径选择：以统筹城乡流通为中心，加快实现经济平衡发展；以提高流通效率为中心，进一步优化流通产业结构；以增强国家竞争力为中心，大力发展现代流通并革新流通技术；加大政府对流通产业的政策扶持，实现流通对生产和消费的纽带作用。②

农村流通体系和城乡双向流通体系是近些年学者们的研究热点。任保平等（2011）认为城市流通体系与农村流通体系构成城乡一体现代商贸流通服务体系，建立城乡一体现代商贸流通服务体系，主要目的是加强城乡商贸流通资源的统筹配置，强化城市流通业对农村流通业的示范和带动作用，提高农村流通业现代化服务水平，实现城乡商贸流通业的相互融合与协调发展。③ 余永胜、洪烨丹（2012）以浙江为例对城乡一体现代商贸流通服务体系进行了探讨，认为浙江农村的流通业落后于城市流通业的发展，并提出建立城乡一体现代商贸流通服务体系的方法和途径。④ 马龙龙（2011）提出了"城乡一体化的实施重点是流通体系再造弥补市场短板"的观点，认为城乡流通体系在市场客体（商品）、市场主体（经营主体与经营方式）、载体（流通渠道）、秩序管理体制等方面均存在显著的城乡差异，并提出了从四个方面推进农村流通体系现代化，进而实现城乡一体化的建议。⑤ 洪涛（2010）认为，建立城乡流通产业一体化格局意味着我国旧的城乡关系向新型城乡关系的转变，并提出了推进城乡流通产业协调发展的基本路径。⑥ 朱智、赵德海（2010）对城乡商品流通市场一体化的必要性、存在问题、发展思路、策略选择等方面进行了研究，提出了我国城乡商品流通市场一体化的具体政策和建议。⑦ 张如意等（2011）分析了我国农村商贸流通主体缺失的现状，提出要建立以大型农资企业为核心的

---

① 文启湘等：《工业化、信息化进程中的现代流通体系构建》，《经济经纬》2002年第3期。
② 梁霄、郝爱民：《经济发展方式转变背景下我国流通体系优化路径选择》，《经济学动态》2011年第10期。
③ 任保平等：《统筹城乡视角下城乡双向流通的路径研究》，中国经济出版社2011年版，第35页。
④ 余永胜、洪烨丹：《城乡一体现代商贸流通服务体系探讨》，《中国流通经济》2012年第10期。
⑤ 马龙龙：《论城乡一体化进程中市场体系建设》，《新华文摘》2011年第6期。
⑥ 洪涛：《我国城乡流通业协调发展初探》，《中国流通经济》2010年第7期。
⑦ 朱智、赵德海：《我国城乡商品流通市场一体化研究》，《财贸经济》2010年第3期。

多元化农资流通主体、以连锁超市为核心的多元化日用品连锁主体和以农业合作社为核心的多元化农产品流通主体,建设农村现代商贸流通体系。①

农产品现代流通体系是指与工业化和信息化过程相适应的一系列农产品分销网络(李飞等,2012)。② 它是为高效组织农产品流通,在一定的流通体制和流通战略目标下,运用先进的理论、流通技术手段与现代化的流通形式管理方式对传统农产品流通体系进行全面整合,所形成的由现代化的流通主体、流通载体、流通服务以及流通运行监管机制组成的具有内部联系的统一体。其形成需要相应的资源禀赋、需求拉动、政策支持及区位优势等条件(邹铁钉,2007)。田野、赵晓飞(2012)认为,构建农产品现代流通体系是实现农产品流通现代化的重要保障,他们从流通渠道体系、流通组织体系、流通服务体系和流通质量安全体系四个方面构建了我国农产品现代流通体系的基本框架及其运行机制。③ 程国强(2007)指出了当前存在城乡市场规模差距持续扩大、农村地区市场流通差距扩大、流通方式与经营业态较为落后、流通基础设施不足、流通主体实力弱、市场管理滞后等问题,认为必须强化农村流通基础设施建设,发展现代化流通方式与新型流通业态,培育多元化多层次的市场流通主体,构建开放统一竞争有序的市场体系。④ 文启湘(2007)认为,目前我国农村商品流通领域存在"小、弱、旧、乱、差"等问题,他提出了积极组建以农家店为骨干的农村消费品经营网络、拓宽和强化农产品批发流通渠道、发展农村连锁经营及其服务体系、构建农村现代物流配送体系、组建农村商务信息服务网络、发展农村经济合作组织六项建议。⑤ 张斌(2008)认为,长期以来受城乡二元经济结构影响和农村生产力水平低下的制约,我国在商品流通体系建设中重城市轻农村,在农村工作中重生产轻流通,致使农村流通体系无论在基础设施、流通方式、经营业态、流通主体实力、管理体制

---

① 张如意等:《城乡统筹视角下农村商贸流通主体的培育》,《商业经济与管理》2011年第10期。

② 李飞等:《中国流通业变革关键问题研究》,经济科学出版社2012年版。

③ 田野、赵晓飞:《我国农产品现代流通体系构建》,《中国流通经济》2012年第10期。

④ 程国强:《我国农村流通体系建设:现状、问题与政策建议》,《农业经济问题》2007年第4期。

⑤ 文启湘:《加快构建农村现代流通体系,推进农村消费和谐发展的重要条件》,《湘潭大学学报》(哲学社会科学版)2007年第1期。

等方面都处于落后状态,并提出了促进农村流通体系现代化建设的对策。① 刘根荣(2012)对转型时期农村现代流通体系建设进行了研究,并提出要处理好以下五个方面的关系,即市场与政府的关系、农民与市场的关系、城市与农村的关系、政策导向与市场取向的关系、整体与局部的关系。②

国内文献对外国流通体系的研究中,朱霖、权承九(2012)对韩国农产品流通体系中产地市场、批发市场以及消费市场三个流通阶段的流通主体构成、交易模式、流通机制等基本状况进行分析,进而以韩国农产品流通体系渠道的经验为借鉴,对中国农产品流通体系建设提出改善意见。③ 吴小丁(2010)研究了美国的"大零售小批发"和日本的"大批发小零售"模式,并指出我国的流通发展战略并不是两种模式简单地二选一。④ 白全礼、郝爱民(2009)对美国、欧盟、日本及韩国的农村流通体系进行了研究,得出了对中国农村流通体系建设的有益启示。⑤ 陆建飞等(2006)研究了德国和日本有机农产品流通体系,认为我国可重点建立和完善"销售龙头企业带动式"和"产销直挂式"相结合的流通模式。⑥

关于流通现代化的定义、内容、评价和路径等方面,学者们已经进行了有价值的探索,取得了一定的研究成果。关于流通现代化的定义,黄国雄、曹厚昌(1997)认为所谓商业现代化,就是要有符合现代化市场要求的商品流通体制,并运用先进的技术设施和科学的管理方式,高效率地组织商品流通。⑦ 晏维龙(2002)认为流通现代化是不断适应生产、消费以及流通自身发展的要求而"与时俱进"的过程。⑧ 宋则(2003)、文启湘(2004)等学者也分别给出了自己的定义。关于流通现代化的内容,杨圣明、王诚庆(1995)认为,流通现代化,不仅要有一定的技术手段

---

① 张斌:《当前农村流通体系问题研究》,《中国经贸导刊》2008年第5期。
② 刘根荣:《转型时期农村现代流通体系建设》,《中国流通经济》2012年第8期。
③ 朱霖、权承九:《韩国农产品流通体系研究》,《浙江农业学报》2012年第3期。
④ 吴小丁:《我国城市流通体系模式及政策选择》,《中国流通经济》2010年第6期。
⑤ 白全礼、郝爱民:《国际农村流通体系建设比较及对中国的启示》,《河南师范大学学报》(哲学社会科学版)2009年第6期。
⑥ 陆建飞等:《德国和日本有机农产品流通体系的比较及其启示》,《生态经济》2006年第5期。
⑦ 黄国雄、曹厚昌:《现代商学通论》,人民日报出版社1997年版。
⑧ 晏维龙:《论我国流通产业现代化》,《经济日报》2002年12月23日第T00版。

和物质内容，而且要有体现时代发展的内容，包括科学的流通经济体制、合理的企业组织形式和先进的经营方式等。吴仪（2003）认为流通现代化的内涵很丰富，包括商业经营理念的现代化、流通管理的现代化、商业人才的现代化、流通基础设施的现代化。李飞（2003）认为流通现代化，包含物质、制度与观念三个层面，物质层面是指市场、商店、仓库、道路、车辆、流通量等金钱物质要素的增长；制度层面是指市场法制秩序、流通体制与政策环境等内容；观念层面是指对市场经济的社会认同和符合市场经济的日常伦理。丁俊发（2007）认为流通体系的现代化应包括流通从业人员素质的现代化、流通技术与装备的现代化、流通方式的现代化和流通管理的现代化。[1] 关于流通现代化的评价，主要有三个指标体系。宋则、张弘（2003）构建了一个包括50个一级指标，若干个二级指标的中国流通现代化综合评价指标体系，但没有量化分析。[2] 李飞（2003）从商品流通物质现代化、商品流通制度现代化和商品流通观念现代化三个方面，构建了一个包括三级子系统的相应指标体系，并给出了指标的权重和目标值。[3] 王成荣（2006）分别从政府维度、企业维度以及消费者维度构造了一个城市商业现代化基本评价模型，并对北京城市商业现代化进行了评价。[4]

在我国流通现代化的研究中，现有成果颇丰，但仍显不足。一方面，学者们对评价指标的选取没有达成一致。另一方面，多为主观评价，缺乏可以量化的评价标准，而且对流通现代化实证研究不足。所以，这就给进一步研究提供了空间。

综上所述，国内对流通体系的现有研究指出了我国流通体系的缺陷并进行了深入的剖析，对于如何完善流通体系提出了不少对策建议，但是其中原则性意见较多，可操作性意见较少。在理论上，对于流通体系与消费扩大之间的关系还缺乏充分的研究，针对如何以扩大消费为目的建立现代流通体系缺乏系统性的探究。

---

[1] 丁俊发：《构建现代流通体系面临的形势和任务》，《中国流通经济》2007年第2期。
[2] 宋则、张弘：《中国流通现代化评价指标体系》，《北京市财贸管理干部学院学报》2003年第3期。
[3] 李飞：《中国商品流通现代化的构成要素》，《中国流通经济》2003年第11期。
[4] 王成荣：《城市商业现代化评价体系研究——对北京商业现代化水平的基本判断》，《北京市财贸管理干部学院学报》2006年第4期。

二 流通与消费关系研究综述

流通业已经从国民经济的"末端产业"逐渐演变成基础产业和先导产业,而消费则是拉动经济发展的重要动力。关于流通与消费的关系的研究已经取得了一定的理论成果。

关于流通业发展促进居民消费增长的理论研究中,赵萍(2008)对流通体制促进消费的潜力进行了分析,并指出,中小零售企业具有强大的吸纳就业的能力,可以切实提高普通大众的收入水平,为扩大消费提供最基本的收入基础。[1] 马龙龙(2009)认为中国必须构筑一个竞争有序和高效通畅的高层次流通平台,以充分发挥流通启动消费的作用。王潇(2009)认为在既定的产业结构下,流通的规模和结构制约着一定时期的消费规模和消费结构,流通的组织状况制约着消费需求的实现程度。赵萍(2007)认为流通业通过提供质优价廉的商品,提高自身服务水平,加强品牌宣传,影响着国内居民的消费心理和消费观念,并指出了流通与消费的七大关系,即流通能够引导消费心理、保障消费安全、提供消费便利、改变消费习惯、传递消费信息、领导消费潮流、丰富消费选择。王微(2006)认为城市商业特别是零售业是实现中国城乡居民消费需求增长的主要途径。[2] 宋则、王雪峰(2010)在商贸流通业增进消费的政策研究中提出建立长效服务体系是推动结构调整、满足居民消费意愿的核心思路。[3] 尹世杰(2010)认为疏通流通渠道,对于扩大农村消费、促进社会经济发展具有非常重要的作用。[4] 文启湘(2007)认为加快构建农村现代流通体系是推进农村消费和谐发展的重要条件。[5] 郑承志(2011)认为扩大消费必须进行流通创新,理论上流通创新包括流通体制的创新、流通方法与流通手段的创新、流通模式的创新。流通创新的路径选择可以是强化流通产业的先导地位(体制创新)、大力开拓农村市场(市场创新)、规范并改善消费环境(环境创新)、支持和鼓励发展现代流通方式(方式创新)、继承和引进相结合(特色创新)等。[6]

---

[1] 赵萍:《流通与消费的七大关系》,《中国商贸》2008年第1期。
[2] 王微:《我国城市商业在扩大消费中的地位与作用》,《中国流通经济》2006年第12期。
[3] 宋则、王雪峰:《商贸流通业增进消费的政策研究》,《财贸经济》2010年第11期。
[4] 尹世杰:《疏通流通渠道扩大农村消费》,《中国流通经济》2010年第1期。
[5] 文启湘:《加快构建农村现代流通体系,推进农村消费和谐发展的重要条件》,《湘潭大学学报》(哲学社会科学版)2007年第1期。
[6] 郑承志:《金融危机背景下扩大消费的流通创新研究》,《商业时代》2011年第3期。

在实证研究中，张连刚、李兴蓉（2010）采用 1990—2008 年中国省际面板数据建立 Panel Data 模型并进行 Granger 因果检验，发现流通业发展是居民消费增长的原因，但是流通业发展对东西部地区居民消费增长的影响存在较大差异。① 冉净斐（2008）运用自回归分布滞后模型对流通与消费的关系进行了实证分析，发现当期的社会消费品零售总额与居民消费、农村居民消费、城镇居民消费和政府消费呈正相关关系，当期的社会消费品零售总额每增加 1%，可带动当期的居民消费、农村居民消费、城镇居民消费、政府消费分别增加 0.80%、0.87%、0.85%、0.80%。② 郝爱民（2011）认为流通产业发展不畅，成为消费升级、扩大消费的制约因素，并经过分析提出了若干转变流通业发展方式扩大消费的政策。③ 赵娴（2010）认为流通产业不仅成为生产的先导，也成为消费的重要促进力量，流通效率的提高、流通渠道和流通模式的完善成为决定消费实现程度和水平的重要力量。④ 罗永华（2011）使用广东省 2000—2008 年的流通和消费数据建立模型，得出城镇居民和农村居民人均消费支出与流通业发展密切相关、流通业的发展可以促进消费增加的结论。⑤ 文启湘、梁爽（2010）利用 DEA 模型对我国流通业发展和消费增长的协调促进关系作了分析和论述，认为我国流通业发展对消费的促进效用要强于消费对流通业的支撑作用。⑥

关于农村流通和消费的研究中，贺珍瑞（2007）认为，农村流通体系与农村消费需求存在着明显的相关性，我国的农村流通体系建设相对于国民经济和农村经济的发展仍显落后，这对农村消费需求的扩大有显著影响。⑦ 李骏阳等（2011）使用偏最小二乘法，证实了农村流通业的发展对农村居民消费有着不可忽视的影响，流通业的发展水平对农村居民的消费

---

① 张连刚、李兴蓉：《中国流通业发展与居民消费增长实证研究》，《广东商学院学报》2010 年第 4 期。
② 冉净斐：《流通发展与消费增长的关系：理论与实证》，《商业时代》2008 年第 1 期。
③ 郝爱民：《消费升级与我国流通体系的优化》，《现代经济探讨》2011 年第 2 期。
④ 赵娴：《发展流通产业实现消费促进和结构升级》，《中国流通经济》2010 年第 11 期。
⑤ 罗永华：《广东省流通业发展对居民消费支出影响的实证研究》，《商业时代》2011 年第 18 期。
⑥ 文启湘、梁爽：《基于 DEA 模型的流通业与消费增长协调发展研究》，《商业经济与管理》2010 年第 10 期。
⑦ 贺珍瑞：《农村流通体系对农村消费需求的影响分析》，《山东农业大学学报》（社会科学版）2007 年第 3 期。

存在着积极的促进作用。① 王新利、吕火花（2006）采用 2003 年中国 31 个省（市、区）的截面数据建立回归模型，发现农村流通体系对农村消费增长具有较大影响。② 郝爱民（2010）采用有序概率模型，以河南省的调查数据分析了农村流通体系的各个指标对农民消费意愿及消费热情的影响，认为农村消费需求难以有效启动的重要原因之一是我国农村流通体系的不完善，应高度重视我国农村现代流通体系的建设。③ 刘根荣、种璟（2012）从促进消费视角对城乡流通协调发展问题进行研究，分析了城乡流通二元结构现象及其对消费的制约机理。④ 李骏阳（2015）认为扩大农村地区消费需求是当前我国宏观经济面临的一项重要任务。为发展和改善我国农村消费品流通业现状，使之更好地适应农村居民消费需求的不断扩大，为农村居民提供良好的商业环境，提高农村居民消费水平，需要创新农村流通体系与流通模式，对农村消费品流通进行顶层设计。具体来讲，在区域上，可根据经济发展水平将全国农村划分为三类不同的地区，在不同地区采取差异化消费品流通业发展对策，采取有区别的扶持政策。在时间上，制定从现在起到 2030 年两阶段的农村流通业发展战略，并设计各阶段的目标、发展任务与支持措施。在发展模式上，应根据各地特点实施适合其发展需要的农村消费品流通模式。在发展思路上，应借助电子商务来促进农村消费品流通业的跨越式发展，实现城乡流通一体化。⑤

关于居民消费增长促进流通业发展的研究中，王惠（2000）认为消费无论是在商业流通发展的历史演进中，还是对新兴商业业态的崛起都起着非常重要的作用，并指出商业流通要在消费导向型经济时代获得更大发展，则必须适应消费、推动消费、发展消费。⑥ 丁俊发（2012）认为促进消费与流通渠道建设是一个问题的两个方面。必须通过改革消费体制、提升消费能力、调整消费政策、夯实消费基础、改变消费观念、优化消费环

---

① 李骏阳、包銎伟、夏禹铖：《流通业对农村居民消费影响的实证研究》，《商业经济与管理》2011 年第 11 期。
② 王新利、吕火花：《农村流通体系对农村消费的影响》，《农业经济问题》2006 年第 3 期。
③ 郝爱民：《农村流通体系建设对农民消费的影响——基于有序 Probit 模型的研究》，《北京工商大学学报》（社会科学版）2010 年第 3 期。
④ 刘根荣、种璟：《促进消费视角下城乡流通协调发展研究》，《经济学家》2012 年第 9 期。
⑤ 李骏阳：《我国农村消费品流通业创新研究》，《中国流通经济》2015 年第 4 期。
⑥ 王惠：《消费对商业流通发展的作用》，《河南社会科学》2000 年第 6 期。

境、研究消费周期、培育消费热点，建立扩大消费的长效机制。①

综上可以看出目前关于流通和消费关系的研究中，学术界普遍认为流通业和消费增长具有很强的相关关系，流通业的发展可以促进消费的扩大，只是影响的范围和程度不同而已；对流通业对消费促进的研究较多，尤其是农村流通对消费的影响，而关于消费对流通的影响研究较少，多停留在定性探讨，流通和消费相互影响的研究基本没有，定量研究更是空白。在已有的定量研究中，王新利（2006）和罗永华（2011）的回归模型具有一定的启示意义，但其指标选取有些欠妥，一元线性回归模型的构建过于简单，而且没有考虑数据的平稳性问题。冉净斐（2008）运用自回归分布滞后模型分析流通业对消费增长的影响的方法值得借鉴，但其选取的代表流通业和消费的指标难以克服由于变量相关而带来的内生性问题。张连刚（2010）采用面板数据模型进行分析得出了比较理想的模型和结论，但模型中没有考虑居民收入、消费预期等因素，存在严重内生性问题，而且也没有协整分析流通和消费的长期关系，这就给后续研究提供了空间。

三　扩大消费长效机制的文献综述

国家"十二五"规划和中共十八大报告中明确提出要建立扩大消费需求长效机制。关于扩大消费长效机制的含义，唐未兵、刘巍（2010）认为长效机制是能长期保证工作正常运行并发挥预期功能的制度体系。②扩大消费需求的长效机制，是指能长期保证消费需求正常扩大并发挥其拉动经济增长功能的制度体系。姜鑫（2012）认为消费需求长效机制是指，通过直接或间接的手段刺激消费需求来影响经济运动，使消费需求和经济增长有机结合起来，并在二者出现不协调的情况下，能通过适当的手段使机制内部自发调节并解决问题，这种机制对经济活动的制约和影响是长期持续有效的。③方振辉（2011）认为扩大消费需求的长效机制是长期扩大消费需求的机理，以维持和改善这种作用机理的各种经济关系组织制度等

---

① 丁俊发：《促进消费与流通渠道建设的几个问题》，《中国流通经济》2012年第2期。
② 唐未兵、刘巍：《论建立扩大消费需求的长效机制》，《消费经济》2010年第6期。
③ 姜鑫：《构建我国扩大消费需求的长效机制研究》，硕士学位论文，黑龙江大学，2012年。

所构成的综合系统的总和,具体地讲就是长期扩大消费需求的机理和路径。① 刁永作(2012)认为扩大消费长效机制的特点是内生性、系统性、长期性、制度性和功能性,建立消费需求的长效机制就是要做到使消费者"有钱可消费、有钱敢消费、有钱方便消费"。②

若要建立扩大消费需求的长效机制,就必须认清阻碍消费需求扩大的主要因素。尹世杰(2004)认为消费需求不旺的根本原因是长期消费率偏低,消费率低的原因是投资率高,这又是由于"重生产、轻生活"等传统观念在一些人的认识上还没有彻底根除,因此忽视消费率的提高,从而影响消费需求的扩大。③ 易培强(2000)认为影响和抑制我国消费需求的供给障碍主要有:供给结构不适应消费需求结构;商品和劳务的质量差或无保证,抑制了消费需求;一些商品和劳务的价格过高,影响了消费者的购买;供给缺乏明显的层次性,不能适应消费层次的需求;产品开发与创新步伐不快,供给对消费的带动作用不强。④ 傅自应(2004)认为制约消费规模扩大的一个重要原因是消费政策不完善,其主要表现有:收入分配政策不完善;缺乏系统的流通产业扶持政策;缺乏有效的财税、金融支持政策;缺乏二手商品市场培育政策。⑤ 姜作培(2008)把抑制消费需求扩张的因素归纳为表层约束和深层约束。表层约束因素主要包括市场约束、消费环境约束、消费信贷。深层约束因素主要包括消费者收入约束、改革成本约束、城乡二元结构约束。⑥

关于建立扩大消费需求长效机制的对策,原商务部部长陈德铭指出未来建立扩大消费需求的长效机制的六个方面的基本设想:一是扩大安全消费,二是引导绿色消费,三是提高服务消费,四是提倡品牌消费,五是规范发展网络消费,六是提倡信用消费。唐未兵等(2010)认为要加快建立健全与经济发展相适应的收入增长机制,努力增强城乡居民的消费能

---

① 方振辉:《扩大消费需求长效机制的运行机理与构建路径》,《中共青岛市委党校学报》2011年第3期。
② 刁永作:《构建扩大消费的长效机制》,《福建论坛》(人文社会科学版)2012年第5期。
③ 尹世杰:《扩大消费需求的必要性及思路》,《经济评论》2004年第1期。
④ 易培强:《扩大消费需求供给因素分析》,《湖南师范大学社会科学学报》2000年第6期。
⑤ 傅自应:《扩大消费需求:宏观调控的一个重要方面》,《求是》2004年第20期。
⑥ 姜作培:《扩大消费:经济发展方式转变的理性选择》,《福建论坛》(人文社会科学版)2008年第6期。

力；进一步健全社会保障体系，着力改善居民的消费预期；树立科学消费观，积极培育和扩大消费热点，促进可持续消费；加快制度创新，完善市场流通体系，改善消费环境。李键（2011）认为建立扩大消费需求长效机制的基本路径是把扩大消费需求作为扩大内需的战略重点；积极稳妥推进城镇化，增加就业创业机会；完善收入分配制度，增强居民消费能力；逐步完善社会保障体系和基本公共服务体系，形成良好的居民消费预期；加强市场流通体系建设，积极促进消费结构升级和改善消费环境；形成正确的消费观念，倡导低碳绿色的消费模式。[①] 文启湘、张慧芳（2011）提出了构建扩大消费长效机制的原则，即"一超过"（居民收入超过物价上涨速度）、"两同步"（居民收入增长和经济发展同步、劳动报酬增长和劳动生产率提高同步）、"三完善"（完善法规制度、指标体系、软硬环境），他们对构建扩大消费长效机制的制度设计是：深化收入分配制度改革，提高消费能力；改革和完善财税制度，缩小收入差距；加快城乡统筹制度建设，缩小消费差距；健全社会保障制度，消除消费障碍；组织扩大消费长效机制的制度联动。[②] 姜作培（2008）认为要扩大城乡居民的消费需求，真正让消费成为拉动经济增长"三驾马车"中的领跑者，必须辩证地处理好消费需求中的六大关系，即城市消费需求与农村消费需求的关系；物质消费需求与精神消费需求的关系；远期消费需求与即期消费需求的关系；个人消费需求与公共消费需求的关系；消费需求数量与消费需求质量的关系；扩大消费需求与节约消费需求的关系。[③]

赵萍（2011）认为应从建立居民收入提升机制和完善消费环境支撑机制两方面努力，建立我国扩大消费的长效机制。[④] 龚亚玲（2011）认为要健全收入增长机制，增强消费能力；积极促进就业，健全社会保障，提高消费预期；理顺市场流通体系，形成供需两旺的消费局面。[⑤] 丁国华（2012）分析了我国建立扩大消费需求长效机制的条件和困难，并提出加快发展转型、推动结构优化、保障基本消费、引导新兴消费、改善消费环

[①] 李键：《论建立和完善扩大消费需求的长效机制》，《经济与社会发展》2011年第8期。
[②] 文启湘、张慧芳：《论构建扩大消费的长效机制》，《消费经济》2011年第1期。
[③] 姜作培：《扩大消费：经济发展方式转变的理性选择》，《福建论坛》2008年第6期。
[④] 赵萍：《收入提升与环境改善并举建立我国扩大消费的长效机制》，《时代经贸》2011年第3期。
[⑤] 龚亚玲：《浅析扩大居民消费需求长效机制的建立》，《中共太原市委党校学报》2011年第6期。

境、创新流通模式、再造流通体制、加强市场监管、实施人才兴商战略的建议。① 陈少强、刘玲（2011）认为我国建立扩大消费需求长效机制的制约因素在于财产权利基础不牢、扩大国内消费需求的意愿和激励不足、政策环境有待改善。② 谭永生（2011）认为要实现收入增长与经济增长同步，通过居民增收来增强居民消费能力；实现消费增长与收入增长同步，通过提高保障能力来改善居民消费预期；努力增加有效供给，通过维护和培育消费增长点促进消费结构升级。③ 韩振普（2011）给出的建议是：加快调整国民收入分配格局，深化收入分配制度改革；完善社会保障体系；注重改善消费预期和消费环境，增强居民的消费信心；切实增加有效供给，培育新的消费热点；大力开拓农村市场，激发农民消费需求。④ 徐永新（2011）给出的建议是：促进居民收入持续稳定增长；完善公共服务，提高居民消费意愿；优化消费环境，提振居民消费信心。⑤ 孙文序（2011）、赵振华（2011）、刁永作（2012）、于慎澄（2012）等学者也分别从不同角度提出了建立扩大消费长效机制的建议。

沈鸽等（2012）分析了农村居民消费需求持续不足的原因，并从政府转移支付角度给出了政策建议。⑥ 郭宝贵、刘兆征（2011）认为应从建立扩大农村消费需求的收入拉动机制、强化扩大农村消费需求的政策激励机制、加强扩大农村消费需求的监督管理机制、健全扩大农村消费需求的市场推动机制、改革扩大农村消费需求的制度保障机制和创建扩大农村消费需求的商品供应机制等方面来建立扩大农村消费需求的长效机制。⑦ 徐娟（2011）认为政府在制定和实施宏观调控政策的过程中，必须把握好以下关系：区别短期消费需求和长期消费需求；把握消费与投资的体制性差异，以投资启动消费；针对我国二元结构下的城乡消费差异，重点是扩

---

① 丁国华：《在经济转型中建立扩大消费需求长效机制》，《中国商贸》2012年第14期。
② 陈少强、刘玲：《扩大国内消费需求重在建立长效机制》，《商场现代化》2011年第9期。
③ 谭永生：《建立扩大消费需求长效机制的对策探讨》，《消费经济》2011年第6期。
④ 韩振普：《建立扩大消费需求的长效机制》，《求知》2011年第1期。
⑤ 徐永新：《构建扩大消费需求的长效机制》，《中国经贸导刊》2011年第14期。
⑥ 沈鸽等：《扩大农村消费的长效机制研究——基于政府转移支付的视角》，《北方经济》2012年第5期。
⑦ 郭宝贵、刘兆征：《建立扩大农村消费需求的长效机制》，《宏观经济管理》2011年第11期。

大农村消费需求；注重消费的可持续性。①

综合以上的研究可以看出，目前专家学者们提出了不少关于扩大消费需求长效机制的措施建议，但大多集中在提高收入水平、健全社会保障等方面，针对流通领域的研究较少，缺乏具体的可操作性建议，这就给后续研究提供了方向。

四 流通体系新政策实践的相关文献

金融危机爆发以后，国务院办公厅发布《关于搞活流通扩大消费的意见》（国发办〔2008〕134号），商务部联合相关部委陆续制定出台一系列"搞活流通，扩大消费"的政策措施，主要包括："万村千乡工程"、"双百工程"、"农超对接"、"家电下乡工程"、"双进工程"、"早餐示范工程"、"家电、汽车以旧换新"、流通领域市场监管体系完善等。宋则、王雪峰（2010）认为，这些新政策的本质与核心就是尽可能健全商贸流通体系，使其畅通起来；目的是促进消费，使其桥梁和纽带的功能充分发挥出来。②

1. "万村千乡"工程

2005年商务部正式启动了"万村千乡"市场工程，力争用3年时间，在农村逐步推行连锁经营，构建以城区店为龙头、乡镇店为骨干、村级店为基础的农村现代流通网络，在中国培育出约25万家农家店，使标准化农家店覆盖中国50%的行政村和70%的乡镇。目的是改善农村消费环境，净化农村市场，提高消费档次，逐步缩小城乡消费差距。具体做法就是依托大企业，以直营、加盟、连锁三种方式，完成乡镇村级农家店的建设。自从"万村千乡"市场工程实施以来，已经取得了很大的成效，但也遇到了很多问题。综观学者们的研究成果，主要集中在实施"万村千乡"工程的意义、取得的成效、存在的问题和解决的对策等方面，现梳理如下：

针对实施"万村千乡"工程的意义，李永英（2005）认为实施"万村千乡"市场工程，有利于国家推进新型农村市场流通网络建设，是改善农村消费环境、促进经济发展的有力举措，是统筹城乡经济协调发展的

---

① 徐娟：《当前扩大消费需求的宏观调控政策选择》，《改革与战略》2011年第6期。
② 宋则、王雪峰：《商贸流通业增进消费的政策研究》，《财贸经济》2010年第11期。

客观要求。① 杨青松（2006）认为从宏观上看"万村千乡"市场工程将有助于扩大我国市场内需；从微观上看可以为流通企业提供新的增长机会，有助于提高农民收入和改善农民生活质量。② 冯岳松（2006）认为，实施"万村千乡"市场工程，有利于方便农民生活，缓解农民的"买难"问题；可以增加农产品向城市流通的渠道，促进农民增收；促进农村的城镇化进程，缩小城乡差距；保障商品质量，抑制假冒伪劣产品的盛行；带动地方商业连锁企业的发展；改变农村的消费习惯，促进新农村建设。③

从"万村千乡"市场工程实施的成效来看，江若尘、陈宏军（2009）认为有利于农村市场的净化，改善了农村消费环境，提升了农民的消费水平；有利于农村市场的开拓，进一步降低成本，拉动农村消费。④ 常晓村（2012）认为该工程有效地提高了农村流通业的市场集中度，大大推进了城乡统筹发展的进程。⑤ 孔德华（2006）认为实施"万村千乡"工程，使政府、企业和农民都得到了好处。⑥ 徐瑞华（2007）认为，实施"万村千乡"工程，促进了农村商品流通，改善了农村消费环境，满足农民消费需求；带动了农村小城镇建设；增加了农民收入，使农村的经济发生了可喜的变化。⑦ 欧翠珍（2006）研究了"万村千乡市场工程"的消费效应，认为该工程使农村消费环境在较大程度上得到改善；有利于农民提高消费质量，改善消费结构；将城市的促销方式引入农村，有利于刺激农村消费；通过增加工农业产品的双向交流，提升了农民收入，为进一步增加农民消费奠定了基础。⑧

关于"万村千乡"市场工程在实施中存在的问题，学者们认为问题集中在四个方面，即政府方面、企业方面、市场环境和农家店本身。尤鑫（2012）通过调查认为存在的问题有：店址的选择缺乏科学性；店名不统

---

① 李永英：《积极参与大力推进"万村千乡"市场工程建设》，《中国合作经济》2005年第10期。
② 杨青松：《"万村千乡"工程，农村的春天》，《连锁与特许》2006年第7期。
③ 冯岳松：《"万村千乡"市场工程对农村社会经济的影响》，《内江科技》2006年第6期。
④ 江若尘、陈宏军：《"万村千乡市场工程"农村日用品连锁超市店绩效的实证调查与分析》，《江淮论坛》2009年第6期。
⑤ 常晓村：《"万村千乡市场工程"：扩大内需的重要支撑》，《求是》2012年第13期。
⑥ 孔德华：《"万村千乡"花满地》，《江苏农村经济》2006年第7期。
⑦ 徐瑞华：《浅议"万村千乡"市场工程在新农村建设中的推力作用》，《现代商业》2007年第4期。
⑧ 欧翠珍：《"万村千乡市场工程"的消费效应评析与前瞻》，《消费经济》2006年第6期。

一、不显著；信息平台建设滞后；市场营销模式僵化。① 张武康（2007）认为存在"灰色连锁"、政府定位有明显的行政色彩，没有充分进行调研等问题。② 吴小丁、王晓彦（2008）根据对吉林省农村的调查，发现普遍存在龙头企业配送业务亏损、经济效益堪忧的现象。③ 吴峰、涂晓玲（2008）认为存在问题有思想认识不足，宣传力度不够；龙头企业实力不强，企业参与积极性不高；品牌商品销售困难；新型业态发育滞后；农村消费赊欠现象严重。④

关于"万村千乡"市场工程存在问题的应对之策，司瑞婕（2010）认为应紧密结合农村实际，大力开拓农村市场；建立现代物流体系；加强农村连锁企业管理人才的培养。⑤ 林超群（2007）认为应该加强对"万村千乡"市场工程的宣传、加强对龙头企业和农家店的监督和管理、落实相关扶持政策、积极探索"万村千乡"市场工程的多样化使用。⑥

国内关于"万村千乡"市场工程的研究虽然取得了不少成果，但也存在不少问题。比如较多的研究缺乏深入调查，所谈问题较空泛；定性研究较多，缺乏定量研究；等等。

2. 农超对接

国内学者关于"农超对接"的研究主要集中在可行性、取得效果和影响、模式研究、利益主体、存在问题和解决措施、内在机理分析等，总结如下：

关于农超对接实施的可行性与效果上，林乐碳（2010）运用数据包络分析（DEA）方法，构建了农超对接模式的绩效评价模型，并以大连开发区的农超对接为案例进行了实例分析。⑦ 沈默（2010）对农超对接模

---

① 尤鑫：《"万村千乡"市场工程现状及发展问题分析研究》，《学理论》2012年第28期。
② 张武康：《"万村千乡"市场工程长效机制构建的探索》，《经济论坛》2007年第20期。
③ 吴小丁、王晓彦：《"万村千乡"龙头企业全面亏损的政策思考——吉林省"万村千乡"市场工程调查报告》，《市场营销导刊》2008年第2期。
④ 吴峰、涂晓玲：《构建农村新型物流配送体系研究——以"万村千乡市场工程"为例》，《农业考古》2008年第6期。
⑤ 司瑞婕：《浅谈"万村千乡市场工程"对我国农村经济的影响》，《经济视角（下）》2010年第2期。
⑥ 林超群：《"万村千乡"市场工程存在的问题及对策》，《农村经济与科技》2007年第1期。
⑦ 林乐碳：《基于DEA模型的"农超对接"模式的绩效研究》，硕士学位论文，北京交通大学，2010年。

式的联动效益进行研究,认为该模式可以实现农民、超市和消费者三赢利。① 单毅、陆娅霖(2012)从农产品营销的角度对农超对接的效益进行了分析,并论述了该模式对农户、超市和消费者的效益。② 张立华(2010)分析了农超对接模式对农产品价格的影响。③

关于农超对接模式的研究,胡定寰等(2009)总结了"超市+农民专业合作社+农户"的家乐福模式、"超市+农业产业化龙头企业+农户"的麦德龙模式、"超市+基地+农户"的山东家家悦模式三种实施模式④,其他学者的研究大多按此思路进行展开论述,并加以适当补充研究。尤芳(2012)认为农超对接最基本的模式是"超市+农民专业合作社"模式,他又探索出了"超市+基地/自有农场"模式、"超市+龙头企业+小型合作社+大型消费单位+社区"模式、"基地+配送中心+社区便利店"模式。⑤ 周焕、姜彦坤(2011)提出了"农民超市+农民专业合作社"、"大型消费单位+农民专业合作社"等对接模式。⑥ 马凤琪(2010)认为"超市+专业合作社+农户"是实施农超对接的有效模式,并论述了该模式对超市的影响。熊会兵、肖文韬(2011)提出了一体化对接、市场化对接、联盟化对接等模式。⑦ 宋美艳(2012)主要研究了"超市+合作社+农户"的对接模式,并对该模式的实施效果进行了评价。⑧

关于对农超对接的利益主体的研究,刘晓峰(2011)研究了农超对接模式下农户心理契约的构成及其对组织公民行为的影响。⑨ 孙江超

---

① 沈默:《基于"农超对接"模式的联动效益研究》,《农业经济》2010年第11期。
② 单毅、陆娅霖:《基于农产品营销角度的"农超对接"效益分析》,《江苏农业科学》2012年第3期。
③ 张立华:《"农超对接"流通模式对农产品价格的影响分析》,《价格理论与实践》2010年第8期。
④ 胡定寰、曾祥明:《"农超对接"的机遇和挑战》,《中国农民合作社》2009年第6期。
⑤ 尤芳:《中国"农超对接"模式发展研究》,硕士学位论文,渤海大学,2012年。
⑥ 周焕、姜彦坤:《"农超对接"发展模式新思》,《黑龙江八一农垦大学学报》2011年第2期。
⑦ 熊会兵、肖文韬:《"农超对接"实施条件与模式分析》,《农业经济问题》2011年第2期。
⑧ 宋美艳:《"超市+合作社+农户"农超对接模式评价研究》,硕士学位论文,河北农业大学,2012年。
⑨ 刘晓峰:《"农超对接"模式下农户心理契约的构成及其中介效应分析》,《财贸经济》2011年第2期。

(2011) 对农超对接体系中主体的现状进行了研究,并分别对超市、农户和合作社进行了主体行为的分析。①

关于农超对接开展存在的问题和对策的分析,陈军、曹群辉(2012)分析了农超对接实施过程中可能存在的行为风险、契约风险、市场风险和突发风险,并从农民专业合作社管理和发展、对接平台建设、行业监管和超市社会责任建设三个方面提出了防范措施。②赵蕾、马丽斌(2012)在电子商务背景下分析了石家庄市农超对接发展中存在的问题,并提出了相应对策。③马翠萍、杨青松(2011)认为农村对接模式只有在临界值以上的经营规模才能成功,并提出发展第三方物流、搭建农产品流通信息平台、引导超市联合采购、加强政府扶持等建议。④王艳梅(2011)认为当前存在的问题和障碍是农产品生产环节缺乏有效监管,产品质量低于要求;超市门槛高,对接过程中合作社遭遇尴尬;超市与农民双方在经营理念方面存在差异等,并提出了相应建议。⑤李莹(2012)从构建阶段、运行阶段、实施保障等方面讨论了农超对接模式面临的挑战,并提出了强化政府指导作用,完善响应机制,增强农民合作组织竞争力等措施。⑥刘阳(2011)认为存在的障碍因素有专业合作社发展滞后、供应链各方地位不对称、其他成本增加推动终端销售价格和缺乏完善的物流链等,并提出了改进的措施。⑦

关于农超对接实施过程的运行机理的研究。刘磊等(2012)研究了农超对接模式中的合作博弈问题,得出了合作博弈模式能够提高农产品质量安全水平、降低农产品零售价格、扩大农产品市场需求量的结论。齐力、于明霞(2012)从交易费用及组织治理结构视角,阐释了"农超对接"的营销组织创新机理,对其营销渠道进行了分析,并提出了营销组

---

① 孙江超:《"农超对接"体系的构建及其主体行为》,《江苏商论》2011年第6期。
② 陈军、曹群辉:《农超对接风险识别与防范对策》,《江苏商论》2012年第6期。
③ 赵蕾、马丽斌:《基于电子商务的农超对接研究——以石家庄市为例》,《江苏农业科学》2012年第9期。
④ 马翠萍、杨青松:《规模经济视角下的农超对接问题研究》,《价格理论与实践》2011年第9期。
⑤ 王艳梅:《发展"农超对接"的主要障碍与对策》,《湖北农业科学》2011年第17期。
⑥ 李莹:《"农超对接"深入开展所面临挑战及对策措施》,《安徽农业科学》2012年第7期。
⑦ 刘阳:《"农超对接"流通模式的影响因素及策略探析》,《中州学刊》2011年第4期。

织创新持续发展的制度保障措施。① 施晟等（2012）通过建立农户销售净收入的计量模型，发现销售渠道对净收入有显著影响，并发现了其他影响因素。②

综上可以看出，当前"农超对接"模式的研究取得了一定的理论成果，但多以定性为主；关于农超对接模式扩大消费的效果的分析较少。

3. "双百市场工程"

为培育一批面向国内外市场的大型农产品批发市场和流通企业，构建与国际市场接轨的农产品现代流通体系，保障农产品流通安全，促进农民持续增收，2006年年初，商务部向全国发出通知，部署在全国实施"双百市场工程"，重点改造100家大型农产品批发市场，着力培育100家大型农产品流通企业。2007年1月29日，"双百市场工程"作为一项重大惠农利民工程写入被称为中央一号文件的《中共中央国务院关于积极发展现代农业扎实推进社会主义新农村建设的若干意见》（中发〔2007〕1号）。2007年4月18日，商务部、财政部又联合发出《关于2007年继续实施"双百市场工程"的通知》，决定继续实施"双百市场工程"，并对有关建设改造项目给予资金支持。

有关"双百市场工程"的文献，大多是主管领导报告和记者的通讯报道，深入研究的几乎没有。原商务部部长助理黄海（2007）认为"双百市场工程"的积极作用在于，促进了农产品流通的规模化、提高了农产品流通质量安全、带动了地方经济的发展、增加了就业；存在的问题主要是，工作进度参差不齐、工作质量有待进一步提高、工作积极性和主动性有待加强、部分省市的信息报送不及时且不准确等，为此应深化试点、搞好项目申报及核准、协调落实配套扶持政策。③ 张玲玉（2009）通过对贵州省遵义市虾子镇辣椒批发市场的调查，认为"双百市场工程"对于解决农产品"卖难"问题，促进农业增效、农民增收、农村发展，以及保障农产品消费安全具有十分重要的意义，并指出"双百市场工程"的

---

① 齐力、于明霞：《农超对接——基于组织治理机构的营销创新研究》，《商业研究》2012年第9期。
② 施晟等：《"农超对接"进程中的溢价产生与分配》，《财贸经济》2012年第9期。
③ 黄海：《继续实施"双百市场工程" 加快农产品现代流通体系建设》，《市场营销导刊》2007年第3—4期。

背后，是现代物流业的发展和城乡商务体系的建立。[①] 常晓村（2007）指出要努力培育"双百市场工程"工作品牌，并认为该工程是一项利国利民的工程，构建农产品现代流通体系是一项光荣、艰巨而长期的任务。[②]

国内学者关于"双百市场工程"的研究还没深入开展，无法详细探究该工程的经济影响和存在问题，所以下一步就是深入的调查研究和案例分析，研究该工程对扩大消费的现实作用。

4."新网工程"

"新网工程"是中华全国供销合作总社2006年提出的建设新农村现代流通服务网络工程，是我国社会主义新农村建设系统工程的有机组成部分，是农业现代化发展的新要求，是促进农业增效和农民增收的重要措施，是促进社会和谐发展的重要举措，包括农业生产资料现代经营服务网络、农村日用消费品现代经营网络、农副产品现代购销网络和再生资源回收利用网络四大网络工程。实质上是以现代流通方式的理念、装备、科学方法等改造提升整合优化供销合作社的传统经营网络建设中国特色农村现代流通体系。

卢霞、隋静（2012）采用层次分析法构建了网络布局、网络规模、网络效率和网络贡献4个评价系统17个一级指标26个二级指标的"新网工程"评价指标体系。[③] 吴刚、田新东（2012）分析了新网工程专项资金在申报和管理阶段存在的问题，并提出了对策建议。[④] 王璐、王玉莲（2012）概述了新疆供销社系统现状，分析了供销社系统的优势和劣势，提出实施新网工程政策、创新供销社品牌的思路。[⑤] 陆影、徐明（2012）在分析安徽省供销社实施新网工程存在问题的基础上，提出了安徽省供销社应从新网工程人才培养、拓展和挖掘新网工程的广度和深度、树立省供销社的品牌形象、增强核心竞争力等方面提升供销社新网工程发展路径建

[①] 张玲玉：《双百市场工程：构筑现代物流与信息体系》，《当代贵州》2009年第16期。

[②] 常晓村：《培育"双百市场"品牌发挥引导和示范作用——在全国"双百市场工程"现场会上的总结讲话》，《中国市场》2007年第21期。

[③] 卢霞、隋静：《"新网工程"评价指标体系构建研究》，《商业会计》2012年第8期。

[④] 吴刚、田新东：《浅析新网工程专项资金管理中存在的问题及对策》，《商业会计》2012年第21期。

[⑤] 王璐、王玉莲：《新疆供销社在"新网工程"推进中的品牌建设》，《西部经济》2012年第11期。

议。① 吴元君（2011）详细分析了在安徽省供销社实施"新网工程"建设的大背景下，农村流通服务信息体系的滞后与农村流通网络建设的薄弱，探讨了各类农村商品流通企业供应链物流的现状和存在的问题，并提出了一个安徽省"新网工程"物流管理系统的总体设计方案，而且做了理论阐述和系统分析。② 王晓利（2010）提出要以现代流通方式改造供销社传统经营网络、以龙头骨干企业带动新网工程建设、以现代物流配送支撑新网工程建设的观点。③ 王龙建（2008）提出实施新网工程建设的原则是坚持从农村实际出发，搞好规划论证；立足利用、改造、整合现有网络资源，不盲目铺新摊子；实现一网多用、双向流通，发挥综合效益；以农村为市场，切实在改善农民生产和生活条件上下功夫。他还提出应以"改造、提升、整合、优化"为重点，建设新网工程。黄彬红、吴海亮（2011）研究了新网工程下农产品流通组织培育的问题，提出推进农业产业化经营和农村流通现代化的主要力量是龙头企业，在此基础上研究了目前龙头企业参与流通的一些创新销售渠道，提出要提高龙头企业的营销能力，不断创新销售渠道，还需要政府的支持。④ 张英杰等（2009）在新网工程的视角下研究了农村物资循环流通网络，并提出了建议：紧抓连锁经营龙头企业建设，使之做大做强；以带动网点建设重组流程，削减冗余流通环节；政府应加大网络建设的力度，提高大众社会资源节约的意识，重视发展绿色物流等。刘初明（2006）认为新网工程建设的指导原则是建设一个网络、实现四大功能；自下而上组织建设；"新网工程"建设应遵循市场经济规律，并提出了建设模式应该从县域网络、地市域、省域及全国网络逐级展开。⑤

目前对于"新网工程"的研究，主要集中在概念介绍、意义探讨、主体培育和支撑体系等方面，缺乏对该工程实施效果的政策评价，对实施

---

① 陆影、徐明：《提升"新网工程"发展路径的探析——以安徽省供销社为例》，《经济研究导刊》2012年第19期。
② 吴元君：《安徽省"新网工程"物流管理系统建设》，硕士学位论文，安徽大学，2011年。
③ 王晓利：《加快"新网工程"建设，推进农村流通现代化》，《市场研究》2010年第4期。
④ 黄彬红、吴海亮：《"新网工程"下农业产业化领域农产品流通组织的培育》，《台湾农业探索》2011年第6期。
⑤ 刘初明：《"新网工程"建设模式构想》，《中国合作经济》2006年第9期。

过程中的问题和对策的研究也不多,更缺乏实证的研究。

5. 家电下乡

"家电下乡"政策是深入贯彻落实科学发展观、积极扩大内需的重要举措,是财政和贸易政策的创新突破。主要内容是,顺应农民消费升级的新趋势,运用财政、贸易政策,引导和组织工商联手,开发、生产适合农村消费特点、性能可靠、质量保证、物美价廉的家电产品,并提供满足农民需求的流通和售后服务,对农民购买纳入补贴范围的家电产品给予一定比例(13%)的财政补贴,以激活农民贴买能力,扩大农村消费,促进内需和外需协调发展。家电下乡政策的执行时间为4年。按照启动时间顺序,全国分为三个批次执行:第一批,试点的三省一市(山东、河南、四川、青岛)自2007年12月初执行到2011年11月底,并自2008年12月1日起按调整后的政策执行;第二批,新增的十个省(区、市)(广西、重庆、陕西、湖北、辽宁、河南、内蒙古、青海、黑龙江、安徽)从2008年12月1日执行,截止日期为2012年11月底;第三批,全国剩余的22个省(区、市)和新疆生产建设兵团,自2009年2月1日起开始执行,截至2013年1月底。除彩电、冰箱(冰柜)、手机、洗衣机四大类产品外,摩托车、电脑、热水器(含太阳能、燃气、电力类)和空调等产品也被列入家电下乡政策补贴范围。各省(自治区、直辖市)还可根据当地需求增加部分补贴品种。

关于家电下乡的研究,学者们的研究主要分为宏观的政策效果、效应分析评价和根据实地调研的关于政策实施存在问题、原因和对策的分析,已经取得了相当的研究成果,综述如下。

政策效应、效果评价方面:薛选登(2010)运用经济学分析方法,从静态和动态两个角度,分析了政府实施家电下乡补贴措施所产生的各种效应,并提出了有见地的建议。卢至燕(2010)从消费者效用角度进行分析,认为用现金补贴形式代替当前的价格补贴形式,政策效率会有所提高。王琼、吴小翎(2009)认为,家电下乡政策的正面经济效应为提高农民生活水平,保证社会安定;扩大内需,保持社会总供求基本平衡;协调和稳定对外贸易,增进技术交流和合作;调节国民经济结构,促进社会公平。政策的负面效应为扭曲价格体系,影响价格调节作用的发挥;打破了市场的公平竞争原则;加重政府的财政负担。持有类似观点的还有张艳丽(2009)。马晓旭认为家电下乡的积极效应为有效拉动了国民经济增长、有力地推进了农村经济社会的发展,负面效应为"挤出效应"、"分配效应"、"邻居效应"和"环境污染效应"。黄振华(2010)根据全国205个村庄所获得的2953份问卷作为研究基础,对家电下乡政策的实施效果、农民对政策的反响与评价等进行分析。分析表明:农民对家电下乡政策的整体反应良好,总体评价较高,但政策对拉动农民家电消费的效果并不理想。田珍(2012)根据ELES模型测算了家电产品的自价格弹性以及其价格变化对其他各项消费支出的交叉价格弹性,并大致估算了家电下乡政策对扩大内需的乘数效应。王文娟(2011)运用比较研究和分类研究的方法,分析研究家电下乡政策实施的效率与公平性。研究结果表明:家电下乡有效提升了农村家电消费整体水平,但在消费阶段及城乡差距方面仍存在诸多问题;农村家电产品结构逐步优化,但其发展仍相对滞后。政策调动了中低收入农民的消费积极性,缩小了其与高收入群体的差距;不同地区受到收入及政策的双重影响不同,对政策的反应也各不相同。田洪刚(2011)通过分析影响家电下乡产品销售额的影响因素,采用计量经济模型检验了家电下乡政策是否促使农村居民消费改变,结果表明,实行家电下乡政策后,农民生活消费同比增加了11.69%,但生活消费的收入弹性并没有变化。白雪飞、郭瑜(2009)通过对19个省176个农户的问卷调查和Logit分析,发现"家电下乡"政策已逐渐为农民所接受,中央对于产品覆盖范围的扩大和支付程序的简化起到了良好效果。

基于实地调研的家电下乡存在问题、原因和对策的研究:杨淑娥等(2011)基于河北省农户调查发现,家电下乡政策在执行中存在农户对政策认知程度较低、对产品质量表示担忧、产品最高限价设置不科学、政策宣传工作不到位、政策监管工作不到位、售后服务得不到保障、补贴标准设置不灵活等问题。对此,她提出的建议是加强对"家电下乡"政策的渗透宣传、科学设置产品最高限价、监管机制的完善需明确责任、科学设置补贴标准。李海闻、杨第(2010)使用问卷调查和回归模型分析,发现家电下乡政策已经逐渐为农民所接受,中央对于产品覆盖范围的扩大和支付程序的简化起到了良好效果。他提出的政策建议是要充分发挥价格机制和竞争机制的作用、政府给予适度而非全面的干预、补贴比例应根据市场状况而定、要加大宣传力度并健全市场监管机制。章文波(2010)认为家电下乡政策存在的问题有:薄弱的农村基础设施现状制约了家电下乡政策的推广、不健全的农村物流配送影响家电下乡政策的实施、沉重的收费挫伤了家电企业参与的积极性、补贴领取程序比较复杂、最高限价导致下乡产品档次整体偏低,产品供需错位、产品售后服务相对滞后。对此应采取的对策措施为:加大投入;改善薄弱的农村基础设施,积极提高农村物流配送水平;构建高效的农村物流配送体系;取消不必要的收费,降低必要收费的标准;简化补贴领取程序,提高农民购买积极性;取消最高限价政策,让更多更好的产品进入下乡产品行列;完善下乡家电产品的售后服务,解除农民的后顾之忧。何玲玲、谭永宝(2010)通过柳州市的实证分析,从政策、职能部门、厂商方面探讨了家电下乡政策实施中存在的问题和原因,并提出了若干政策建议。王晓红(2010)认为政策的实施,存在假冒伪劣产品仍然充斥农村市场、家电下乡招投标程序复杂、农村物流市场网络运作水平仍然较低、惠农政策实施环节过于繁琐等问题,提出了简化补贴款领取的程序、严格监督家电下乡生产流通企业、把好质量关等建议。孙婷(2010)也有类似的见解。王文娟、李京文(2011)分析了家电下乡政策所构建的面向农村市场的消费激励体系、监管体系、生产体系、物流体系及售后服务体系存在的问题,并针对这几个方面提出了政策建议。

家电下乡政策综合全面的系统研究,体现在几个硕士生的毕业论文中。陈炜(2011)在其硕士学位论文中选取全国31个省市已进行家电下乡产品销售水平比较,发现在中部欠发达地区家电下乡产品销售状况显著,家电下乡政策经济效用水平较好;通过对影响家电下乡经济效用的因素进行计量回归分析和使用东中西地区的数据进行验证后,得到结论,并提出若干建议。谌智凤(2011)把湖南省家电下乡政策实施的情况作为分析的对象之一,提出了农村流通现代化政策的完善和创新的思路。阳萍(2011)通过分析认为存在的问题主要有:第一,家电下乡的低档次,少种类对农民的购买积极性刺激不明显;第二,由于利润空间较小,导致其经销商的积极性不高;第三,政府补贴繁琐,补贴发放率较低;第四,家电下乡维修网络不健全,售后服务相对滞后;第五,在实际操作过程中,利益各方的违规现象时有存在。这些问题的存在,有多种原因,从政策本身来看,补贴程序设计过于复杂,产品的种类和补贴的额度过于机械,终端购买方的素质较低,收入水平低下;供应方方面,销售网点布局不均,售后服务体系落后;政府方面,宣传力度不够,监管力度不大。她从这些方面提出了建议。戴航(2012)分析了全国家电下乡总体实施情况,进而从政策制定的意义、政策实施的情况、政策效果三个方面系统地、全面地评价家电下乡政策的正面效应与反面效应，认为该政策作用有限、造成"挤出效应"、管理成本高导致政策无效率。最后针对家电下乡政策存在的问题提出了完善实施机制、增加农民收入、完善基础设施建设、完善社会保障制度等建议。

综上可以看出学者对家电下乡政策的态度大致分为三种。第一种是充分肯定政策的积极意义，认为其确实扩大了农村的消费并提升了农民的生活水平；第二种是保守的态度，认为该政策存在扭曲价格体系，造成"挤出效应"等问题，实际上很难有效地拉动农村消费需求；第三种就是中间派，肯定政策的积极效果，正视实行中存在的问题。针对该政策扩大消费的作用的研究中，大部分学者主要是从经济学的原理分析其效用，构建计量模型进行实证的不多。现有的基于问卷调查的实证研究中，视角主要集中在消费者的微观角度，基于宏观角度的不多。

第三节 本章小结

综合国内外的文献来看，国外主要从影响消费需求的因素、消费对经济增长的贡献研究消费，从流通渠道和流通组织的角度来探讨对居民消费的影响，缺乏对流通体系的系统研究，对健全流通系统以扩大居民消费的研究比较薄弱；国内已经有不少文献研究了流通和消费的相互关系，但理论研究较多，实证研究较少，现有的实证研究在指标选取和数据收集方面存在问题；对于建立扩大消费的长效机制问题，国内学者关注较多的是提高居民收入、健全社会保障等方面，对流通体系的健全和完善关注不够；关于流通体系新的政策实践扩大消费的具体作用和效果的研究中，研究方法和模型构建不够新颖实用，提出的对策措施原则性较多，可操作性不足。为此，有必要再做深入系统的研究。

第三章　流通促进消费的经济学分析

为了研究如何通过流通体系的完善建立扩大消费的长效机制，必须先研究流通体系和消费扩大的相互关系，为后续研究提供理论基础。本章主要研究流通和消费之间的关系，探讨流通体系能否扩大消费，以及能在多大程度上促进消费增长。为此，本书首先使用经济学的微观分析框架论证流通体系的存在可以促进消费量的上升，然后进行实证研究，使用中国流通业和居民消费的数据验证流通业发展对居民消费的影响程度。

第一节　流通促进消费的微观分析

由于西方经济学界并无宏观意义上的流通概念，对流通体系的探讨散见于研究中间人、供应链、国际贸易等文献中。国内对流通的微观分析也很薄弱，分析流通体系如何在微观层面上促进消费显得十分必要。

Shevchenko（2004）[1] 和 Watanabe（2010）[2] 从降低搜寻成本的角度解释了流通中介的产生和演化，流通中介通过维持一定量包含各种产品的存货可以帮助消费者节约搜寻成本。Cachon G. P. （2008）更进一步解释了这种较低的市场价格可以增加需求并增进社会福利。[3]

Anderson S. P. 和 Renault R. （1999）通过构建模型，研究了存在搜寻成本和产品异质性的市场价格竞争的问题，并探讨了厂商的最优数量。[4] 本

---

[1] Shevchenko A., "Middlemen", *International Economic Review*, Vol. 45, No. 1, 2004.

[2] Watanabe M., "A Model of Merchants", *Journal of Economic Theory*, Vol. 145, No. 5, 2010.

[3] Cachon, G. P., Terwiesch, C., "On the Effects of Consumer Search and Firm Entry in a Mul-tiproduct Competitive Market", *Marketing Science*, Vol. 27, No. 3, 2008.

[4] Anderson S. P., Regis Renault, "Pricing, Product Diversity, and Search Costs: a Bertrand - Cham - berin - Diamond Model", *Rand Journal of Economics*, Vol. 30, No. 4, 1999.

书仍采用他们构建的厂商竞争基本模型,将之引入到流通领域,讨论流通组织和消费者之间的市场行为。与原模型不同的是,本书将密度函数放宽了假定,假设为拟凹函数,以便得到更具适用性的结论。分析的目的是从微观机理上证明流通体系的存在和扩张可以通过影响市场价格来促进居民消费的增长。

一 基本模型

模型的前提假设是:交易中的产品具有多样性;存在搜寻成本;消费者以效用最高为购买决策的依据。

设有 n 个流通网点,它们的边际成本为0。有 H 个消费者,每一个消费者 $\hbar = 1, \cdots, H$ 的偏好用条件效用函数表示为:

$$u_{\hbar i}(p_i) = -p_i + \beta \omega_{\hbar i} \qquad i = 1, \cdots, n \qquad (3-1)$$

当消费者以 p_i 的价格购买产品 i,系数 $\beta > 0$ 是描述消费者偏好异质性的程度系数,$\omega_{\hbar i}$ 是服从 F 分布的随机变量,且连续可微密度 f 的区间为 $[a, b]$,$\beta \omega_{\hbar i}$ 可以解释为消费者 $\hbar$ 和产品 i 的匹配值,并且该值随不同的消费者和产品而变化。

为了了解不同流通网点的商品价格和自己与该流通网点产品的匹配值,消费者将产生一个搜寻成本 c。如果消费者 $\hbar = 1, \cdots, H$ 搜寻了 k 个流通网点并以价格 p_i 购买了产品 i,则他的效用为:

$$u_{\hbar i}(p_i) - kc$$

我们只考虑所有流通网点都要价 p^* 时的均衡情况。这样,一个消费者就预料他未遇到的流通网点要价 p^*。

假设一个消费者保持一个最佳出价时的效用为 $u_{\hbar i}(p_j)$。如果该消费者选择另一个流通网点 i,并期望他的为 p^*,那么当 $-p^* + \beta \omega_{\hbar i}$ 大于 $-p_j + \beta \omega_{\hbar j}$ 时,他将购买该产品。例如,如果 $\omega_{\hbar i}$ 大于 $x = \omega_{\hbar j} + (p^* - p_j)/\beta$,在这种情况下,增加的效用为:

$$p_j - p^* + \beta(\omega_{\hbar i} - \omega_{\hbar j}) = \beta(\omega_{\hbar i} - x)$$

这样,期望从搜寻多一个流通网点得到的效用增加为:

$$\beta g(x) = \beta \int_x^\infty (\omega - x) f(\omega) d\omega \qquad (3-2)$$

很容易可以证明 g 在区间 $(-\infty, b]$ 严格递减,并且随着 x 从 $-\infty$ 到 b 而从 $+\infty$ 变化到0。因为 $\beta > 0$,当且仅当 $x < \check{x}$ 时,通过一次搜寻而期望增加的效用将超过搜寻成本。在这里 $\check{x}$ 被定义为:

$$g(\overset{\vee}{x}) = \frac{c}{\beta} \qquad (3-3)$$

如果一个额外的搜寻可以导致正的期望净收益（当 $x < \overset{\vee}{x}$），那么当消费者具有更多选择的时候，他会希望至少再搜寻一次。从另一方面来讲，如果导致负的期望净收益（$x > \overset{\vee}{x}$），那么再搜寻一次的期望净收益仍然是负的。

保留价值 $\overset{\vee}{x}$ 决定了任何给定消费者到达流通网点之后继续搜寻的概率，该值越大，越可能继续搜寻。因为 g 是严格递减的，$\overset{\vee}{x}$ 是以速率 c/β 严格递减的函数，并且随 c/β 从 0 到 $+\infty$ 而从 b 到 $-\infty$。这样一来，消费者在流通网点 i 处出价 p_i 并停止搜寻的概率，是搜寻成本 c 的增函数和产品多样性 β 的减函数。在 f 的支持下，$\overset{\vee}{x}$ 不可能超过其边界 b，当且仅当 $c = 0$ 时它等于 b，这就导致一个情况出现：当搜寻无成本时，消费者不会做出购买决策直到搜寻了所有流通网点。

二　市场均衡

假设除流通网点 i 外所有的流通网点都设定价格为 p^*，那么对于选择流通网点 i 的消费者来说，最优的选择是采用上节描述的搜寻规则。如此一来，给定流通网点 i 被选择，消费者停留在 i 的概率为：

$$\Pr(x > \overset{\vee}{x}) = 1 - F(\overset{\vee}{x} + \Gamma) \qquad (3-4)$$

这里 $\Gamma \equiv (p_i - p^*)/\beta$ 是流通网点 i 的标准化的价格溢价。流通网点 i 首先以 $1/n$ 的概率被选择，然后以 $F(\overset{\vee}{x})/n$ 的概率被选择，第三次以 $F(\overset{\vee}{x})^2/n$ 的概率被选择，以此类推。如果消费者搜寻过了所有流通网点但 i 产生了最大的效用，消费者将从流通网点 i 处购买。这样，i 的需求量就是来了一次就停留的消费者和搜寻了所有流通网点又回到 i 的消费者的总和：

$$D(p_i, p^*) = \frac{H}{n}[1 - F(\overset{\vee}{x} + \Gamma)]\left[\frac{1 - F(\overset{\vee}{x})^n}{1 - F(\overset{\vee}{x})}\right]$$

$$+ L\int_{-\infty}^{\overset{\vee}{x}} F(\omega - \Delta)^{n-1} f(\omega) d\omega \qquad (3-5)$$

假设 $\overset{\vee}{x} \in [a, b]$，现在我们考虑所有流通网点索取相同价格达到均衡时的性质。记 $D(p^*, p^*) = H/n$，求当 $p_i = p^*$ 时，流通网点 i 的需求函数对于 p_i 的微分：

$$\frac{\partial D}{\partial p_i}(p^*, p^*) = \frac{H}{\beta}\left[-\frac{f(\overset{\vee}{x})}{n}\frac{1 - F(\overset{\vee}{x})^n}{1 - F(\overset{\vee}{x})} + f(\overset{\vee}{x})F(\overset{\vee}{x})^{n-1}\right.$$

$$-\int_{-\infty}^{\overset{\forall}{x}}(n-1)f(\omega)^2 F(\omega)^{n-2}\mathrm{d}\omega\Big] \quad (3-6)$$

上式中最后两项可以合并在一起，写成 $\int_{-\infty}^{\overset{\forall}{x}}(n-1)f'(\omega)F(\omega)^{n-1}\mathrm{d}\omega$。因此对称均衡价格为：

$$p^* = \frac{-D(p^*, p^*)}{\frac{\partial D}{\partial p_i}(p^*, p^*)} = \frac{\beta}{\frac{1-F(\overset{\forall}{x})^n}{1-F(\overset{\forall}{x})}f(\overset{\forall}{x}) - n\int_{-\infty}^{\overset{\forall}{x}}f(\omega)F(\omega)^{n-1}\mathrm{d}\omega} \quad (3-7)$$

假设 $1-F$ 在 $[a, b]$ 上是拟凹函数。$1-F$ 的拟凹性，是由于 f 的拟凹性导致的。

三 比较静态分析

1. 流通网点数量的影响

论证的逻辑是：流通网点的数量扩张导致均衡价格的下降，价格下降将促进更多消费。

命题1：如果密度函数在 $[a, b]$ 上是拟凹函数，并且 $c < \beta(E\omega - a)$，p^* 是流通网点数量 n 的减函数。

该命题强调了产品多样性 β 的介入如何解决了有搜寻成本的市场的经济学分析，也强调了流通网点数量的扩张对于均衡价格的影响。它的启发性在于，流通网点的数量扩大可以使均衡价格降低。

命题1的证明：

为了证明 p^* 随 n 递减，证明下式即可：

$$\frac{1-F(\overset{\forall}{x})^n}{1-F(\overset{\forall}{x})}f(\overset{\forall}{x}) - n\int_{-\infty}^{\overset{\forall}{x}}f'(\omega)F(\omega)^{n-1}\mathrm{d}\omega \leq \frac{1-F(\overset{\forall}{x})^{n+1}}{1-F(\overset{\forall}{x})}f(\overset{\forall}{x})$$

$$-(n+1)\int_{-\infty}^{\overset{\forall}{x}}f'(\omega)F(\omega)^n\mathrm{d}\omega$$

由于：

$$\int_{-\infty}^{\overset{\forall}{x}}f'(\omega)F(\omega)^n\mathrm{d}\omega = f(\overset{\forall}{x})F(\overset{\forall}{x})^n - n\int_{-\infty}^{\overset{\forall}{x}}f(\omega)^2 F(\omega)^{n-1}\mathrm{d}\omega$$

证明下式成立即可：

$$\frac{1-F(\overset{\forall}{x})^n}{1-F(\overset{\forall}{x})}f(\overset{\forall}{x}) - n\int_{-\infty}^{\overset{\forall}{x}}f'(\omega)F(\omega)^{n-1}\mathrm{d}\omega \leq \frac{1-F(\overset{\forall}{x})^{n+1}}{1-F(\overset{\forall}{x})}f(\overset{\forall}{x}) - n\int_{-\infty}^{\overset{\forall}{x}}$$

$$f'(\omega)F(\omega)^n \mathrm{d}\omega - f(\overset{\vee}{x})F(\overset{\vee}{x}) + n\int_{-\infty}^{\overset{\vee}{x}} f(\omega)^2 F(\omega)^{n-1} \mathrm{d}\omega \qquad (3-8)$$

上述不等式可以重写为：

$$0 \le n\int_a^{\overset{\vee}{x}} F(\omega)^{n-1} \{f'(\omega)[1-F(\omega)] + f(\omega)^2\} \mathrm{d}\omega$$

上式是成立的，原因是 $F(\omega) \ge 0$，并且 $1-F$ 在 $[a,b]$ 上是拟凹的。所以 p^* 随 n 下降。

证毕。

2. 产品多样性增加的影响

论证的逻辑是：产品多样性的增加促使均衡价格下降，价格下降刺激消费扩大。

β 的递增对应的是产品多样性的增加，因为一个高的 β 意味着消费者和产品的匹配值方差的增大。在无搜寻成本的情况下，产品多样性的增加将明显地提升价格。这反映了流通网点由于消费者更强烈的偏好而导致的市场势力的上升。在本书的设定中，由于消费者为了发现产品特征必须产生搜寻成本，产品多样性的增加使消费者为了寻找更好的匹配花费更多搜寻，这就给流通网点带来更强烈的竞争。当产品多样性上升的时候，可能导致市场价格的下降。

正如命题 1 的证明里显示的那样，如果 $1-F$ 在 $[a,b]$ 上拟凹的，p^* 随着 $\overset{\vee}{x}$ 而下降。由于 $\overset{\vee}{x}$ 是 β 的增函数，产品多样性的上升对市场价格的间接影响是负的。这是因为流通网点异质性越多导致的消费者的搜寻活动就越多。

下面的命题总结了充分的条件，多样性的增加对价格影响是明显的，如果 $\beta > \beta_0$。

命题 2：假设 f 在 $[a,b]$ 上拟凹的，且 $\beta > \beta_0$，则：

若 $f(a) = 0$，且 $f'(a) > 0$，那么在区间 $(\beta_0, \beta_0 + \delta)$ 内 $(\delta > 0)$，p^* 是 β 的减函数。

证明：使用式 (3-3) 中的定义 $\overset{\vee}{x} > a$，$[$如 $\beta = c/g(\overset{\vee}{x})]$，均衡价格的倒数可以写成：

$$\frac{1}{p^*(\overset{\vee}{x})} = \frac{g(\overset{\vee}{x})k(\overset{\vee}{x})}{c} \qquad (3-9)$$

其中：

$$k(\overset{\vee}{x}) = \left[\frac{1-F(\overset{\vee}{x})^n}{1-F(\overset{\vee}{x})}f(\overset{\vee}{x}) - nf(\overset{\vee}{x})F(\overset{\vee}{x})^{n-1}\int_{-\infty}^{\overset{\vee}{x}}f(\omega)^2 F(\omega)^{n-2}d\omega\right]$$

恰好是式（3-7）的分母。从式（3-9）中可以明显地看出均衡价格是 β 的减函数当且仅当产品 gk 是 $\overset{\vee}{x}$ 的增函数。

为了确定价格在 β_0 右边的部分区间是否下降，对式（3-9）进行微分并求在 $\overset{\vee}{x}=a$ 处的值得到：

$$sgn\frac{d(1/p^*)}{d\overset{\vee}{x}}(a) = sgn\{[f(a)^2 + f'(a)](E\omega - a) - f(a)\} \qquad (3-10)$$

如果 $f(a)=0$ 且 $f'(a)>0$，因此价格最初是下降的。证毕。

所以，对低水平的产品异质性（如 β_0 附近的 β），价格将随 β 而下降。至此，我们已经证明了对于较低的 β 值，价格随产品异质性的增加而下降。

四 结论

通过将 Anderson S. P. 和 Renault R.（1999）的厂商竞争模型引入流通领域，分析了在存在搜寻成本和产品异质性情况下，p^* 是流通网点数量 n 的减函数。这就意味着，流通网点的数量扩张导致均衡价格的下降，价格下降将促进更多消费。同时也证明了对于较低的 β 值，p^* 随着 β 的增加而下降。这也就意味着，产品多样性的增加促使均衡价格下降，价格下降刺激消费扩大。通过微观分析我们可以得到这样的基本结论：流通体系的存在可以通过多种途径促进消费的扩大。

由于微观经济学的规范分析方法尚未充分地应用到流通领域，本章的分析具有一定的尝试性和探索性。未来，还可以在此框架下分析流通组织的最优数量等问题。

第二节 流通促进消费的机理阐释

上节从微观层面论证了流通对消费的影响，本节将对流通促进消费的机理进行阐释，论述流通以怎样的方式和途径来影响消费的扩大。

一 流通体系通过节约交易成本促进消费

消费者在进行消费品购买时会存在一定的交易成本，如信息搜寻的成本等，如果交易成本过高将阻碍消费的实现。流通体系的存在可以通过规模经济和搜寻经济等创造出节约交易成本的机会。首先，流通体系的存在缩短了生产和消费之间的距离，为消费提供了便利，节约了消费者的时间和交通成本；其次，流通体系通过大批量采购和规模销售可以实现规模经济，节约消费者的购买成本；最后，流通体系可以作为生产和消费的交易中心，可以在知识分散的条件下，为生产者和消费者找到合适的交易对象，节约搜寻成本，进而促进消费。

从经济学角度看，节约有两个层次：一是生产成本的节约，二是交易成本的节约。生产成本的节约属于边际节约，是二阶节约，因为生产成本最小化是限定组织制度约束条件下的成本最小化。交易成本的节约属于结构性节约，是一阶节约，因为交易成本最小化是需要最有效的组织制度安排。① 从当前较为流行的定义出发，交易成本的具体内容包括以下各项行为所引起的费用：（1）进行市场调查，获取有关商品和劳务的价格、分布及质量的信息；寻找潜在的买者和卖者，获得与他们的行为有关的各种信息。（2）为确定买者和卖者的真实要价而进行的讨价还价过程。（3）起草、讨论、确定交易合同的过程。（4）监视合同签署人，看他是否遵守合同条款。（5）贯彻合同，在一方未履行合同并因此造成另一方损失时，后者提出起诉，要求赔偿。（6）保护双方权益，防止第三方侵权，如防止剽窃、侵犯专利权等。随着社会分工的深化和经济全球化的发展，交易成本在一国的资源耗费中所占的比例越来越大。例如美国学者发现，提供交易服务的部门所用掉的经济资源的数量，在1870年占国民生产总值的25%，而在1970年增长到45%；我国学者研究发现交易成本占我国总费用的62%，巨大的交易成本耗费了大量的社会资源。现实中，由于人们契约观念和信用观念不强，市场机制不健全，商业法规不完善等原因，经济交易活动中的违约现象严重，假冒伪劣商品大量存在，市场交易秩序不规范，大大增加了经济主体的交易成本。流通体系（不仅是基础设施，还包括机制设计、法律规范等）的存在和完善就可以降低诸多不必要的交易成本。

谈及流通体系节约交易成本的措施，可以从以下几个方面操作：加快市场体系培育，建立、健全市场中介体系，加快生产要素市场的培育，降低企业组织生产要素的费用。这样一方面为企业规模扩大创造了条件，扩

---

① 徐敏兰：《节约型社会的交易成本分析》，《经济问题探索》2006年第11期。

大了交易规模,降低了单位交易费用;另一方面也能使生产企业调整现有生产要素的配置,与流通企业合理分工,降低产品交易费用。仲裁、结算组织有利于降低交易实施费用;代理组织或职业经纪人以及行业协会有利于沟通市场主体间的联系,加强自律,抑制机会主义行为的发生。构建现代流通的集约化机制。通过集约化机制在流通领域提高运输效率,减少流通环节、降低流通费用。现代流通的集约化机制就是在"大生产、大流通"的新经济背景下,流通业通过业务流程重组、产业结构调整和流通系统要素整合等途径,优化资源配置,推动流通业乃至整个供应链高效运作的体系。它是众多投入要素共同作用的系统,包括技术、劳动力、生产资料、供应链中的企业和其他流通投入要素等。其外延包括物流的集约化、信息的集约化和企业经营的集约化。提高现有流通企业组织商业活动的效率。通过各种形式、途径提高现在流通业的组织化程度。流通组织化程度提高而使商业活动的效率提高,有利于降低商品流通的交易费用。

二 流通体系通过丰富消费选择促进消费

流通体系可以同时经营多种产品,增加其备货的宽度可以为消费者提供多样化的决策空间,刺激消费者对其他产品和新产品的消费。在多元化经营主体、多层次经营形式和多样化业态的现代流通格局下,消费者可以在多种选择中满足自身的消费愿望。流通业态和经营手段的多样化可以在无形中刺激消费者的购买欲望,促进消费扩大。

随着消费者生活水平的提高和消费结构的升级,人民的消费结构已经从过去温饱型的消费过渡到更崇尚时尚型、健康型的消费,消费者对消费品的质量和品质要求越来越高,对中高档消费品甚至是奢侈品的需求规模越来越大。近些年我国居民海外购物消费的"井喷"和"海淘"等购物方式的兴起,以及洋奶粉、马桶盖等物品遭"疯抢"等现象都从侧面反映出消费者对高品质消费品的追逐和对丰富消费选择的渴望。消费品流通体系的完善可以通过多种方式丰富消费者的选择,促进消费扩大。丰富消费者选择的方式可以有多种,如对国内消费者需求大的部分国外日用品,开展降低进出口关税试点,逐步扩大降税商品范围;结合税制改革,完善服饰、化妆品等大众消费品的消费税政策,统筹调整征税范围、税率和征收环节;增设和恢复口岸进境免税店,合理扩大免税品种,增加一定数量的免税购物额,方便国内消费者在境内购买国外产品;进一步推进境外旅客购物通关和退税便利化,严格落实进境物品依法主动申报纳税要求;制定支持跨境电商进口的检验检疫政策，清理进口环节不合理收费；加快推进中国产品品牌提升工程，支持实体店发展，实现线上线下互动①；让消费者就近就能购买到优质、廉价、丰富的商品。

三 流通体系通过传递信息促进消费

一方面，由于与消费者交易的次数更多，相比生产者，流通体系可以更为方便地收集到消费者的需求和偏好等有价值的信息，将需求信息传递到生产者那里后，就可以帮助其生产更加针对消费者偏好的产品，将潜在需求转化为现实消费，也可以帮助生产者制订严格的生产计划，减少库存和缺货的损失，以降低产品售价并促进消费增加。另一方面，流通体系可以通过多样化销售收集到消费品的质量方面的信息，可以在以后的采购中避免不受消费者欢迎的产品，有利于解决消费品市场的道德风险和逆向选择的问题，进而促进消费实现。

完全竞争市场有效配置资源要以信息充分为前提，现实世界中，信息充分只能是一种理想的假设，一般情况是信息不完全、不对称。信息不完全是指经济活动主体（个人或机构）不能充分了解所需要的一切信息。信息不对称是指经济活动双方对有关信息了解和掌握得不一样多。信息不完全、不对称会妨碍市场的有效运转，影响资源优化配置，造成了市场交易双方的利益失衡，影响社会的公平、公正的原则以及市场配置资源的效率。信息不对称是普遍存在于生产者和消费者之间，流通体系的存在可以通过价格、中介、品牌等信号传递于生产者和消费者之间，降低市场的无效率程度。流通体系传递信号扩大消费的具体措施有：建立信息咨询评估等中介组织有利于改变交易双方信息不对称情况，避免市场欺诈，降低交易主体搜寻、谈判费用；进一步完善商品市场体系，建立地区乃至全国的价格信息网络，给消费者和企业提供及时、准确的信息，使他们减少搜寻次数，降低搜寻费用。

四 流通体系通过改善消费环境促进消费

首先，舒适、愉悦的购物环境可以通过作用于消费者的精神状态进而刺激其作出更多的购买决策，如今的购物已成为一种享受型的消费过程。其次，流通法规和市场监管的严格，净化了流通市场环境，在保障居民消费权益的同时，促进了消费者的放心消费。在新型流通业态出现以后，流

---

① 国务院：《部署完善消费品进出口相关政策，丰富国内消费者购物选择》，http://www.gov.cn/guowuyuan/2015 - 04/28/content_ 2854625. htm。

通体系向着安全、便利和舒适的综合服务功能发展,居民的消费领域可以进一步地拓宽。

只有改善了消费环境,减少人们的消费风险,消除消费恐惧,不断化解影响和谐消费环境形成的矛盾之后,才能创造和谐的消费环境,提高消费者的消费水平,扩大消费规模。食品安全问题频发、旅游市场混乱、医疗健康服务、药品药材鱼目混珠等现象恶化了消费环境。改善消费环境的具体措施有:强化流通领域商品质量监管和服务领域消费维权,加强流通领域商品质量监管制度化建设;强化流通领域商品质量监管执法;拓展服务领域消费维权工作;改善商品陈设和店内布局,提高服务质量;进行业态创新,优化购物环境,等等。

五　流通体系通过增加就业和收入需求促进消费

流通体系的存在可以吸纳大量的从业人员,流通规模的扩大能够通过提高流通从业人员的收入来提高居民的购买力,促进其消费能力的提升,进而扩大消费的规模。流通体系的扩大有助于增加就业和扩大内需,发达的流通体系具有引导需求、发掘需求和创造需求的功能。

流通产业具有先导性、基础性和民生性等特点,创造了可持续的大量就业岗位,历来是吸纳社会就业的重要渠道。流通产业就业贡献和就业特点主要表现在[①]:一是就业容量大,就业贡献显著。流通产业以批发业、零售业和物流业为核心,并涉及交通、仓储、运输和餐饮、住宿等其他居民生活服务业,是吸纳社会就业的重要产业。从总量看,2004年至2011年批发和零售业社会年末从业人员一直保持快速增长,从2004年的4257.9万人增长至2011年的8072.8万人,接近增长了一倍。从所占份额看,2011年批发和零售业从业人数占社会就业人数的比例达到24.7%。其中,批发和零售业在私营企业和个体中的从业人数占全社会就业人数的比例更是高达40.6%,如果加上交通运输、仓储及邮电通信业,以及住宿、餐饮业,整个商贸流通业占社会从业人数的比例接近50%。二是就业增长速度快,就业促进作用大。就业增长指数是商贸流通业就业增长率与社会总体就业增长率的比值。如果就业增长指数大于1,则表明流通业的就业增长速度高于社会平均值。具体数据方面,2005年至2011年批发

---

① 宋则:《重视流通产业的就业贡献》,求是网（http://www.qstheory.cn/economy/2014-06/24/c_1111285251.htm）。

和零售业就业增长指数均大于1，2011年高达1.51。根据这个指数和上述2004年至2011年实际数据计算，流通产业年均新增就业岗位500万至600万人，相当于当年新增就业总人数的60%，这表明流通业对推动社会就业有显著促进作用。三是就业密度高，就业吸纳能力强。流通产业的就业密度远高于全国平均水平。产业就业密度是行业就业人数与行业增加值的比值，它反映每一单位经济增加值对社会就业岗位的贡献。从数据看，2007年至2011年批发和零售业的产业就业密度都远远高于全国平均水平，如2011年为0.19，而同年全国平均仅为0.05，显示出商贸流通业作为劳动密集型行业，可以利用较小的社会资源创造出更多的就业岗位。四是中小微企业就业为主，单体就业规模小但数量多，对稳定就业更为重要。在就业结构方面，流通产业就业岗位主要集中在民营企业和中小微型流通企业，是吸纳社会就业的主导力量。虽然这些单个企业吸纳的就业人数较少，但这类企业为数众多，综合在一起就显示出了吸纳社会就业的强大能力，这一特征对于稳定就业尤为重要。五是就业门槛低，可吸纳低文化、低技能人员就业。流通产业的市场进入壁垒较低，包括个体经营者都能够很容易进入。从就业人员素质看，流通产业就业门槛也较低，能够吸纳社会上绝大多数弱势群体。数据显示，无论是批发零售业，还是交通运输、仓储和邮政业等大流通产业，从业人员受教育程度大都为高中水平以下，尤以初中水平为主，大学专科以上人员所占比例极小。2011年批发和零售业从业人员中受教育程度为高中及以下水平所占比例为86%，其中初中水平所占比例为48.7%，而大学专科以上人员所占比例仅为14%。这种就业结构表明，流通业属于劳动密集型产业，就业门槛低，就业层次多，就业季节性明显，就业方式相对灵活，可以使得更多教育、技能水平较低的社会人员获得就业岗位和生计保障，可稀释缓解特殊群体的社会就业压力。以上特征说明流通体系可以促进就业，就业增长就意味着工资收入的增加，客观上为扩大消费提供经济基础。

第三节 流通促进居民消费的实证分析

一 向量误差修正模型分析

目前关于流通和消费关系的研究中，学术界普遍认为流通业和消费增长具有很强的相关关系,流通业的发展可以促进消费的扩大;对流通业对消费促进的研究较多,尤其是农村流通对消费的影响。目前尚无学者使用向量误差修正模型探讨居民消费和流通业发展之间的相互关系,故本书拟在此方面做一尝试。

(一) 向量误差修正模型研究方法

向量自回归 (VAR) 模型把系统中每一个内生变量作为系统中所有内生变量的滞后值的函数,能较好地对具有相关性的时间序列系统进行预测,并可考察扰动项对变量系统的动态影响,其表达式如下:

$$y_t = A_1 y_{t-1} + \cdots + A_p y_{t-p} + Bx_t + \varepsilon_t, \ t = 1, 2, 3, \cdots, T \quad (3-11)$$

其中,y_t 是 k 维内生变量向量,x_t 是 d 维外生变量,p 是滞后阶数,T 是样本个数。A_1,$\cdots$,A_p 和 B 是待估参数矩阵,ε_t 是随机扰动向量,为零均值独立同分布的白噪声向量。如果所选取的变量是平稳时间序列,可以直接使用 VAR 模型进行估计;但如果变量不平稳,并且变量之间存在协整关系,可以考虑使用向量误差修正 (Vector Error Correction,VEC) 模型。VEC 模型是含有协整约束的 VAR 模型,多应用于具有协整关系的非平稳时间序列建模。

如果式 (3-11) 中的 y_t 所包含的 k 个 I (1) 过程存在协整关系,则不包含外生变量的式 (3-11) 可以写成:

$$\Delta y_t = \alpha \beta' y_{t-1} + \sum_{i=1}^{p-1} \Gamma_i \Delta y_{t-i} + \varepsilon_t, t = 1,2,3,\cdots,T \quad (3-12)$$

式中每个方程的误差项都具有平稳性,用误差修正模型可以将式 (3-12) 表示为:

$$\Delta y_t = \alpha ecm_{t-1} \sum_{i=1}^{p-1} \Gamma_i y_{t-i} + \varepsilon_t \quad (3-13)$$

式 (3-13) 中的每一个方程都是误差修正模型。$ecm_{t-1} = \beta' y_{t-1}$ 是误差修正项,反映变量之间的长期均衡关系,系数矩阵 α 反映了变量之间偏离长期均衡状态时,将其调整到均衡状态的调整速度。解释变量的差分项的系数反映各变量的短期波动对被解释变量的短期变化的影响。

(二) 指标选取和数据说明

本书采用居民消费支出指标,即常住居民在一定时期内对于货物和服务的全部最终消费支出,作为代表我国消费水平的指标。该指标属于支出法国民生产总值中最终消费的一部分。数据是 1978—2011 年的全国居民消费支出的时间序列,并使用以 1978 年为基期的居民消费价格水平指数进行平减,以消除通胀影响。

代表流通业发展的指标较多,目前尚无统一的认识。学者们(冉净斐,2008;张连刚,2010;王锦良,2011 等)使用较多的为"社会消费品零售总额"这一指标,在笔者看来,和居民消费支出存在较大的相关性,进行回归分析容易造成相当的内生性问题。为此,本书选择批发和零售业的产值作为代表流通业发展水平的指标,该指标属于国民经济核算中第三产业增加值的一部分。同样是全国 1978—2011 年的时间序列数据,并采用以 1978 年为基期的商品零售价格指数进行平减,以消除通胀影响。

收入作为影响消费最重要的因素,如果忽略它进行回归分析,将带来严重的后果。本书选择城镇居民可支配收入和农村居民纯收入作为基础指标,使用经过城镇和农村人口数量加权平均处理后得到的全国居民总收入数值,作为代表居民收入的指标进行分析。该指标也使用全国 34 年的时间序列数据,并用 1978 年为基期的居民消费价格指数进行平减。

为了避免数据的剧烈波动并消除时间序列中存在的异方差现象,分别对以上三个时间序列进行取对数处理,消费、流通和收入的指标分别用 $\ln XF$、$\ln LT$、$\ln SR$ 来表示。数据均来自 1979—2012 年的《中国统计年鉴》、《新中国 60 年统计资料汇编》等。数据处理的软件是 Eviews 6.0,模型中所涉及各指标的原始数据如表 3-1 所示。

表 3-1　　　　　　　　各指标原始数据　　　　　　　单位:亿元

指标 年份	居民消费 (XF)	流通产值 (LT)	居民收入 (SR)	城镇居民	农村居民	居民消费 价格指数	商品零售 价格指数
1978	1759.1	242.3	2295.63	592.19	1055.39	100.0	100.0
1979	2011.5	200.9	2756.39	749.05	1266.10	101.9	102.0
1980	2331.2	193.8	3301.34	914.13	1522.32	109.5	108.1
1981	2627.9	231.1	3621.81	1009.36	1785.31	112.2	110.7
1982	2902.9	171.4	4093.66	1149.82	2165.58	114.4	112.8
1983	3231.1	198.7	4503.36	1257.59	2500.90	116.7	114.5
1984	3742.0	363.5	5256.62	1566.15	2854.72	119.9	117.7
1985	4687.4	802.4	6016.04	1854.70	3210.90	131.1	128.1
1986	5302.1	852.6	7120.51	2375.31	3438.43	143.6	135.8

续表

指标\年份	居民消费 (XF)	流通产值 (LT)	居民收入 (SR)	城镇居民	农村居民	居民消费价格指数	商品零售价格指数
1987	6126.1	1059.6	8004.31	2773.21	3775.61	156.2	145.7
1988	7868.1	1483.4	9576.77	3382.57	4488.40	188.5	172.7
1989	8812.6	1536.2	11132.01	4058.59	5002.40	192.2	203.4
1990	9450.9	1268.9	12556.68	4560.05	5774.48	216.4	207.7
1991	10730.6	1834.6	13951.75	5306.38	5995.75	233.3	213.7
1992	13000.1	2405.0	16465.98	6520.59	6663.60	253.4	225.2
1993	16412.1	2816.6	20734.67	8550.01	7865.47	294.2	254.9
1994	21844.2	3773.4	28267.70	11946.17	10461.48	367.8	310.2
1995	28369.7	4778.6	35492.93	15065.02	13560.20	429.6	356.1
1996	33955.9	5599.7	41397.90	18051.03	16387.97	429.9	377.8
1997	36921.5	6327.4	44817.08	20356.87	17594.09	441.9	380.8
1998	39229.3	6913.2	47328.58	22572.76	17977.51	438.4	370.9
1999	41920.4	7491.1	50719.05	25610.08	18133.19	432.2	359.8
2000	45854.6	8158.6	54077.56	28828.97	18215.97	434.0	354.4
2001	49435.9	9119.4	58874.34	32969.98	18827.79	437.0	351.6
2002	53056.6	9995.4	65372.49	38677.30	19369.58	433.5	347.0
2003	57649.8	11169.5	71685.06	44373.99	20152.18	438.7	346.7
2004	65218.5	12453.8	80319.65	51143.33	22230.02	455.8	356.4
2005	72958.7	13966.2	89881.22	58983.25	24263.55	464.0	359.3
2006	82575.5	16530.7	100863.60	67859.37	26451.55	471.0	362.9
2007	96332.5	20937.8	118428.28	81858.70	30121.12	493.6	376.7
2008	111670.4	26182.3	136397.08	95737.38	34340.73	522.7	398.9
2009	123584.6	28984.5	148982.38	110797.10	35524.92	519.0	394.1
2010	140758.6	35746.1	167804.49	127991.21	39724.25	536.1	406.3
2011	164945.2	43445.2	193931.29	150659.78	45810.10	565.0	426.2

(三) 模型估计和结果分析

1. 平稳性检验

在进行建模之前，需要对时间序列数据进行平稳性检验，如果序列平稳，则可以直接进行建模，如果不平稳，则需要进行协整检验，证明存在协整关系后才可以进行建模，否则会产生虚假回归现象。平稳性检验的方法常用的有 ADF 检验和非参数的 PP 方法，本书采用 ADF 方法。ADF 检验结果如表 3-2 所示，变量 lnLT、lnXF、lnSR 的一阶差分分别用 D_ lnLT、D_ lnXF、D_ lnSR 表示。由表 3-2 可知，各变量的水平值是不平稳的时间序列，它们的一阶差分序列都是平稳的，因此可以判断 3 个变量是一阶单整序列。

表 3-2　　　　各变量水平值和一阶差分值 ADF 检验结果

变量	ADF 值	P 值	临界值 1%	临界值 5%	临界值 10%	结论
lnLT	-1.332938	0.5999	-3.689194	-2.971853	-2.625121	不平稳
D_ lnLT	-6.879995	0.0000	-3.689194	-2.971853	-2.625121	平稳
lnXF	0.811356	0.9927	-3.646342	-2.954021	-2.615817	不平稳
D_ lnXF	-3.956890	0.0047	-3.653730	-2.957110	-2.617434	平稳
lnSR	1.270206	0.9978	-3.689194	-2.971853	-2.625121	不平稳
D_ lnSR	-4.545628	0.0010	-3.653730	-2.957110	-2.617434	平稳

2. 协整检验

在建立向量误差修正模型之前，需要检验变量间是否存在协整关系，只有存在协整关系的变量才可以建立向量误差修正模型。协整检验要求变量是单整变量，且单整阶数相同，由上述平稳性结果可知所有变量均为一阶单整变量，因此可以对变量进行协整关系分析。本书选择以 VAR 模型为基础检验回归系数的 Johansen 协整检验方法对变量进行协整检验，选择含有时间和趋势项，根据 AIC、SC 大小判断无约束 VAR 模型的滞后期为 2，因此协整检验的最优滞后期为 2，协整检验结果如表 3-3 所示。由表中结果可以发现，迹检验和最大特征值检验两种检验方法都认为在 5% 的水平下，流通增加值、居民消费和居民收入三者有一个协整关系存在，即三者具有长期稳定的关系。

表 3-3　　　　　　　　变量 Johansen 协整检验结果

原假设	特征根	迹统计量（P 值）	λ-max 统计量（P 值）
0 个协整向量	0.573242	38.48604（0.0204）**	27.24924（0.0195）**
至多 1 个协整向量	0.245189	11.23680（0.3691）	9.001217（0.4955）
至多 2 个协整向量	0.067477	2.235580（0.1349）	2.235580（0.1349）

注：* 表示在 1% 的显著性水平下拒绝原假设，** 表示在 5% 的显著性水平下拒绝原假设。

3. 向量误差修正模型

下面构造流通发展和居民收入影响我国居民消费的向量误差修正模型（VEC），VEC 模型克服了 VAR 模型的不足，它将存在协整关系的各变量之间的长期均衡及短期波动关系结合起来，本书建立形如式（3-14）的滞后期为 1 的向量误差修正模型，使用统计软件估计出结果如表 3-4 所示。由于本书关心的是居民消费的影响因素，故将其误差修正方程单独列出，以便于解释。

$$\Delta \ln XF_t = 0.047 + 0.085 \Delta \ln LT_{t-1} + 0.482 \Delta \ln SR_{t-1} - 0.367 ECM_{t-1} \quad (3-14)$$

(0.013)　　　　(0.026)　　　　(0.173)　　　　(0.811)

$$ECM_{t-1} = \ln XF_{t-1} - 3.048 + 0.156 \ln LT_t + 0.616 \ln SR_t + 0.056 \quad (3-15)$$

(0.039)　　　　(0.121)　　　　(0.0004)

$R^2 = 0.69$　　Adj. $R^2 = 0.63$　　$F = 11.57$　　$AIC = -4.81$

通过式（3-14）可以发现，从短期看来，流通产值和居民收入都对居民消费有正向的影响。控制收入和其他因素不变，流通产值每增长 1 个百分点，可以促使居民消费增长 0.085 个百分点，该数值低于现有的研究结论，原因可能是指标选取和计量方法的不同所致；居民收入每增长 1%，可以促使居民消费增长 0.4%，但从系数大小上看，其对居民消费的影响远大于流通对消费的影响，可见收入仍然是决定消费的最重要因素；误差修正项的系数为 -0.37，意味着存在反向修正机制，即当变量之间偏离长期均衡状态时，误差修正项将以 0.37 的速率将其拉回长期均衡。

通过误差修正项式（3-15）可以发现，从长期来看，居民消费和流通产值以及居民收入具有长期稳定均衡的关系。流通产值和居民消费正相关，控制其他变量不变，流通产值每增长 1 个百分点，可以促使居民消费增长 0.156 个百分点，大于短期时的系数，可以看出流通业发展在长期内比短期更能促进居民消费增长；流通发展对居民消费增长的弹性系数小于收入对消费增长的弹性系数，一方面由于本书是狭义上的流通业，仅仅包括了批发和零售业的产值，可能会造成流通产值的低估；另一方面或许是我国流通业对消费的促进作用尚未充分发挥出来。

表3-4　　　　　　　向量误差修正模型的估计结果

误差修正项	D（lnXF）	D（lnLT）	D（lnSR）
CointEq1	-0.367027 (-4.54830)	-1.672382 (-2.76992)	-0.273855 (-2.42115)
D[lnXF(-1)]	-0.159888 (-0.86846)	-1.442909 (-1.04750)	0.112861 (0.43735)
D[lnLT(-1)]	0.085250 (3.24338)	0.603804 (3.07029)	0.017843 (0.48430)
D[lnSR(-1)]	0.481483 (2.78211)	2.254355 (1.74099)	0.029058 (0.11979)

4. 模型检验

通过对该模型进行稳定性检验，发现全部特征根都在单位圆内，模型满足稳定性条件；自相关检验的P值为0.033，不存在自相关；怀特异方差检验的P值等于0.0017，不存在异方差。以上都说明模型设定是正确的，可以使用。

变量之间协整关系存在并不意味着存在格兰杰因果关系，为此，我们对变量进行格兰杰因果关系检验（Granger causality test）。由于格兰杰因果关系检验要求变量的平稳性，而变量lnXF、lnLT、lnSR不满足平稳性要求，故而我们采取基于向量误差修正模型的格兰杰因果检验。因变量为D（lnXF）的格兰杰因果检验结果如表3-5所示。我们发现，流通产值和居民收入不是居民消费的格兰杰原因的伴随概率分别为0.0012和0.0054，联合检验的概率为0.0017，因此拒绝原假设，认为流通产值和居民收入是居民消费的格兰杰原因。该结果也从侧面验证了向量误差修正模型的正确性，即流通产值和居民收入的滞后项可以加入模型。

表 3-5　　　　基于向量误差修正模型的格兰杰因果检验结果

拒绝	卡方统计量	自由度	P 值
D（lnLT）	10.51951	1	0.0012
D（lnSR）	7.740163	1	0.0054
All	12.78663	2	0.0017

5. 结论

本书使用我国改革开放至今的流通业产值、居民消费和居民收入时间序列数据，通过构建向量误差修正模型对变量之间的关系进行了定量估计，经过分析得出以下结论：

从短期来看，流通产值和居民收入都对居民消费有正向的影响。控制收入和其他因素不变，流通产值每增长 1 个百分点，可以促使居民消费增长 0.085 个百分点，该数值低于现有的研究结论，原因可能是指标选取和计量方法的不同所致；收入仍然是决定消费的最重要因素，但流通的作用也不可忽视。

从长期来看，我国居民消费和流通产值以及居民收入具有长期稳定均衡的关系。流通产值和居民消费正相关，控制其他变量不变，流通产值每增长 1 个百分点，可以促使居民消费增长 0.156 个百分点，大于短期的系数，可以看出流通业发展在长期内比短期更能促进居民消费增长。

格兰杰因果关系检验发现，流通产值是居民消费的格兰杰原因，表明了流通业发展对居民消费增长的影响不可低估。

在扩大内需的经济背景下，刺激居民消费需求的增长已经成为共识。扩大居民消费需求首先是提高居民可支配收入，但是流通业的发展和完善也是不可忽视的重要方面。通过本书的分析我们发现，若以 2011 年全国居民消费支出总额 164945.2 亿元和流通业产值 43445.2 亿元计算，流通业产值每增加 1 个百分点（434.45 亿元），便可以刺激居民消费支出增长 257.315 亿元。因此，应当重视流通业的发展对居民消费增长的影响，充分发挥流通连接生产和消费的纽带作用，以扩大居民消费为目标，重新对流通体系的发展进行定位。

具体措施可以是：提高流通业的集约化程度和产业化水平，从而降低消费者的信息成本，以此来刺激居民消费。以方便消费为目的，健全和完善流通基础设施，特别是农村地区的商业基础设施，降低消费者的搜寻成本和时间成本,释放因购物不便所隐藏的消费潜力。优化流通环境,树立诚信经营的商业氛围,采用多种手段进行商贸流通秩序的监管,保证居民安全消费,放心消费,释放因不敢消费而造成的消费抑制。应重视社区商业的发展,增加社区商业网点,完善社区便民服务设施建设并丰富服务功能,促使城市社区居民便利消费。积极进行流通组织形式创新,业态创新,以刺激居民消费需求的扩大。

二 结构向量自回归模型分析

(一) SVAR 模型框架

向量自回归模型把系统中每一个内生变量作为系统中所有内生变量的滞后值的函数来构造模型,常用于预测相互联系的时间序列系统及分析随机扰动对变量系统的动态冲击,从而解释各种经济冲击对经济变量形成的影响。但 VAR 模型并没有给出变量之间当期相关关系的确切形式,即在模型的右端不含内生变量的当期值,而这些当期相关关系隐藏在误差项的相关结构之中,是无法解释的。结构向量自回归模型(SVAR),可以捕捉到变量之间的当期的结构性关系,其建立需要一定的经济理论作基础。

下面给出 k 个变量、p 阶结构向量自回归 SVAR(p) 模型的一般形式:

$$C_0 y_t = \Gamma_1 y_{t-1} + \Gamma_2 y_{t-2} + \cdots + \Gamma_p y_{t-p} + u_t \quad t = 1, 2, \cdots, T \quad (3-16)$$

式中:

$$C_0 = \begin{bmatrix} 1 & -c_{12} & \cdots & -c_{1k} \\ -c_{21} & 1 & \cdots & -c_{2k} \\ \vdots & \vdots & \ddots & \vdots \\ -c_{k1} & -c_{k2} & \vdots & 1 \end{bmatrix}, \Gamma_i = \begin{bmatrix} \gamma_{11}^{(i)} & \gamma_{12}^{(i)} & \cdots & \gamma_{1k}^{(i)} \\ \gamma_{21}^{(i)} & \gamma_{22}^{(i)} & \cdots & \gamma_{2k}^{(i)} \\ \vdots & \vdots & \ddots & \vdots \\ \gamma_{k1}^{(i)} & \gamma_{k2}^{(i)} & \cdots & \gamma_{kk}^{(i)} \end{bmatrix}, i = 1,$$

$$2, \cdots, p \quad u_t = \begin{bmatrix} u_{1t} \\ u_{2t} \\ \vdots \\ u_{1t} \end{bmatrix}$$

将式 (3-16) 写成滞后算子形式:

$$C(L) y_t = u_t, \ E(u_t u'_t) = I_k \quad (3-17)$$

式 (3-17) 中: $C(L) = C_0 - \Gamma_1 L - \Gamma_2 L^2 - \cdots - \Gamma_p L^p$,$C_0$ 矩阵是主对角线元素为 1 的矩阵。若 $C(L)$ 可逆,可将 SVAR 模型表示为:

$$y_t = B(L)u_t,$$

其中，$B(L) = C(L)^{-1}$，$B(L) = B_0 + B_1L + B_2L^2 +, \cdots, B_0 = C_0^{-1}$

进而，我们表示出典型的 SVAR 模型形式为：

$$A(L)\varepsilon_t = B(L)u_t \tag{3-18}$$

SVAR 模型的另一个重要的问题就是识别问题，对于形如式（3-16）的 k 元 p 阶的 SVAR 模型，需要估计的参数个数为：$k^2p + k^2$，需要对结构式施加 $k(k-1)/2$ 个限制条件才能满足识别条件。短期约束通常直接施加在矩阵 B_0 或者 C_0 上，表示对结构冲击的同期相应。

（二）模型构建和估计

1. 模型构建

根据以上的分析，使用与上节一致的时间序列数据（模型数据如表 3-6 所示），建立包括居民消费水平 $\ln XF$、流通增加值 $\ln LT$ 和居民收入 $\ln SR$ 的 3 变量 2 阶 SVAR 模型，表示如下：

$$C_0 y = \Gamma_1 y_{t-1} + \Gamma_2 y_{t-2} + u_t$$

式中，变量和参数矩阵为：

$$C_0 = \begin{bmatrix} 1 & -c_{12} & -c_{13} \\ -c_{21} & 1 & -c_{23} \\ -c_{31} & -c_{32} & 1 \end{bmatrix}, y_t = \begin{pmatrix} \ln XF \\ \ln LT \\ \ln SR \end{pmatrix}, \Gamma_i = \begin{bmatrix} \gamma_{11}^{(i)} & \gamma_{12}^{(i)} & \gamma_{13}^{(i)} \\ \gamma_{21}^{(i)} & \gamma_{22}^{(i)} & \gamma_{23}^{(i)} \\ \gamma_{31}^{(i)} & \gamma_{32}^{(i)} & \gamma_{33}^{(i)} \end{bmatrix}, i = 1, 2 \quad u_t = \begin{bmatrix} u_{1t} \\ u_{2t} \\ u_{3t} \end{bmatrix}$$

矩阵 C_0 反映内生变量的当期关系，如果 C_0 是满秩的，可以得到 SVAR 模型更一般的表达式：

$$y = C_0^{-1}\Gamma_1 y_{t-1} + C_0^{-1}\Gamma_2 y_{t-2} + C_0^{-1} u_t$$

若 ε_t 为 SVAR 模型的随机扰动项，则有 $\varepsilon_t = C_0^{-1} u_t$，代表一种复合冲击。

对于三元二阶 SVAR 模型，要估计出矩阵 C_0 的参数需要施加 $3(3-1)/2 = 3$ 个约束条件。为此我们假定，当期居民收入不受当期居民消费的影响，即 $-c_{13} = 0$；当期流通增加值不受当期居民收入的影响，即 $-c_{23} = 0$；当期流通增加值不受当期居民消费的影响，即 $-c_{21} = 0$。

表 3-6　　　　　　　　模型中原始数据处理后列

指标 年份	流通产值 平减后 LT	流通产值 取对数 $\ln LT$	居民消费 平减后 XF	居民消费 取对数 $\ln XF$	居民收入 平减后 SR	居民收入 取对数 $\ln SR$
1978	242.32	5.49027	1759.10	7.47256	2295.63	7.738764
1979	196.91	5.28276	1972.06	7.58683	2702.34	7.901875
1980	179.25	5.18881	2156.52	7.67625	3053.97	8.024196
1981	208.76	5.34118	2373.89	7.77229	3271.73	8.093074
1982	151.95	5.02356	2573.49	7.85302	3629.13	8.196748
1983	173.51	5.15622	2821.92	7.94517	3933.06	8.277173
1984	308.81	5.73273	3179.27	8.06441	4466.12	8.404274
1985	626.38	6.43996	3659.17	8.20499	4696.36	8.454544
1986	627.83	6.44226	3904.34	8.26985	5243.38	8.564722
1987	727.25	6.58927	4204.60	8.34393	5493.69	8.611356
1988	858.95	6.75571	4555.94	8.42419	5545.32	8.62071
1989	755.24	6.62704	4332.65	8.37393	5472.96	8.607576
1990	610.95	6.41501	4550.26	8.42294	6045.58	8.707083
1991	858.47	6.75516	5021.34	8.52145	6528.66	8.783957
1992	1067.96	6.9735	5772.69	8.66089	7311.71	8.897233
1993	1104.99	7.00759	6438.64	8.77007	8134.43	9.003861
1994	1216.44	7.10368	7041.97	8.85964	9112.73	9.117428
1995	1341.93	7.20186	7966.78	8.98304	9967.13	9.207048
1996	1482.17	7.30127	8987.80	9.10362	10957.62	9.301791
1997	1661.60	7.41554	9695.77	9.17945	11769.19	9.373241
1998	1863.91	7.53043	10576.79	9.26642	12760.47	9.454107
1999	2082.02	7.64109	11651.03	9.36315	14096.46	9.553679
2000	2302.09	7.74157	12938.66	9.46797	15258.91	9.632919
2001	2593.69	7.86084	14060.26	9.55111	16744.69	9.725837
2002	2880.51	7.96572	15290.08	9.63496	18839.34	9.843702
2003	3221.65	8.07765	16628.15	9.71885	20676.39	9.936748
2004	3494.34	8.1589	18299.24	9.81461	22536.38	10.02289
2005	3887.05	8.26541	20305.79	9.91866	25015.65	10.12726
2006	4555.17	8.42402	22754.33	10.03251	27793.77	10.23257

续表

指标 年份	流通产值 平减后 LT	流通产值 取对数 lnLT	居民消费 平减后 XF	居民消费 取对数 lnXF	居民收入 平减后 SR	居民收入 取对数 lnSR
2007	5558.23	8.62303	25572.74	10.14928	31438.35	10.35578
2008	6563.63	8.7893	27994.59	10.23977	34193.30	10.43979
2009	7354.60	8.90308	31358.70	10.35325	37803.19	10.54015
2010	8797.95	9.08227	34644.02	10.45288	41300.64	10.62863
2011	10193.62	9.22952	38701.37	10.56363	45502.42	10.72552

2. 模型检验

对建立的 SVAR 模型进行各种检验才能最终确定模型的正确性，模型特征方程的特征根均落在单位内（如图 3-1 所示），这说明 SVAR 模型是稳定的，可以进行脉冲响应分析。

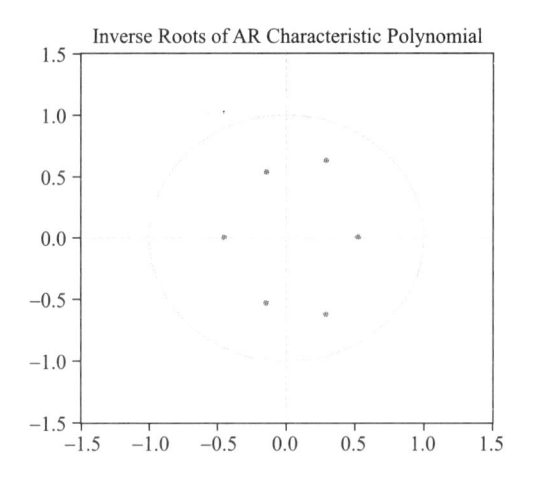

图 3-1 SVAR 模型全部特征根位置图

3. 脉冲响应分析

通过统计软件得出了居民消费对流通和收入的冲击的响应曲线图。由于本书关心的是居民消费和流通发展的相互关系，故只报告了消费和流通对彼此冲击的影响图示。在图 3-2 和图 3-3 中，横轴表示冲击发生的时间间隔；纵轴表示变量变化的百分点，虚线表示 1 倍标准差的置信范围。

首先,分析流通增加值波动对居民消费增长造成的冲击动态作用过程。根据图3-2可知,当出现1个百分点的流通增加值波动的冲击之后,在第1期居民消费就产生了正向的响应效应,随后开始上升并在第2期达到最大,然后开始下降到第4期之后达到最小,之后就稳步上升,并在第6期之后长期徘徊在0左右。我们发现,流通冲击对消费的影响绝大部分是正向的,在长期也比较稳定,这从侧面说明了流通业的发展可以促进居民消费的增长。

其次,分析居民消费变量冲击对流通增加值的影响的动态作用过程。从图3-3中可以发现,当出现1个百分点的居民消费冲击后,流通增加值在第1期没有影响,之后开始上升并在第2期达到最大,然后开始下降。流通对消费冲击的响应呈现出波动性的特点,但总体看来是正的影响,长期中影响逐渐减小并最终趋向于0。

由此我们发现,消费和流通是具有相互影响、相互促进的中长期关系的,并且,消费冲击对流通的影响滞后于流通冲击对消费的影响。可见,发展流通业对促进居民消费增长是很有意义的。

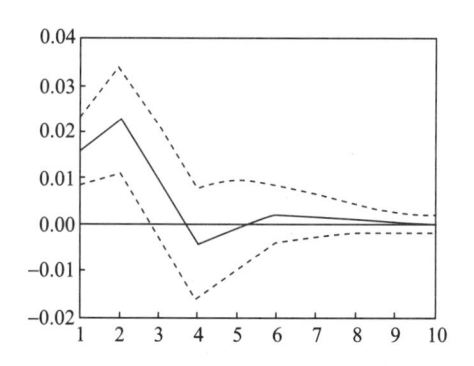

图3-2 居民消费对流通发展冲击的脉冲响应

4. 方差分解

方差分解是通过分析每一个结构冲击对内生变量变化的贡献度,进一步评价不同结构冲击的重要性。因此方差分解可以给出对SVAR模型中的变量产生影响的每个随机扰动的相对重要性的信息。

图3-4中表示了流通增加值、居民收入对居民消费变动的贡献程度,

可见，除去居民消费对自身的贡献率，居民收入对居民消费的贡献率最高可达到60%以上，而流通对居民消费的贡献率长期徘徊在5%左右。也就是说，影响居民消费变化的主要还是居民收入，流通发展的影响比较小。这个结论和基本经济常识相符，也从另外一个方面反映出我国流通业发展对居民消费增长的贡献并未充分发挥出来。

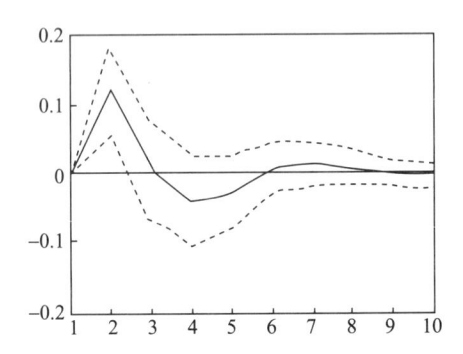

图3-3 流通发展对居民消费冲击的脉冲响应

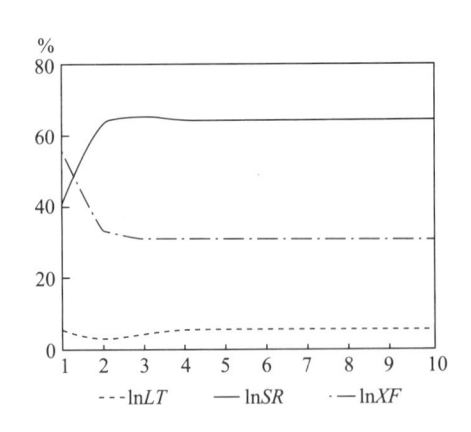

图3-4 流通增加值、居民收入对居民消费变化的影响程度

5. 结论

通过构建包括流通增加值、居民消费和居民收入的3变量SVAR模型，并进行了脉冲响应分析和方差分解，实证结果表明，我国改革开放以来的居民消费、流通增加值和居民收入具有协整关系，表明了三者之间具有长期的稳定关系；脉冲响应分析发现流通冲击对消费的影响绝大部分是

正向的,在长期也比较稳定,这从侧面说明了流通业的发展可以促进居民消费的增长;消费冲击对流通的影响也多呈现正向性,并且,消费冲击对流通的影响滞后于流通冲击对消费的影响,但总体来看,流通增加值和居民消费之间具有相互影响、相互促进的关系。方差分解显示,影响居民消费变化的主要还是居民收入,流通发展变化对消费的影响比较小,流通业发展对居民消费扩大的影响效应并没有充分发挥出来。

三 面板数据模型分析

目前关于流通和消费关系的研究中,学术界普遍认为流通业和消费增长具有很强的相关关系,流通业的发展可以促进消费的扩大,只是影响的范围和程度不同而已;在已有的定量研究中,冉净斐(2008)运用自回归分布滞后模型分析流通业对消费增长的影响的方法值得借鉴,但其选取的代表流通业和消费的指标难以克服由于变量相关而带来的内生性问题。张连刚(2010)采用面板数据模型进行分析得出了比较理想的模型和结论,但模型中没有考虑居民收入、消费预期等因素,仍然难以克服内生性问题,而且也没有进行协整分析流通和消费的长期关系,这就给后续研究提供了空间。

(一) 模型选择

本书将采用面板数据(Panel Data)模型进行流通和消费之间的定量分析。面板数据含有横截面、时间和指标三维信息,利用 Panel Data 模型可以构造和检验比以往单独使用横截面数据和时间序列数据更为真实的行为方程,可以进行更加深入的分析。

设有因变量 y_{it} 与 $k \times 1$ 维解释变量向量 $x_{it} = (x_{1,it}, x_{2,it}, \cdots, x_{k,it})$,满足线性关系:

$$y_{it} = \alpha_{it} + x'_{it}\beta_{it} + u_{it}, \ i = 1, 2, \cdots, N \quad t = 1, 2, \cdots, T \qquad (3-19)$$

式(3-19)是考虑 k 个经济指标在 N 个个体及 T 个时间点上的变动关系。其中 N 表示个体截面成员的个数,T 表示每个截面成员的观测时期总数,参数 α_{it} 表示模型的常数项,β_{it} 表示对应于解释变量向量 x_{it} 的 $k \times 1$ 维系数向量,k 表示解释变量的个数。随机误差项 u_{it} 相互独立,且满足零均值、等方差为 σ_u^2 的假设。这便是面板数据模型的一般形式。根据截距项向量 α 和系数向量 β 的不同限制要求,面板数据模型可以划分为不变系数模型、变截距模型、变系数模型。

(1) 不变系数模型的单方程回归形式可以写为:

$$y_i = \alpha + x_i\beta + u_i, \ i=1, 2, \cdots, N \qquad (3-20)$$

（2）变截距模型的单方程回归形式可以写为：

$$y_i = \alpha_i + x_i\beta + u_i, \ i=1, 2, \cdots, N \qquad (3-21)$$

（3）变系数模型的单方程回归形式可以写成：

$$y_i = \alpha_i + x_i\beta_i + u_i, \ i=1, 2, \cdots, N \qquad (3-22)$$

建立 Panel Data 模型的第一步便是检验被解释变量 y_{it} 的参数 α_i 和 β_i 是否对所有个体截面都是一样的，即检验样本数据究竟符合上面哪一种模型形式。本书使用协方差检验，主要检验下面两个假设：

H_1：$\beta_1 = \beta_2 =, \cdots, \beta_N$

H_2：$\alpha_1 = \alpha_2 =, \cdots, \alpha_N$

$\quad\ \ \beta_1 = \beta_2 =, \cdots, \beta_N$

如果接受假设 H_2 可以认为样本数据符合不变系数模型的形式，无须进行进一步的检验。如果拒绝假设 H_2，则需进一步检验假设 H_1。如果接受假设 H_1，则认为样本符合变截距模型，反之，则认为符合变系数模型的形式。

首先计算变系数模型、变截距和不变系数模型式的残差平方和，分别记为 S_1、S_2、S_3，在假设 H_2 下检验统计量 F_2 和假设 H_1 下检验统计量 F_1 分别服从相应自由度下的 F 分布，即：

$$F_2 = \frac{(S_3 - S_1)/[(N-1)(k+1)]}{S_1/[NT - N(k-1)]} \sim F[(N-1)(k+1), N(T-k-1)]$$

$$(3-23)$$

$$F_1 = \frac{(S_2 - S_1)/[(N-1)k]}{S_1/[NT - N(k+1)]} \sim F[(N-1)k, N(T-k-1)] \qquad (3-24)$$

如果计算得到的 F_2 的值不小于给定置信度下的相应临界值，则拒绝假设 H_2，继续检验假设 H_1；反之，则认为样本符合不变系数模型。若计算得到的 F_1 的值不小于给定置信度下的临界值，则拒绝假设 H_1，认为样本符合变系数模型；反之，认为样本符合变截距模型。

模型形式选择完成以后，面板数据模型的下一步是确定个体影响的固定效应或是随机效应。一般做法是：先建立随机影响的模型，然后检验该模型是否满足个体影响与解释变量不相关的假设，如果满足就将模型确定为随机影响的形式，反之则将模型确定为固定影响的形式。统计上一般用 Hausman（1978）提出的 Hausman 检验来进行确定。

(二) 指标选取和数据说明

最终消费分为居民消费和政府消费两部分,本书主要研究居民消费问题。采用居民消费支出,即常住住户在一定时期内对于货物和服务的全部最终消费支出,作为代表我国消费水平的指标。数据使用除港澳台和西藏以外的 30 个省市(自治区)1978—2011 年的面板数据,并使用以 1978 年为基期的居民消费价格水平指数进行平减,以消除通胀影响。

代表流通业发展的指标较多,目前尚无统一的认识。学者们使用较多的"社会消费品零售总额"这一指标,在笔者来看,其与居民消费支出存在较大的相关性,进行回归分析容易造成很大的内生性问题。为此,本书选择批发和零售业的产值作为代表流通业发展水平的指标,同样是 30 个省市(自治区)1978—2011 年的面板数据,并采用以 1978 年为基期的社会消费品零售价格指数进行平减,以消除通胀影响。

收入作为影响消费最重要的因素,如果忽略它进行回归分析,将带来严重的后果。本书选择城镇居民可支配收入和农村居民纯收入作为基础指标,使用经过处理后得到的全国居民平均收入水平值,作为代表居民收入的指标进行分析。该指标也使用上述面板数据,并用 1978 年为基期的居民消费价格指数进行平减。

以上数据均来自 1978—2012 年的《中国统计年鉴》、《新中国 60 年统计资料汇编》、各省市统计年鉴等。除西藏以外的全国 30 个省、直辖市、自治区的面板数据模型原始数据见本书附录。

(三) 模型检验和分析

1. 数据平稳性检验

为了探求流通增长对居民消费扩大的弹性作用,对原始数据进行对数处理,这样也有利于消除异方差作用的影响。使用 Eviews 6.0 软件对流通(LT)、消费(XF)和收入(SR)面板数据进行单位根检验,四种检验方法得到的结果见表 3-7。从检验结果来看,无论采取哪一种检验方法,流通、消费和收入数据的对数序列 $\ln\_LT$、$\ln\_XF$ 和 $\ln\_SR$,都具有单位根,是非平稳序列;其一阶差分序列 D_LT、D_XF、D_SR 不具有单位根,是平稳序列,可以进行回归分析。

表3-7　　　　　　　　　　　数据单位根检验结果

变量\检验值\方法	ln_LT 不平稳 Statistic	Prob**	D_LT 平稳 Statistic	Prob**	ln_XF 不平稳 Statistic	Prob**	D_XF 平稳 Statistic	Prob**	ln_SR 不平稳 Statistic	Prob**	D_SR 平稳 Statistic	Prob**
LLC	-0.3032	0.3808	-23.344	0.000	11.0934	1.0000	-17.8644	0.0000	-3.72869	0.0001	-12.7034	0.0000
IPSW	7.5639	1.0000	-22.870	0.000	18.9576	1.0000	-16.4166	0.0000	0.70596	0.7599	-10.0571	0.0000
ADF-Fisher	19.3029	1.0000	519.977	0.000	1.33718	1.0000	367.559	0.0000	36.2525	0.7599	221.344	0.0000
PP-Fisher	32.9824	0.9967	579.92	0.000	1.28855	1.0000	392.343	0.0000	23.7313	1.0000	185.978	0.0000

2. 协整分析

根据上面的单位根检验可知，流通和消费数据的对数序列 ln_LT、ln_XF 都是一阶单整序列，因此可以进行协整检验，判断两变量是否具有协整关系，以确定流通业和居民消费之间是否具有长期稳定的相互关系，避免伪回归现象，为下一步的回归分析做准备。本书采用建立在 Johansen 协整检验基础上的面板协整检验方法，协整检验的结果如表3-8所示。

由表中检验的结果来看，我国30个省、市、自治区的流通产值和居民消费的面板数据之间具有协整关系，也就是说，流通和居民消费之间具有长期稳定的相互关系。

表3-8　　　　　　　面板数据 Johansen 协整检验结果

原假设	迹检验统计量	P值	$\lambda - \max$ 检验统计量	P值
无协整向量	97.80	0.0008	80.60	0.0265
至多一个协整向量	100.6	0.0004	100.6	0.0004

3. 面板数据模型的选择

判断模型形式：计算变系数模型、变截距和不变系数模型的残差平方和，分别记为 $S_1 = 2.66$、$S_2 = 2.87$、$S_3 = 6.16$，再根据式（3-23）、式（3-24）计算 F 统计量，其中 $N = 30$、$T = 34$、$k = 2$，得到两个 F 统计量的值为：

$$F_2 = [(S_3 - S_1)/87]/(S_1/930) = 14.03$$

$F_1 = [(S_2 - S_1)/58]/(S_1/930) = 1.269$

查表得到 F_2 和 F_1 的临界值分别为：1.26 和 1.36[①]，显然地，F_2 大于其临界值，因此拒绝假设 H_2，继续检验 H_1，发现 F_1 小于其临界值，因此，应该使用变截距的面板数据模型形式。本书使用的模型形式如下：

$D\_XF_{it} = \alpha_i + D\_LT_{it}\beta_1 + D\_SR_{it}\beta_2 + u_{it}$, $i = 1, 2, \cdots, N$；$t = 1, 2, \cdots, T$

其中，D_XF 代表 30 个省市（自治区）的居民消费的对数差分序列，D_LT 代表 30 个省市（自治区）的流通产值对数差分序列，D_SR 代表居民收入对数差分序列，β_1 和 β_2 是解释变量的系数，是一个弹性的概念。截距项 α_i 因个体成员不同而变化，随机误差项 u_{it} 反映了模型中忽略的、随个体成员和时间变化的因素的影响。

判断变截距模型是固定效应还是随机效应：首先对模型进行具有随机效应的估计，然后对估计结果进行 Hausman 检验，结果如表 3 - 9 所示。由表可见，伴随概率小于 0.05，所以拒绝随机效应的原假设，认为需要采用固定效应的变截距模型。

表 3 - 9　　　　　　　　　Hausman 检验结果

Test Summary	卡方统计量	P 值
Cross – section random	10.066497	0.0065

4. 估计结果分析

采用固定效应的变截距面板数据模型，利用 Eviews 6.0 软件得到估计结果如表 3 - 10 所示。可以发现，流通对消费具有正向的影响，流通产值的系数为 0.1 左右，也就是说，控制其他变量不变，流通业增长 1 个百分点，大约可以促使消费增长 0.1 个百分点。这个结果远远小于目前学者们的结论，原因可以归结为三点：一是采用指标不同，目前的研究较多地使用"社会消费品零售总额"指标代表流通业发展水平，它与居民消费有强相关性，所以系数过大；二是现有的研究较少使用收入水平等作为控制变量，损失了过多的信息；三是计量方法的不同，也可能导致结果出现不一致。

[①] 由于无法确切地查到精确的临界值，这两个值是根据 F 分布表附近的值估算出来的，但不影响结果判断。

表 3-10　　　　　　　　面板数据模型估计结果

变量	系数	T统计量	P值	D-W值
C	0.082937	31.06772	0.0000	
D_LT	0.095921	6.095911	0.0000	1.584040
D_SR	0.180722	6.702500	0.0000	

5. 分地域的模型估计

我国幅员辽阔，地区发展程度差异很大，更进一步，本书对全国 30 个省市（自治区）的面板数据进行区分东部、中部和西部的模型检验分析。采用上文的方法，建立我国东部、中部和西部地区[①]的变截距面板数据模型，估计的结果如表 3-11 所示。

表 3-11　　　　　　　　分地区面板数据估计结果

地区 估计值 变量	东部 系数	东部 t-Statistic	中部 系数	中部 t-Statistic	西部 系数	西部 t-Statistic
C	0.089368	20.88569	0.084679	20.83835	0.076387	9.210153
D_LT	0.112291	6.278322	0.056413	2.431243	0.106370	2.129996
D_SR	0.091422	2.668704	0.200354	4.027301	0.147543	1.536597

分地区的估计结果来看，无论东部、中部还是西部地区，流通产值对居民消费具有正向的影响，系数分别为 0.1123、0.0564 和 0.1064，流通对消费影响最大的是东部地区，其次是西部和中部地区，但系数都在 0.1 左右，影响不算大。经济发展水平对该系数具有一定的正向影响，表现在东部的流通业消费弹性最大，但中部地区流通业的作用并未完全显现，甚至比西部还低，这一现象值得思考。

（四）结论

经过计量分析本书得出几点基本的结论：流通业产值和居民消费之间

---

① 本书所分析的东部是指北京、天津、河北、辽宁、上海、浙江、江苏、山东、福建、广东、海南 11 个省、自治区、直辖市；中部地区包括山西、内蒙古、吉林、安徽、黑龙江、江西、湖北、河南、湖南 9 个省、自治区；西部地区包括四川、重庆、云南、贵州、广西、甘肃、陕西、宁夏、青海、新疆 10 个省、自治区、直辖市。

具有协整关系,流通业发展和居民消费增长具有长期稳定的相互关系;流通业发展对居民消费的增长具有正向的影响,其弹性大约为10%,此结果小于现有的研究结论;分地区来看,东部地区流通业发展对居民消费的影响最大,中部地区流通业促进消费的效应没有充分发挥出来。

经济系统可粗略地分为生产、流通和消费三个部分,流通是消费的前端产业并以消费为最终目的,流通业是国民经济的基础性和先导性产业。通过本书的分析我们发现,我国流通产业对居民消费具有正向促进作用,但其作用尚未充分发挥,还有很大的潜力可以挖掘,应当设法提高流通对居民消费支出的贡献。为此,需要完善流通基础设施、优化流通和消费环境,从流通方面建立扩大消费的长效机制。

第四节 本章小结

本章首先通过建立存在搜寻成本的微观分析模型,证明了如果在 $[a, b]$ 上是拟凹函数,并且 $c < \beta(E\omega - a)$,p^* 是搜寻成本 c 的增函数和流通网点数量 n 的减函数。这就意味着:流通网点的数量扩张导致均衡价格的下降,价格下降将促进更多消费。同时也证明了若 $f(a) = 0$,且 $f'(a) > 0$,那么在区间 $(\beta_0, \beta_0 + \delta)$ 内 $(\delta > 0)$,p^* 随着 β 的增加而下降。这也就意味着:产品多样性的增加促使均衡价格下降,价格下降刺激消费扩大。

其次,本章建立了流通和居民消费的时间序列模型。通过向量误差修正模型的分析发现:从短期来看,流通产值和居民收入都对居民消费有正向的影响。控制收入和其他因素不变,流通产值每增长1个百分点,可以促使居民消费增长0.085个百分点,该数值低于现有的研究结论。长期来看,我国居民消费和流通产值以及居民收入具有长期稳定均衡的关系。通过构建包括流通增加值、居民消费和居民收入的3变量SVAR模型,并进行了脉冲响应分析和方差分解,实证结果表明:我国改革开放以来的居民消费、流通增加值和居民收入序列具有协整关系,表明了三者之间具有长期的稳定关系;脉冲响应分析发现流通冲击对消费的影响绝大部分是正向的,在长期也比较稳定,这从侧面说明了流通业的发展可以促进居民消费的增长。方差分解显示:影响居民消费变化的主要还是居民收入,流通发展变化对消费的影响比较小，流通业发展对居民消费扩大的影响效应并没有充分发挥出来。

最后，通过面板数据模型的分析发现：流通业发展和居民消费增长具有长期稳定的相互关系；流通业发展对居民消费的增长具有正向的影响，其弹性大约为10%，此结果小于现有的研究结论；分地区来看，东部地区流通业发展对居民消费的影响最大，中部地区流通业促进消费的效应没有充分发挥出来。

通过本章的分析我们发现，我国流通产业对居民消费具有正向促进作用，但其作用尚未充分发挥，还有很大的潜力可以挖掘，应当设法提高流通对居民消费支出的贡献。为此，需要完善流通基础设施、优化流通和消费环境，从流通方面建立扩大消费的长效机制。

因此，应当重视流通业的发展对居民消费增长的影响，充分发挥流通连接生产和消费的纽带作用，以扩大居民消费为目标，重新对流通业的发展进行定位。具体措施如下。

第一，充分发挥流通业促进消费增长的先导性作用，必须提高流通业的集约化程度和产业化水平，从而降低消费者的信息成本，以此来刺激居民消费。批发零售业转变传统的经营方式，采用连锁经营、电子商务、物流配送等方式；完善所有制结构调整，鼓励个体、私营、外资等非国有经济进入流通业，提高整个产业的发展质量。

第二，优化流通环境，保证居民安全消费，放心消费。政府健全法律和法规体系，形成正常的流通市场秩序，对各流通环节加强监管，对违法犯罪的流通主体加大惩罚力度，保障消费者的正当权益。加强商贸领域的诚信建设，营造诚信至上的商业环境。

第三，东中西部各地区采取不同的措施，发展流通产业。由于我国东中西部地区在经济发展水平、制度管理、流通基础设施等方面存在较大差异，所以应因地制宜，错位发展。东部地区应该培育大型流通企业集团，提高产业集中度；中部地区应积极扶持中小企业的发展，提高组织化程度；西部地区要加强流通基础建设，尤其是农村流通体系建设，提高现代化水平；中西部地区努力提高城镇化水平，以城市化带动流通产业现代化。

第四，加强城市社区商业建设。城市社区商业网络的发展与居民生活息息相关，直接影响到居民消费的扩大。应重视社区商业的发展，增加社区商业网点，完善社区便民服务设施建设并丰富服务功能，促使城市社区居民便利消费。

第五，积极进行流通组织形式创新、业态创新。流通业态强调的是商品销售的形态或方式，现代流通业态和业种丰富，并且随着选址、商品组合、营业时间、销售方式的变化而产生新的变化和发展。应鼓励新型流通业态的出现和创新，针对消费者的需求，灵活进行商品组合，激发消费者的消费热情。

第四章 我国居民消费和消费品流通体系是否存在长效机制

消费、投资和出口是拉动经济增长的"三驾马车",消费是其中最稳定的一乘。"衡量一个经济是否良性循环,最终要看是否合理解决了人们的消费问题,要看消费与社会再生产的其他环节是否协调,要看在处理各种比例关系中是否把消费放在应有的地位"。最终消费包括居民消费和政府消费,居民消费支出是指常住居民住户在一定时期内对于货物和服务的全部最终消费支出,在最终消费中占据主导地位;随着我国经济水平的发展,我国的消费总量和消费水平有了巨大的提升,但和发达国家相比,在消费水平、消费结构、消费对经济的贡献等方面还有一定差距。为了研究扩大消费的长效机制,有必要对我国消费的现状和问题进行探讨,探究居民消费是否具有长效的发展机制。

消费品流通体系是我国现代市场体系的重要组成部分,关系着经济建设与社会发展的大局,其建设与发展构成我国商务工作的主线和中心任务。改革开放以来,我国的消费品流通体制处于不断的变革之中,我国的消费品流通体系建设在网点设置、体制机制、产业组织、理论与人才等层面铺开,在速度、规模、质量与效益方面都取得长足进步和巨大成就,在应对国际金融危机、推动经济发展方式转变等方面发挥了重要作用。但是应该看到,与发达国家相比,我国消费品流通体系还存在城乡分割、结构不合理、效率不高等问题,需要在建设现代流通体系的过程中加以关注和改变。本章将探讨我国居民消费和消费品流通体系发展的现状和存在的问题,研究现有流通体系是否成了消费扩大和升级的制约因素。

第一节 我国居民消费是否存在长效发展机制

一 我国居民消费发展的现状分析

(一) 消费总量和增长率状况

改革开放以来,我国的消费总量发展迅速,最终消费支出由 1978 年的 2239.1 亿元增加到 2011 年的 228561.3 亿元,增长近百倍。其中居民消费由 1978 年的 1759.1 亿元增加到 2011 年的 164945.2 亿元,见表 4-1。

表 4-1　　　　1978—2011 年我国消费总量情况一览

指标 年份	支出法 GDP (亿元)	最终消费 支出(亿元)	居民消费 支出(亿元)	政府消费 支出(亿元)	居民消费 占比(%)	政府消费 占比(%)	最终消费率 (%)
1978	3605.6	2239.1	1759.1	480.0	78.6	21.4	62.1
1980	4592.9	3007.9	2331.2	676.7	77.5	22.5	65.5
1985	9076.7	5986.3	4687.4	1298.9	78.3	21.7	66.0
1986	10508.5	6821.8	5302.1	1519.7	77.7	22.3	64.9
1987	12277.4	7804.6	6126.1	1678.5	78.5	21.5	63.6
1988	15388.6	9839.5	7868.1	1971.4	80.0	20.0	63.9
1989	17311.3	11164.2	8812.6	2351.6	78.9	21.1	64.5
1990	19347.8	12090.5	9450.9	2639.6	78.2	21.8	62.5
1991	22577.4	14091.9	10730.6	3361.3	76.1	23.9	62.4
1992	27565.2	17203.3	13000.1	4203.2	75.6	24.4	62.4
1993	36938.1	21899.9	16412.1	5487.8	74.9	25.1	59.3
1994	50217.4	29242.2	21844.2	7398.0	74.7	25.3	58.2
1995	63216.9	36748.2	28369.7	8378.5	77.2	22.8	58.1
1996	74163.6	43919.5	33955.9	9963.6	77.3	22.7	59.2
1997	81658.5	48140.6	36921.5	11219.1	76.7	23.3	59.0
1998	86531.6	51588.2	39229.3	12358.9	76.0	24.0	59.6
1999	91125.0	55636.9	41920.4	13716.5	75.3	24.7	61.1
2000	98749.0	61516.0	45854.6	15661.4	74.5	25.5	62.3

续表

指标年份	支出法GDP（亿元）	最终消费支出（亿元）	居民消费支出（亿元）	政府消费支出（亿元）	居民消费占比（%）	政府消费占比（%）	最终消费率（%）
2001	109028.0	66933.9	49435.9	17498.0	73.9	26.1	61.4
2002	120475.6	71816.5	53056.6	18759.9	73.9	26.1	59.6
2003	136613.4	77685.5	57649.8	20035.7	74.2	25.8	56.9
2004	160956.6	87552.6	65218.5	22334.1	74.5	25.5	54.4
2005	187423.5	99357.5	72958.7	26398.8	73.0	26.0	53.0
2006	222712.5	113103.8	82575.5	30528.4	73.0	27.0	50.8
2007	266599.2	132232.9	96332.5	35900.4	72.9	27.1	49.6
2008	315974.6	153422.5	111670.4	41752.1	72.8	27.2	48.6
2009	348775.1	169274.8	123584.6	45690.2	73.0	27.0	48.5
2010	402816.5	194115.0	140758.6	53356.3	72.5	27.5	48.2
2011	465731.3	228561.3	164945.2	63616.1	72.2	27.8	49.1

资料来源：根据《中国统计年鉴》（2012）整理。

根据支出法 GDP 计算，2011—2013 年我国支出法 GDP 年均名义增长 13.4%，资本形成额年均增长 13.1%，最终消费年均增长 14.6%，最终消费增速快于经济增长 1.2 个百分点，快于投资增速 1.5 个百分点。数据表明，我国在"八五"、"十五"和"十一五"时期最终消费增速均低于 GDP 和投资增长速度，"十二五"以来在增长方式转变和收入分配调整的作用下，我国投资快、消费慢的不合理增长格局出现改善迹象。

由图 4-1 可知，我国居民消费占最终消费的比重保持在 75% 左右，而且一直保持了较高的稳定增长，有力地支持了经济的高增长。最终消费率（最终消费占 GDP 的比率）长期徘徊在 60% 左右，并呈下降趋势。从消费的经济贡献看，"短板效应"日益显著。2000—2011 年期间，消费需求对 GDP 的贡献率由 65.1% 降至 55.5%，而投资对 GDP 的贡献率由 22.4% 提高至 48.8%。在消费需求中，居民消费占比由 2000 年的 74.5% 降至 2011 年的 72.2%，同期政府消费占比则由 25.5% 提高至 27.8%，政府消费对居民消费的挤出效应表现明显。

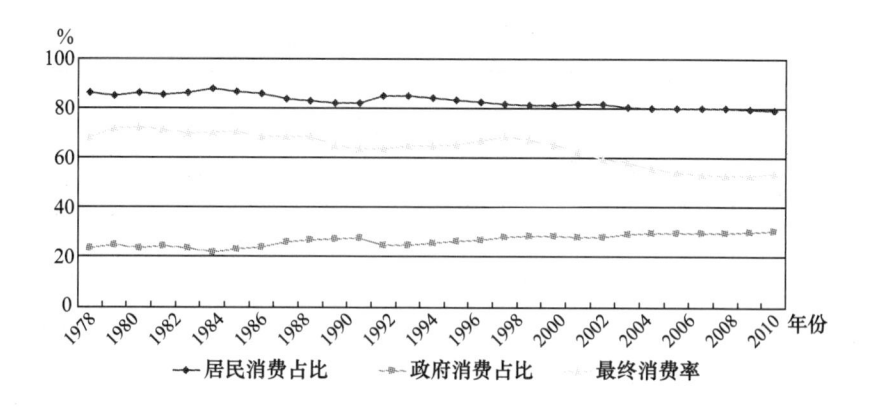

图4-1 我国消费率走势图

从图4-1中还可以看出，我国最终消费增速加快，促使消费率有所提高。1978年至1999年我国消费率表现为螺旋式下降，2000—2009年直线下降。"十一五"末期我国消费率为48.2%，比"九五"和"十五"分别降低10.9个和7.7个百分点，降至历史最低水平。但是，"十二五"以来，消费率开始止跌回升，消费率有所提高。①

社会消费品零售总额是反映一个国家消费总量和消费能力的重要指标，在各类与消费有关的统计中，该指标是表现国内需求最直接的证据。社会消费品零售总额是国民经济各行业直接售给城乡居民和社会集团的消费品总额。如表4-2所示，我国改革开放以来的社会消费品零售总额呈高速增长态势，年平均增长率为15.4%，从1978年的1559亿元一路飙升到2013年的237810亿元，增长了150多倍。"十一五"时期，我国商品消费保持强劲增长。五年间消费品零售额年均名义增长18.1%，与"九五"和"十五"期间相比，"十一五"期间消费品零售总额年均增速分别加快了7.5个和6.3个百分点，成为改革开放以来增长最快的时期之一。但是，"十二五"以来，新一届政府严格公务消费、控制高档餐饮消费，加之房地产市场泡沫不断得到挤压，相关消费链条缩短，导致消费品零售短期内增速明显放缓，消费品零售额增速由2011年的17.1%下降为2013年的13.1%，预计"十三五"期间仍将处于13%左右的增长区间。

---

① 中研网数据中心（http://www.chinairn.com/news/20150115/162819565.shtml）。

表 4-2　　　　　　　社会消费品零售总额总量及速度指标

指标	社会消费品零售总额总量（亿元）					指数（%）（2013年以下各年的）				平均增长速度（%）		
年份	1978	1990	2000	2012	2013	1978	1990	2000	2012	1979—2013	1991—2013	2001—2013
数值	1559	8300	39106	210307	237810	15257.9	2865.1	608.1	113.1	15.4	15.7	14.9

资料来源：《中国统计年鉴》（2014）。

（二）居民消费水平状况

居民消费水平是指居民在物质产品和劳务的消费过程中，对满足人们生存、发展和享受需要方面所达到的程度。居民消费水平从宏观角度来考察就是社会提供给全体居民用于生活消费的商品和服务的数量和质量状况；从微观角度来看就是单个居民及其家庭的生活需要得到满足的程度。反映居民消费水平的指标有实物消费指标，如人均粮食拥有量、人均肉蛋奶的消费量、人均耐用消费品的消费量、人均住房面积等；有价值量指标，如社会总销售额和人均消费额、城乡居民每人每年平均实际收入（间接指标）、人均国民生产总值和消费率等。

从实物消费指标来看，2013年，我国居民人均粮食消费量为148.7千克，其中谷物138.9千克、薯类2.3千克、豆类7.5千克；人均肉类消费32.7千克，蛋类8.2千克，奶类11.7千克。从耐用消费品消费来看，2013年，全国居民平均每百户年末家用汽车拥有量为16.9辆、摩托车38.5辆、电动车39.5辆、洗衣机80.8台、电冰箱82台、微波炉34.6台、彩电116.1台、空调70.4台、热水器64.2台、固定电话41.6部、移动电话203部、计算机48.9台、照相机21台。从居民人均住房面积来看，农村居民人均住房面积从1978年的8.1平方米上升到2012年的37.1平方米；城镇居民人均住房面积从2002年的25.4平方米上升到2012年的32.9平方米。[①]

从居民消费的价值量指标来看，由于居民收入水平是居民消费的前提和基础，所以我们先来看居民收入的情况。如表4-3和图4-2所示，改

---

① 作者根据《中国统计年鉴》（2014）数据整理。

革开放以来,我国城镇居民人均可支配收入和农村居民人均纯收入均有大幅度增加,分别是其1978年基数的1227倍和1286倍。居民收入的快速增长为扩大消费创造了条件。

表4-3　　　　　　　　我国居民人均收入变化情况

年份	城镇居民人均可支配收入 绝对数（元）	指数（1978=100）	农村居民人均纯收入 绝对数（元）	指数（1978=100）
1978	343.4	100.0	133.6	100.0
1980	477.6	127.0	191.3	139.0
1985	739.1	160.4	397.6	268.9
1990	1510.2	198.1	686.3	311.2
1991	1700.6	212.4	708.6	317.4
1992	2026.6	232.9	784.0	336.2
1993	2577.4	255.1	921.6	346.9
1994	3496.2	276.8	1221.0	364.3
1995	4283.0	290.3	1577.7	383.6
1996	4838.9	301.6	1926.1	418.1
1997	5160.3	311.9	2090.1	437.3
1998	5425.1	329.9	2162.0	456.1
1999	5854.0	360.6	2210.3	473.5
2000	6280.0	383.7	2253.4	483.4
2001	6859.6	416.3	2366.4	503.7
2002	7702.8	472.1	2475.6	527.9
2003	8472.2	514.6	2622.2	550.6
2004	9421.6	554.2	2936.4	588.0
2005	10493.0	607.4	3254.9	624.5
2006	11759.5	670.7	3587.0	670.7
2007	13785.8	752.5	4140.4	734.4
2008	15780.8	815.7	4760.6	793.2
2009	17174.7	895.4	5153.2	860.6
2010	19109.4	965.2	5919.0	954.4
2011	21809.8	1046.3	6977.3	1063.2
2012	24564.7	1146.7	7916.6	1176.9
2013	26955.1	1227.0	8895.9	1286.4

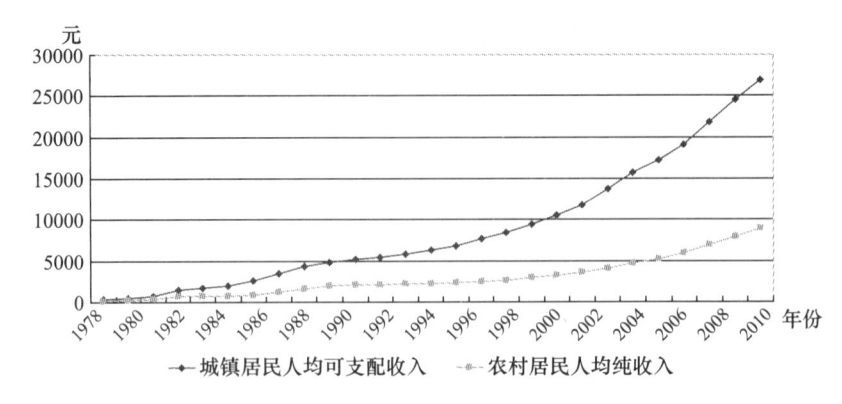

图 4-2 我国居民人均收入变化情况

从居民收入占国民可支配收入的比重来看，2007 年我国居民收入占国民可支配收入的比重降至 57.5% 的历史最低点，2008 年以后在收入分配改革的推动下，居民收入增长逐年加快，占国民可支配收入的比重小幅稳步提高。根据《资金流量表》数据计算，2008—2011 年居民收入占国民可支配收入的比重分别为 58.3%、60.5%、60.4% 和 60.8%。但是，劳动者报酬占国民收入初次分配的比重改善情况不显著，目前，基本保持在 2007 年的较低水平，个别年份较高，但不够稳定，波动较大。

随着国民收入的增长和居民收入水平的提高，我国居民的消费水平也呈逐年上升态势，2011 年全体居民消费已达到 12272 元，农村居民和城镇居民消费分别为 5633 元和 17850 元。消费水平指数增幅较大，以 1978 年为基期，全体居民消费水平指数按当年价格 2011 年的水平为 1211.1，是基期的 12 倍多。1979—2010 年平均增长 7.7%，1981—1990 年平均增长 7%，1991—2000 年平均增长 7.9%，2001—2010 年平均增长 8.2%，2001—2005 年平均增长 7.2%，2006—2010 年平均增长 9.2%。见表 4-4。

表 4-4　　　　　　　　全国居民消费水平和消费指数

时间	绝对数 全国居民（元）	绝对数 农村居民（元）	绝对数 城镇居民（元）	城乡比	指数（上年=100）全国居民	指数（上年=100）农村居民	指数（上年=100）城镇居民	指数（1978年=100）全国居民	指数（1978年=100）农村居民	指数（1978年=100）城镇居民
1978	184	138	405	2.9	104.1	104.3	103.3	100.0	100.0	100.0
1980	238	178	489	2.7	109.0	108.4	107.2	116.5	115.4	110.2

续表

时间	绝对数 全国居民（元）	绝对数 农村居民（元）	绝对数 城镇居民（元）	城乡比	指数（上年=100）全国居民	指数（上年=100）农村居民	指数（上年=100）城镇居民	指数（1978年=100）全国居民	指数（1978年=100）农村居民	指数（1978年=100）城镇居民
1985	446	349	765	2.2	113.5	113.3	111.1	185.2	195.7	141.3
1986	497	378	872	2.3	104.7	102.3	106.7	194.0	200.3	150.8
1987	565	421	998	2.4	106.0	104.9	105.6	205.5	210.0	159.3
1988	714	509	1311	2.6	107.8	105.2	109.7	221.5	221.0	174.7
1989	788	549	1466	2.7	99.8	98.3	100.7	221.0	217.2	176.0
1990	833	560	1596	2.9	103.7	99.2	108.5	229.2	215.4	190.9
1991	932	602	1840	3.1	108.6	105.4	110.7	249.0	227.1	211.4
1992	1116	688	2262	3.3	113.3	108.5	116.1	282.0	246.5	245.3
1993	1393	805	2924	3.6	108.4	104.3	110.4	305.8	257.1	270.8
1994	1833	1038	3852	3.7	104.6	103.1	104.4	320.0	265.0	282.8
1995	2355	1313	4931	3.8	107.8	106.8	107.2	345.1	282.9	303.2
1996	2789	1626	5532	3.4	109.4	114.5	103.4	377.6	323.8	313.6
1997	3002	1722	5823	3.4	104.5	103.1	102.2	394.6	334.0	320.4
1998	3159	1730	6109	3.5	105.9	101.2	105.9	417.8	338.1	339.2
1999	3346	1766	6405	3.6	108.3	105.1	107.0	452.3	355.3	363.0
2000	3632	1860	6850	3.7	108.6	104.5	107.8	491.0	371.3	391.1
2001	3887	1969	7161	3.6	106.1	104.5	103.9	521.2	388.0	406.3
2002	4144	2062	7486	3.6	107.0	105.2	104.9	557.6	408.1	426.2
2003	4475	2103	8060	3.8	107.1	100.3	107.0	596.9	409.5	456.1
2004	5032	2319	8912	3.8	108.1	104.2	106.9	645.3	426.7	487.7
2005	5596	2657	9593	3.6	108.2	110.8	105.0	698.2	472.8	511.5
2006	6299	2950	10618	3.6	109.8	108.2	108.0	766.4	511.6	552.7
2007	7310	3347	12130	3.6	110.9	106.9	109.7	849.9	546.8	606.2
2008	8430	3901	13653	3.5	108.4	108.5	106.9	926.4	593.5	647.9
2009	9283	4163	14904	3.6	110.3	107.7	109.1	1022.0	639.3	706.5
2010	10522	4700	16546	3.5	108.2	108.0	105.9	1106.1	690.3	748.3
2011	12272	5633	17850	3.2	109.5	111.7	106.6	1211.1	771.3	797.8

(三) 我国居民消费结构现状

随着我国居民消费水平的不断提升，消费结构也逐渐趋于合理化，消费质量不断提升，消费模式有了重大突破。消费结构的变化反映了居民消费需求变动的内在特征，从内容的角度反映了消费的层次和质量。

恩格尔系数，即食品消费支出占消费总支出的比重，是反映居民消费结构和消费层次的重要指标。这一指标越高，意味着消费层次越低；反之，则意味着消费层次越高。1978—2011年，虽然食品消费仍然占据城镇居民和农村居民消费支出的第一位，但城镇居民和农村居民的家庭恩格尔系数都有较大幅度的下降，其中城镇居民家庭恩格尔系数由1978年的57.5%下降到2011年的36.3%；农村居民家庭恩格尔系数由1978年的67.7%下降到2011年的40%。见图4-3。

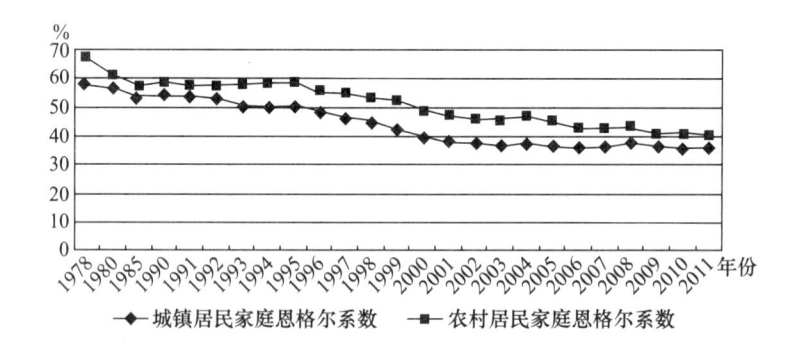

图4-3 我国居民家庭恩格尔系数变化情况

从消费的主体结构来看，不同消费主体的消费方式和消费行为差异明显。高收入群体以教育娱乐等享受型、发展型高端消费为主，食品消费支出占收入比重最低；中低收入群体在吃、穿、住、行等方面的消费较多。随着收入差距拉大，食品消费的比重和消费层级的差异也在拉大。另外，不同收入群体的消费潜力差别很大。高收入群体的消费已经在现期得到满足，边际消费倾向较低，消费潜力不大；与之相比，中低收入群体的边际消费倾向很高并且比较稳定，消费潜力巨大。

从居民消费的产品结构看，以餐饮、信息产品、文化、汽车、住房等为代表的投资型和服务型消费，扮演了推动消费增长和消费升级的重要角色。这五大消费热点对经济增长具有较高的贡献度。

城镇居民和农村居民的生活消费中，发展型和享受型消费的比重上升，消费项目中家庭设备及用品、医疗保健、交通通信、住房等消费支出上升。对于城镇居民来说，这四项合计支出的比重从1990年的19.44%提高到2011年的36.59%，交通通信和文教娱乐支出在2011年均超出了12%，分别占据消费支出项目的第二位和第三位。对于农村居民来说，这四项合计支出的比重从1990年的37.16%提高到2011年的47%，除食品支出外，居住和交通通信分别占据19.7%和11.6%，在2011年农村居民消费支出项目中分别占第二位和第三位。见表4-5。

表4-5　　　　1990—2011年居民家庭人均消费支出构成　　　　单位：元，%

消费项目		1990		1995		2000		2011	
		城镇	农村	城镇	农村	城镇	农村	城镇	农村
人均消费性支出	绝对值	1278.89	374.7	3537.50	859.43	4998.0	1284.7	15161	4733.3
	比重	100	100	100	100	100	100	100	100
食品	绝对值	693.70	155.8	1771.90	353.22	1971.3	464.26	5506.3	1651.94
	比重	54.25	41.59	50.09	41.10	39.44	36.14	36.32	34.90
衣着	绝对值	170.90	44.03	479.20	88.66	500.50	95.18	1674.7	340.80
	比重	13.36	11.75	13.55	10.32	10.01	7.41	11.05	7.20
居住	绝对值	60.86	81.15	283.76	147.86	565.29	231.06	1405.0	932.47
	比重	6.09	21.66	8.02	17.20	11.31	17.98	9.27	19.70
家庭设备及用品	绝对值	108.45	30.74	263.40	68.08	374.50	74.37	1023.2	307.67
	比重	10.14	8.20	7.44	7.92	7.49	5.79	6.75	6.50
交通通信	绝对值	40.51	8.41	183.20	33.73	426.90	93.13	1983.7	549.07
	比重	1.20	2.24	5.18	3.92	8.54	7.25	14.18	11.60
文教娱乐	绝对值	112.26	31.33	331.01	102.35	669.58	186.71	1851.7	397.60
	比重	11.12	8.36	9.36	11.91	13.40	14.53	12.21	8.40
医疗保健	绝对值	25.67	18.98	110.11	42.47	318.07	87.57	968.98	435.47
	比重	2.01	5.06	3.11	4.94	6.36	6.82	6.39	9.20
其他商品服务	绝对值	66.57	4.23	114.92	23.03	171.83	52.42	581.26	123.07
	比重	0.94	1.13	3.25	2.68	3.44	4.08	3.83	2.60

资料来源：根据1991年至2012年的《中国统计年鉴》数据计算整理。

耐用消费品的拥有量是反映居民消费结构变化的重要方面。家庭部分耐用消费品拥有量的迅速增加，并且不断升级换代，从另一个角度也反映了城镇居民和农村居民消费结构不断趋于合理化。城镇居民1990年家庭每百户拥有洗衣机、电冰箱、彩色电视机分别为78.41台、42.33台、59.04台，到了2011年，这个数字则变成97.05台、97.23台、135.15台，已经趋于饱和。计算机、移动电话和家用汽车成为新的消费热点，在2011年分别达到81.88台、205.25部、18.58辆，城镇居民耐用消费品消费已经向新型、现代化、享用型发展。见表4-6。

表4-6　　城镇居民家庭平均每百户年底耐用消费品拥有量

年份 指标	1990	1995	2000	2005	2010	2011
摩托车（辆）	1.94	6.29	18.80	25.00	22.51	20.13
洗衣机（台）	78.41	88.97	90.50	95.51	96.92	97.05
电冰箱（台）	42.33	66.22	80.10	90.72	96.61	97.23
彩色电视机（台）	59.04	89.79	116.60	134.80	137.43	135.15
组合音响（套）		10.52	22.20	28.79	28.08	23.97
照相机（台）	19.22	30.56	38.40	46.94	43.70	44.48
空调（台）	0.34	8.09	30.80	80.67	112.07	122.00
淋浴热水器（台）		30.05	49.10	72.65	84.82	89.14
计算机（台）			9.70	41.52	71.16	81.88
摄像机（架）			1.30	4.32	8.20	9.42
微波炉（台）			17.60	47.61	59.00	60.65
健身器材（套）			3.50	4.68	4.24	4.09
移动电话（部）			19.50	137.00	188.86	205.25
固定电话（部）				94.40	80.94	69.58
家用汽车（辆）			0.50	3.37	13.07	18.58

资料来源：根据《中国统计年鉴》整理，空格为缺少数据。

对于农村居民，其消费层次与城镇居民有较大的差距。2011年，农村居民家庭平均拥有洗衣机、电冰箱、彩色电视机分别为62.57台、61.54台、115.46台，家用汽车、健身器材等消费品在农村家庭中普及率很低，农村家庭还处于从"衣食"向"住行"、"康乐"的过渡阶段的前期。见表4-7。

表4-7　　农村居民家庭平均每百户年底耐用消费品拥有量

年份 指标	1990	1995	2000	2005	2010	2011
洗衣机（台）	9.12	16.90	28.58	40.20	57.32	62.57
电冰箱（台）	1.22	5.15	12.31	20.10	45.19	61.54
空调（台）		0.18	1.32	6.40	16.00	22.58
抽油烟机（台）		0.61	2.75	5.98	11.11	13.23
自行车（辆）	118.33	147.02	120.48	98.37	95.98	77.11
摩托车（辆）	0.89	4.91	21.94	40.70	59.02	60.85
固定电话（部）			26.38	58.37	60.76	43.11
移动电话（部）			4.32	50.24	136.54	179.74
黑白电视机（台）	39.72	63.81	52.97	21.77	6.38	1.66
彩色电视机（台）	4.72	16.92	48.74	84.08	111.79	115.46
照相机（台）	0.70	1.42	3.12	4.05	5.17	4.55
计算机（台）			0.47	2.10	10.37	17.96

资料来源：根据《中国统计年鉴》整理，空格为缺少数据。

二　我国居民消费长效发展存在的问题

尽管随着收入的增长居民消费的总量和水平得到了提高，但是和发达国家相比，我国居民消费在消费规模、消费率、消费水平、消费结构等方面仍存在相当的差距，在扩大消费长效机制的问题探讨中，必须正视这些问题和差距，找到努力的方向。

（一）消费规模相对较小，消费需求不足

2011年，我国的居民最终消费支出25198亿美元，人均消费支出949美元；而人口只有中国1/4的美国同期居民最终消费支出为102456亿美元，人均消费支出26777美元。我国人均消费不及美国的4%，在全球15大消费国中，仅高于印度。相对于发达国家的高消费而言，我国的居民消费不足。见图4-4。

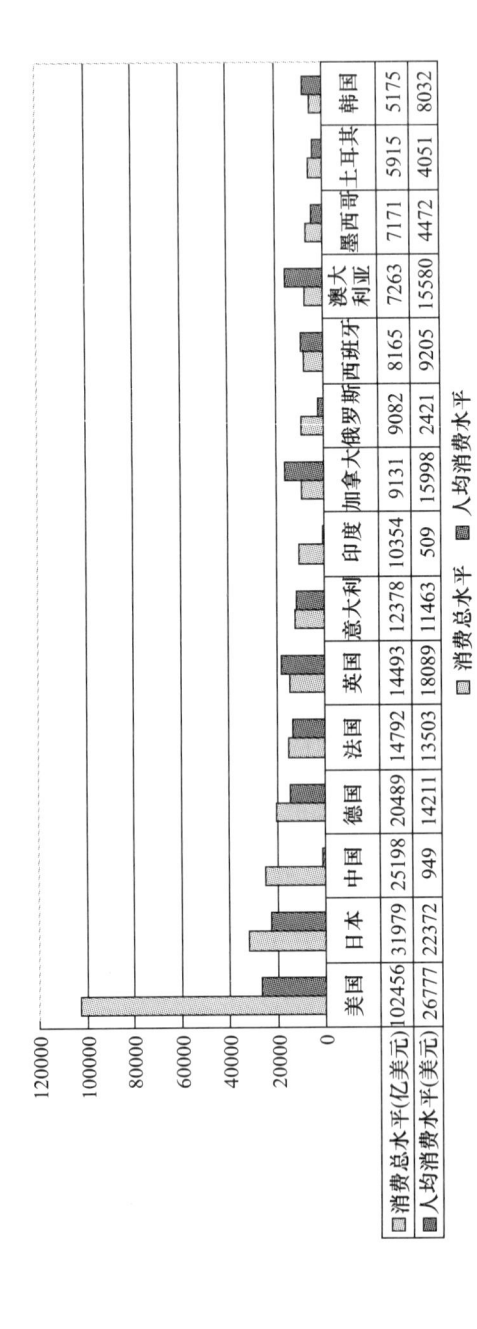

	美国	日本	中国	德国	法国	英国	意大利	印度	加拿大	俄罗斯	西班牙	澳大利亚	墨西哥	土耳其	韩国
消费总水平(亿美元)	102456	31979	25198	20489	14792	14493	12378	10354	9131	9082	8165	7263	7171	5915	5175
人均消费水平(美元)	26777	22372	949	14211	13503	18089	11463	509	15998	2421	9205	15580	4472	4051	8032

图 4-4 2011 年前 15 大消费国居民消费规模的比较

资料来源：《国际统计年鉴》（2012）；世界银行 WDI 数据库。

从居民消费需求对经济增长的贡献率①来看,见表4-8,改革开放以来,我国居民消费需求对经济增长的贡献率长期低迷,除个别年份外,贡献率一般在50%以下,2003年一度低至35.8%,这种高投资的经济发展方式在当前已经出现疲软的状态。充分发掘消费需求的经济增长潜力势在必行。

表4-8   三大需求对国内生产总值增长的贡献率和拉动

年份	最终消费支出 贡献率（%）	最终消费支出 拉动（百分点）	资本形成总额 贡献率（%）	资本形成总额 拉动（百分点）	货物和服务净出口 贡献率（%）	货物和服务净出口 拉动（百分点）
1978	39.4	4.6	66.0	7.7	-5.4	-0.6
1980	71.8	5.6	26.4	2.1	1.8	0.1
1985	85.5	11.5	80.9	10.9	-66.4	-8.9
1990	47.8	1.8	1.8	0.1	50.4	1.9
1995	44.7	4.9	55.0	6.0	0.3	0.0
2000	65.1	5.5	22.4	1.9	12.5	1.0
2001	50.2	4.2	49.9	4.1	-0.1	0.0
2002	43.9	4.0	48.5	4.4	7.6	0.7
2003	35.8	3.6	63.3	6.3	0.9	0.1
2004	39.0	3.9	54.0	5.5	7.0	0.7
2005	39.0	4.4	38.8	4.4	22.2	2.5
2006	40.3	5.1	43.6	5.5	16.1	2.1
2007	39.6	5.6	42.4	6.0	18.0	2.6
2008	44.2	4.2	47.0	4.5	8.8	0.9
2009	49.8	4.6	87.6	8.1	-37.4	-3.5
2010	43.1	4.5	52.9	5.5	4.0	0.4
2011	56.5	5.3	47.7	4.4	-4.2	-0.4

① 三大需求是指以支出法计算国内生产总值的三大构成项目,即最终消费支出、资本形成总额、货物和服务净出口,贡献率是指居民消费增量与以支出法计算的国内生产总值的比重,拉动是指国内生产总值增长速度与三大需求贡献率的乘积。

续表

年份	最终消费支出 贡献率(%)	拉动(百分点)	资本形成总额 贡献率(%)	拉动(百分点)	货物和服务净出口 贡献率(%)	拉动(百分点)
2012	55.1	4.2	47.0	3.6	-2.1	-0.1
2013	50.0	3.9	54.4	4.2	-4.4	-0.3

资料来源：《中国统计年鉴》(2014)。

(二) 消费率偏低，且呈下降趋势

通过与他国进行比较，我国存在居民消费率偏低的问题。我国居民消费率从1990年以来一直低于50%，这比高收入国家低11—16个百分点，比中等收入国家低12—17个百分点，比低收入国家低10—20个百分点，比南亚国家低20个百分点以上。2011年，我国居民消费率仅为34.4%，而同期美国居民消费率为70%，印度也有58%，见图4-5。

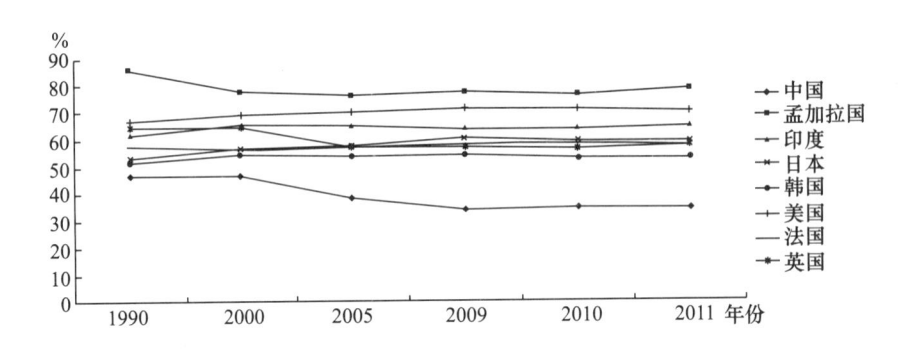

图4-5 中国与世界其他经济体居民消费率对比

资料来源：《世界统计年鉴》(2012)；世界银行WDI数据库。

改革开放30多年来，中国一直保持着年均9.7%的经济增长速度。但是，与经济高增长形成鲜明反差的是，中国居民消费率却呈长期下降趋势。从消费率最高的1981年到2006年，居民消费率平均每年下降0.61个百分点。特别是在2000年之后，居民消费率呈加速下滑态势，平均每年降幅超过1.37个百分点。见图4-6。从图4-6中还可以看到，我国最终消费率的下降主要是由居民消费率下降导致的，因为我国政府消费率一直保持在一个稳定的水平，大约为14%左右。

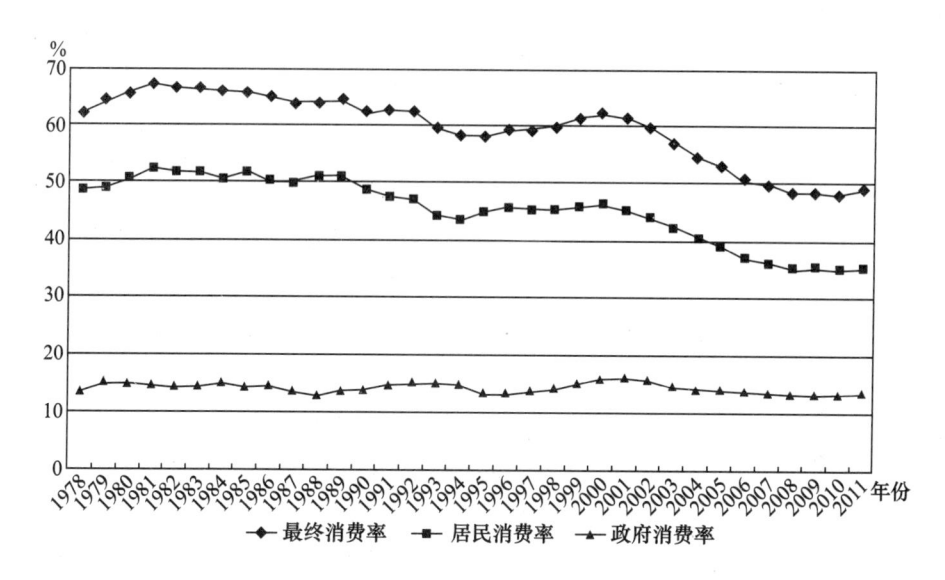

图 4-6 我国消费率变化趋势

资料来源：根据《中国统计年鉴》(2012) 相关数据整理绘制。

有研究表明，投资每增加1%，可拉动 GDP 增长 0.8%（徐秋慧等，2010）。在这种情况下，消费率下降导致的消费减少，即使能够由等量的投资所弥补，经济增长也会放慢。所以消费率下降，必定会弱化消费对经济增长的贡献。

（三）我国居民消费二元结构明显，城乡差距大

我国城乡居民消费差距较大，且农村消费与人口比重明显不协调。总体上看，农村消费比重明显低于城市，占全国人口约60%的农民仅仅消费了全社会20%左右的商品。从发展趋势来看，城乡消费水平有扩大趋势。如1990年城乡居民平均消费支出相差1036元，到了2000年这一差距变成了4990元，2011年这一数字变成了13116元。城乡消费比也由1985年的2.2∶1变成了2011年的3.3∶1，而这个比例在2004年最高达到3.8∶1。（见图4-7）。城乡消费水平差距不断拉大，城市消费水平领先于农村消费水平十年以上。

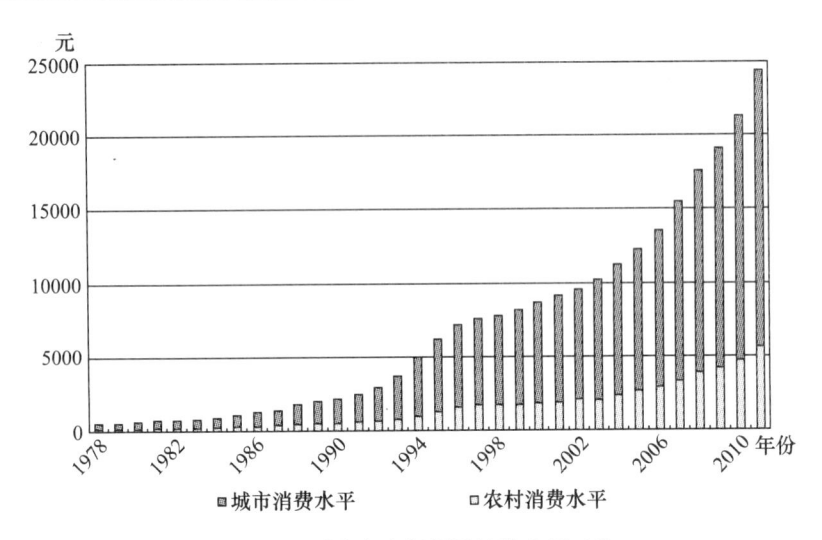

图 4-7　城市和农村居民消费水平对比

资料来源：根据《中国统计年鉴》(2011) 绘制。

从社会消费品零售总额看，我国城市消费品市场规模大于农村市场规模，且城乡市场增幅差距较大，农村消费增速低于城市消费增速。我国市级消费品零售总额从 1978 年的 505.2 亿元，一路飙升至 2008 年的 73734.9 亿元，增长速度远远超过县以下的消费品零售总额的速度。见图 4-8。

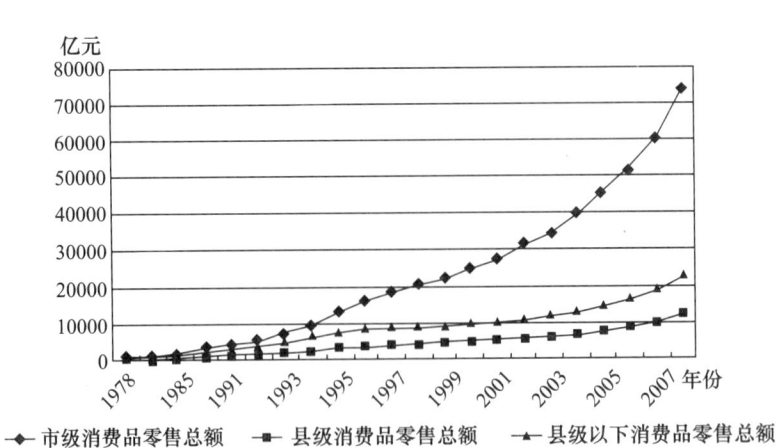

图 4-8　我国城乡社会消费品零售总额增长趋势

资料来源：根据《中国统计年鉴》(2009) 绘制。

1978年县以下的社会消费品零售总额占据全国总量的43.18%，而到了2008年仅仅占据全国总量的20.78%，下降趋势明显；与之相比，城市的消费品零售总额从1978年的占比32.41%，增加到2008年的67.97%，并且不包含县级的数字。见表4-9。

表4-9　　　　　　城乡社会消费品零售总额对比　　　　　单位：亿元，%

年份	社会消费品零售总额	按销售所在地分			市级占比	县以下占比	县及县以下占比
		市	县	县以下			
1978	1558.6	505.2	380.4	673.0	32.41	43.18	67.59
1980	2140.0	733.6	399.4	1007.0	34.28	47.06	65.72
1985	4305.0	1874.5	737.2	1693.3	43.54	39.33	56.46
1990	8300.1	3888.6	1337.4	3074.1	46.85	37.04	53.15
1995	23613.8	12979.4	3366.3	7268.1	54.97	30.78	45.03
1996	28360.2	16199.2	3759.7	8401.3	57.12	29.62	42.88
1998	33378.1	20294.1	4220.2	8863.8	60.80	26.56	39.20
1999	35647.9	22201.8	4460.8	8985.3	62.28	25.21	37.72
2000	39105.7	24555.2	4831.1	9719.4	62.79	24.85	37.21
2002	48135.9	31376.5	5566.5	11192.9	65.18	23.25	34.82
2004	59501.0	39695.7	6636.0	13169.3	66.71	22.13	33.29
2005	67176.6	45094.3	7485.4	14596.9	67.13	21.73	32.87
2006	76410.0	51542.6	8477.9	16389.5	67.46	21.45	32.54
2007	89210.0	60410.7	9943.8	18855.5	67.72	21.14	32.28
2008	108487.7	73734.9	12212.8	22540.0	67.97	20.78	32.03

资料来源：根据《中国统计年鉴》（2009）整理。

三　我国居民消费不存在长效发展机制的原因分析

我国国内消费需求不足已经制约了经济的快速发展，使经济增长缺乏潜力。内需不足是由多种原因造成的，其中收入水平低、收入差距大是主要原因，社会保障不足、消费环境差、流通体系不健全等也影响了居民消费需求的扩大。

消费环境是一个综合的概念，包括消费业态、消费外部条件、网点布局、诚信体系、通胀与通缩等（丁俊发，2012）。我国消费外部条件欠缺，尤其是农村的消费环境较差，公路、水电等基础设施落后，农村消费品市场结构单一,产品质次价高现象严重。交易信用缺失的现象在我国消费市场非常严重,假冒伪劣、虚假广告、霸王条款、欺诈等使消费者权益受到严重侵犯,尤其是近些年愈演愈烈的食品安全问题,让消费者不能放心消费。消费者对企业和市场丧失了信心,出现了能买不敢买的现象,制约了我国居民消费的增长。我国流通市场不规范,流通主体不成熟,商业诚信缺失导致市场交易成本上升,居民消费意愿下降。

我国流通体系不健全,消费品流通环节过多,提升了消费品销售价格,限制了居民消费。城市社区商业服务业发展滞后,社区商业网点不足、服务项目少、购物便利性差和消费不安全等问题突出。农村市场流通体系发展滞后,网点不足,产品档次低。我国流通体系信息化建设不足,消费品冷链物流配送体系不完善。我国流通体系存在的这些问题使居民消费需求受到了抑制,探索扩大居民消费需求的长效机制,应当从优化我国消费环境、健全消费品流通体系着手。

第二节 我国消费品流通体系促进消费的状况分析

一 传统流通体系解体,现代流通体系初步建立

在我国流通体制改革的制度背景下,我国消费品流通体系完成了从"分配型"到"交换型"的实践变革过程。改革开放以前,我国的消费品流通体系在计划经济的背景下实行严格的"分配型"流通体制,在"发展经济、保障供给"的流通方针指导下,所有消费品都由国家统购包销并严格按照一、二、三级批发然后再到零售的单一渠道进行流通。国有和集体批发企业作为消费品流通体系的主体,占据着绝大部分份额,将稀缺的消费品均衡分配到各个社会部门。始于20世纪80年代的流通市场化改革,将矛头指向了传统的"一二三零"流通体系。[①] 允许工业企业自销、取消国有企业的批发垄断权、恢复和鼓励个体商业等一系列改革措施,打破了这种单一公有制经济成分、单一的流通渠道、单一的流通形式的僵化

---

① "一二三零"流通体系是指商品流通必须经过"一级批发供应商——二级批发供应商——三级批发供应商"然后到零售商,这一系列层次不能超越,也不能自由选择。

体制，采用了自由选购的形式，改变了国有流通企业垄断批发渠道的局面，逐渐形成了多渠道、多元化的流通格局，也激发了全国人民的"下海"的热情。

破除了国有消费品批发企业的垄断地位以后，新的流通主体需要培育，商品交易市场的迅速发展成为这一阶段的突出现象。以集贸市场的恢复为肇始，各种综合批发市场、专业批发市场、零售市场等如雨后春笋般出现，极大地活跃了城乡之间的商品流通，缓解了被压抑的消费需求。国有商业企业也进行了政企分开、资产重组等现代化的改革，意在使国有流通主体担负起消费品流通中坚力量的重担。加入 WTO 以后，我国的流通业进入了全面开放时期，外资流通业采取直接和间接投资、入股、参股、兼并、重组等方式进入我国流通市场。外资流通业的进入在带来先进管理经验、经营方式、业态设置的同时，也对我国现有的消费品流通体系造成直接冲击，导致众多中小流通企业的消失。我国的消费品流通体系初步形成了多种所有制并存、业态结构趋于完善、内外贸一体化的现代流通体系。如表 4-10 所示，我国限额以上批发和零售业[①]已经形成多种经济成分并存的格局，国有流通企业数量不断减少，私营和外资等形式日益增多。

表 4-10　按注册登记类型分 2013 年我国限额以上批发和零售企业状况

企业类型	法人企业（个）	年末从业人数（人）	商品购进额（亿元）	商品销售额（亿元）	期末商品库存额（亿元）
内资企业	171973	11395828	451265	496604	32422
国有企业	165530	9855518	402339	436627	27617
集体企业	4734	597948	38948	44569	3020
股份合作企业	2813	163040	2643	2951	190
联营企业	582	28118	619	661	41
有限责任公司	210	11339	333	348	23
股份有限公司	50925	3911898	188424	200259	12296
私营企业	4397	1172116	51521	58209	3016

---

① 限额以上批发和零售业是指：批发业，年主营业务收入 2000 万元以上；零售业，年主营业务收入 500 万元以上。

续表

企业类型＼指标	法人企业（个）	年末从业人数（人）	商品购进额（亿元）	商品销售额（亿元）	期末商品库存额（亿元）
其他企业	99158	3836867	118115	127675	8909
港、澳、台商投资企业	2711	134192	1736	1954	121
外商投资企业	2819	701567	15302	18075	1794

资料来源：作者根据《中国统计年鉴》(2014) 相关数据计算得到。

现代消费品流通体系的要求是统一开放、竞争有序、布局合理、结构优化、功能齐备、制度完善、现代化水平较高。现代消费品流通体系具有较为完善良好的流通环境，大型消费品流通企业占主导地位，同时大量的中小商业企业存在，连锁经营和电子商务等现代流通方式普及，以信息技术武装的现代消费品物流体系较为完善，多种流通业态共存互补，协调发展，形成成熟、繁荣的现代消费品市场。现代消费品流通体系还是内外贸一体化发展的流通体系，不但各种外资流通企业可以在中国开展业务，我国琳琅满目的消费品也跨越国界，走向国际市场。在过去的十几年间，我国现代流通体系建设在网点设置、体制机制、产业组织、理论与人才等层面铺开，在速度、规模、质量与效益方面都取得长足进步和巨大成就，经受住了加入世界贸易组织带来的国际竞争考验，在应对国际金融危机、推动经济发展方式转变、保障和繁荣市场、扩大消费、改善民生等方面发挥了重要作用。

二 消费品流通市场规模扩大，流通主体多元化

随着社会经济的发展和居民消费需求的扩大，我国社会消费品零售总额从1978年的1558.6亿元增加到2011年的183918.6亿元（按当年价格计算），规模增长百倍还多，而且近年的增长速度很高，2010年和2011年的社会消费品零售总额的增速分别达到18.3%和17.1%，处于历史高位，显示出我国消费品市场强劲的需求成长潜力和实际增长能力（见图4-9）。

由表4-11可以看出，2013年年底，我国限额以上批发和零售业的企业数达到171973个，从业人员1139.6万人，商品销售额达到496603.8亿元，而同期的国内生产总值为568845.2亿元。仅从商品销售额这一数据来看，2009年至2013年，批零业商品销售额就上升了295437.60

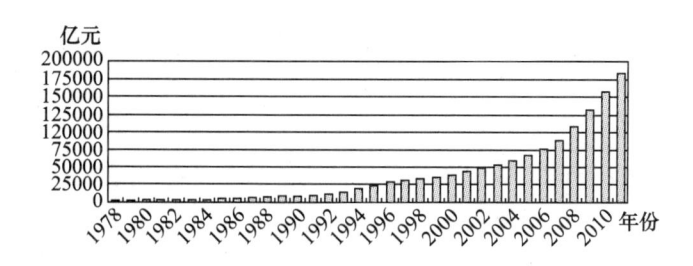

图 4-9 我国社会消费品零售总额发展变化

资料来源：根据《中国统计年鉴》（2012）整理。

亿元，年增长率 18%。由此可见，无论是从流通能力、从业人员、流通规模还是流通对国民经济的贡献来看，我国的流通体系日益壮大，成为国民经济的支柱产业之一。国内市场规模的扩大和最终消费贡献率的提高，充分体现了现代流通体系在有效组织供求、衔接产需、刺激消费、促进经济增长和社会发展方面发挥出越来越重要的作用。

表 4-11　　我国限额以上批发和零售业总体状况

指　　标	2009 年	2010 年	2011 年	2012 年	2013 年
法人企业（个）	95468	111770	125223	138865	171973
年末从业人数（万人）	749.0	852.2	901.1	985.6	1139.6
商品购进额（亿元）	179202.9	248040.9	328160.3	378314.8	451265.1
商品销售额（亿元）	201166.2	276635.7	360525.9	410532.7	496603.8
期末商品库存额（亿元）	16024.0	19816.8	24979.3	29000.6	32422.0

经过 30 多年的改革，特别是加入世界贸易组织以来，我国流通领域加大了对外开放的力度，进行了国有流通企业的股份制改造和外资从事流通经营的解除限制，我国流通体系的主体呈现了多元化格局，多种所有制并存发展，国有垄断被打破。2011 年，我国限额以上批发和零售企业中国有法人企业和就业人员占比分别下降到 5.54% 和 9.9%，而同期私营法人企业和就业人员占比却为 30.3% 和 30.5%，外商投资企业的比重为 2.57% 和 7.79%。当前流通领域存在着国有、民营、外资、混合等不同所有制资本，大中小微企业、流通合作组织、自然人分别发挥着导向、主体或基础性作用，连锁经营与单体和特色经营平分秋色，从而形成了当今

世界最为多元和丰富的流通组织生态。我国的流通体系已经形成了国有企业、集体企业、私营企业、外资企业等多种流通主体相互竞争的多元化发展态势。

三 消费品流通渠道模式多元化，批发和零售地位变化

在我国消费品流通体制改革不断推进的过程中，我国流通渠道已初步形成一个较为完整的符合市场规律的框架体系，形成了企业自销渠道、批发市场经营模式、零售企业经营模式等多种流通渠道并存的现状。在商品流入环节，生产企业直接设置分销配送网络向零售商供货、采用代理商开拓市场、直接销售等多种形式出现；在商品流出环节，零售规模迅速提升，渠道控制力逐步增强。由于传统流通渠道松散的合作关系、较低的运行效率和较差的稳定性，不能适应现代化的商品流通需求，渠道变革就不可避免，整合渠道系统应运而生。整合渠道系统包括垂直渠道系统和水平渠道系统。垂直渠道系统包括产权式、契约式和管理式等，如批发商倡办的资源连锁系统、特性经营系统、零售商合作系统等；水平渠道系统的例子如农业合作社、零售商合作组织、消费者合作社等。2013年，我国亿元以上商品交易市场数量有5089个，摊位数达到3488170个，营业面积为28868.3万平方米，成交额为98365.1亿元，其中批发市场84628.3亿元、零售市场13736.8亿元，综合市场与专业市场各领风骚（见表4-12）。根据信息技术和网络技术快速发展的趋势，我国消费品流通企业发展品牌直营店、网上销售、直销中心以及微博营销、手机营销等新兴渠道。

表4-12　　　　　　近年来亿元以上商品交易市场基本情况

年份	市场数量（个）	摊位数（个）	营业面积（万平方米）	成交额（亿元）	批发市场	零售市场
2000	3087	2115115	8261.6	16358.9	11648.0	4710.9
2005	3323	2248803	13140.8	30020.9	24544.2	5476.7
2006	3876	2527987	18072.3	37137.5	29679.9	7457.5
2007	4121	2681630	19814.6	44085.1	35871.5	8213.6
2008	4567	2839070	21225.2	52458.0	43120.0	9337.9
2009	4687	2994781	23230.3	57963.8	48308.2	9655.5

续表

年份	市场数量（个）	摊位数（个）	营业面积（万平方米）	成交额（亿元）	批发市场	零售市场
2010	4940	3193365	24832.3	72703.5	60954.9	11748.6
2011	5075	3334787	26234.5	82017.3	69390.8	12626.5
2012	5194	3494122	27899.4	93023.8	80141.8	12882.0
2013	5089	3488170	28868.3	98365.1	84628.3	13736.8

资料来源：根据《中国统计年鉴》（2014）整理。

批发商业一直是我国商品流通的重要环节，体制改革前是商品从生产领域进入消费领域的唯一渠道。然而，随着我国消费品市场由卖方市场向买方市场转变，批发商业所处的市场环境发生了很大变化，批发体系在市场竞争中出现了萎缩的趋势。批发企业的市场占有率下降，经营规模减少。生产和零售的直接交易也边缘化了批发的地位。然而，批发渠道衰落的现状"既符合批发、零售产业博弈的一般规律，也是我国传统体制下积累的批零结构矛盾所致"（马龙龙，2011）。目前，"我国批发市场已基本完成量的扩张期，而进入质的提高阶段，重组调整、功能拓展、管理升级、市场国际化、交易现代化、布局专业化、管理规范化将是市场发展的重要趋势，拓展信息咨询、共同代理等现代商贸功能，用现代物流功能引入和创新，以实现批发市场升级"（吴波成，2006）。

与批发渠道的衰落形成鲜明对比的是零售渠道的崛起。零售企业通过合理的网点布局缩短了交易距离，并以集中交易代替单个生产者和消费者之间的分散交易，节约了搜寻和谈判等成本；通过大批量的集中采购、集团物流，实现了交易效率的规模优势，降低了进货成本。通过这种方式，大型零售商借助连锁经营和物流配送等先进方式迅速扩张，占据了流通渠道的终端，形成了强大的渠道势力，甚至导致了渠道关系紧张和工商关系恶化。我国的零售业态逐渐丰富，专业商店、百货商店、超级市场、便利店、仓储商店、购物中心、无店铺、网络零售等业态一应俱全，特别是外资流通集团的进入，丰富了我国零售业态，加速了零售业态的整合与重构。零售业态之间出现了融合化趋势，业态边界变得模糊。我国消费品零售体系的市场集中度不断提高，呈现连锁化和集团化趋势，而且国际化程度逐步提高。零售体系直接面对最终消费者，是消费品流通的最终环节，其在我国消费品流通体系中的地位举足轻重。

如图4-10所示，流通渠道可分为零级渠道、一级渠道、二级渠道、三级渠道。零级渠道是指产品从生产者直接流向最终消费者，而不经过任何中间机构的渠道。在消费品流通渠道中，也存在一些比较典型的形式，营销学中将这种销售方式一般称为直接营销。直接营销的主要方式包括上门推销、邮购、电视直销，以及随着互联网的普及所诞生的网络营销等方式。一级渠道是指渠道中只包括一个中间商的流通渠道，在消费品流通渠道中，这个中间商通常是零售商。近年来，随着一些大型零售企业规模的扩大，零售商越过批发商直接向消费品生产者采购商品的渠道模式越来越常见，与之相应，零售商在渠道系统中的影响力也越来越大。二级渠道是渠道中包括两级中间机构的渠道模式，在消费品流通渠道中，这两级渠道通常是一个批发商和一个零售商。在消费品市场上，二级渠道是一种标准的渠道形式。三级渠道是渠道中包括三个中间机构的渠道，在消费品流通渠道中，这些中间机构往往是两个批发商和一个零售商，而这两个批发商可能是同一种类型，也可能不是同一种类型。[①]

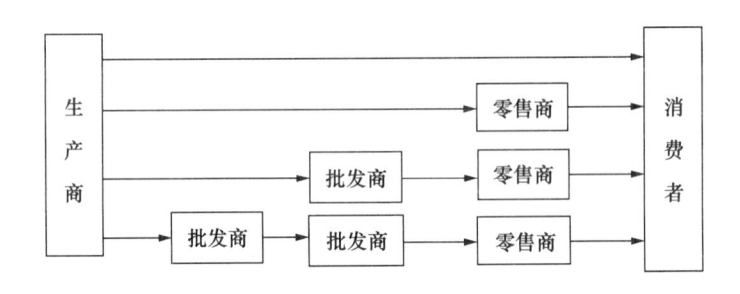

图4-10 消费品流通渠道结构示意

消费品流通渠道基本上能够适应我国大生产对分销体系的要求，基本解决了消费品集中生产和广域消费之间的矛盾，流通渠道的创新顺应了消费升级的趋势。

四 消费品流通方式多样化，向现代流通发展

流通方式是商品由生产领域到消费领域过程中所采用的方法和形式的总和，其职能在于以具体的方式去连接生产和消费，实现在这一过程中的

---

① 夏春玉：《流通概论》，东北财经大学出版社2009年第7版。

所有参与者的经济利益。流通方式会随着经济的发展、科技的进步和消费者需求的变化而经历从简单到复杂、由单一到丰富、从低级到高级、从传统到现代的过程。我国消费品的流通方式也经历了从传统流通方式到现代流通方式的转变。而所谓现代流通方式，是指应用现代经营管理思想与理念，采用现代科学技术手段，对传统流通方式进行了重大改革与创新的流通方式。我国消费品的现代流通方式主要表现在以超级市场为代表的新型零售业态、以连锁经营为代表的新型流通组织形式、以产销一体化为代表的新型流通渠道、以物流中心为代表的新型流通组织机构和以电子商务为代表的新型流通技术，下面重点分析连锁经营、电子商务和现代物流三种现代化的流通方式。

1. 连锁经营

大型综合超市是采取自选销售方式，以销售大众化实用品为主，并将超市和折扣店经营优势合为一体的、满足顾客一次性购全的零售业态。这种业态可以充分地采用现代商业科技，较易采取连锁经营的方式。超级市场被称作是流通方式变革史上的一个里程碑，是真正意义上的流通革命。20世纪50—60年代，超级市场在世界范围内得到发展，大型的跨国零售商均采用这种业态。中国在90年代初期开始引入超市业态，国外大型零售集团如法国的家乐福和美国的沃尔玛等纷纷登陆中国，他们从南到北、从东部向中西部，逐渐完善构建自己的商业布局，目前全球50家最大零售企业中，超过80%已经进入中国。本土超市也蓬勃发展起来，如华润万家、北京华联、上海联华超市、农工商超市等，经营规模和行业地位日趋重要。如表4-13所示，2013年中国超市十强榜单中，本土超市已占据半壁江山。

表4-13　　　　　2013年中国超市十强历年排名情况

超市名称	2013年排名	2012年排名	2011年排名	2010年排名	2009年排名	2008年排名
华润万家	1	1	1	1	4	4
大润发	2	2	3	3	2	3
沃尔玛	3	4	5	5	5	6
联华超市	4	3	2	2	1	1
家乐福	5	5	4	4	3	2
永辉超市	6	7	8	10	16	26

续表

超市名称	2013年排名	2012年排名	2011年排名	2010年排名	2009年排名	2008年排名
农工商超市	7	6	7	7	7	7
海航商业	8	/	/	/	/	/
物美	9	16	6	6	8	8
步步高集团	10	30	32	23	28	29

资料来源：中国连锁经营协会网站（http://www.ccfa.org.cn/portal/cn/index.jsp）。

连锁经营突破了原来单个企业规模扩张受到的地域限制，拓展了企业的市场空间；同时又解决了总部与分店之间的联系问题，具有较强的竞争优势。通过直营连锁、特许经营连锁和自由连锁三种形式，实现了流通组织结构的网络化，低成本扩张企业规模，加速了资本和资源的集中过程，大大提高了流通企业的组织化、集约化程度，实现了规模化经营、科学化管理和标准化服务，从而达到了经济学所追求的效用最大化。我国的连锁百强企业规模由2001年的1620亿元到2012年的1.87万亿元，十年间保持持续高速发展态势，增长了近十倍。2012年，连锁企业销售规模稳步增长，同比增长10.8%，百强企业销售额占社会消费品零售总额的9%，高端超市、便利店、专卖店、购物中心成为发展亮点。从中国连锁经营协会发布的2012年连锁百强来看，苏宁云商集团股份有限公司、百联集团、国美电器分别位居前三甲（见表4-14）。随着沃尔玛、家乐福等外资连锁集团在我国主要的大中城市完成布局，本土的连锁经营企业也生长壮大起来，如苏宁电器、国美电器、百联集团、上海华联、华润万家等。如今的连锁经营已经渗透到百货店、药店、服装店、食品店等多种业态形式，遍布整个第三产业的几乎所有行业。我国的消费品连锁经营企业进入了同质化发展、竞争异常激烈的状态，近些年随着经营成本的上升、网络购物的冲击，连锁经营的增长趋于缓和。

表4-14 2012年中国连锁百强榜单（前十位）

排序	企业名称	销售规模（万元）	门店总数（个）
1	苏宁云商集团股份有限公司	12400000	1705
2	百联集团有限公司	12205221	5147
3	国美电器有限公司	11747974	1685
4	华润万家有限公司	9410000	4423

续表

排序	企业名称	销售规模（万元）	门店总数（个）
5	康成投资（中国）有限公司（大润发）	7247000	219
6	沃尔玛（中国）投资有限公司	5800000	395
7	重庆商社（集团）有限公司	5449472	327
8	百盛餐饮集团中国事业部	5220000	5200
9	山东省商业集团有限公司	4938066	526
10	家乐福（中国）管理咨询服务有限公司	4527386	218

资料来源：中国连锁经营协会官方网站（http://www.ccfa.org.cn）。

来自中国连锁经营协会的数据显示，2013年连锁百强企业销售规模达到2.04万亿元，同比增长9.9%，新增门店6600余个，总数达到9.5万个，同比增长7.6%。销售额和门店增幅分别比2012年下降0.9个和0.4个百分点。2013年，百强企业销售额占社会消费品零售总额的8.6%。2010年以来，连锁百强的销售增幅持续回落，从2010年的21%下滑至2013年的9.9%，先后回落9.0个、1.2个和0.9个百分点。2013年，销售增幅首次出现个位数，是百强统计以来销售增幅最低的一年，但与前两年相比，回落幅度缩小，行业进入整体放缓但相对稳定的发展阶段。2013年，百强企业中共有67家开展了网络零售业务。连锁企业普遍认识到，必须以改善消费者体验为出发点，以商品管理、供应链管理及渠道无缝对接为重点，真正实现从规模向效益转变，从外延向内涵转变。

表4-15　　　　　　我国连锁零售企业基本情况

年份	总店数（个）	门店总数（个）	年末从业人数（万人）	年末零售营业面积（万平方米）	商品销售额（亿元）	商品购进总额（亿元）	统一配送商品购进额（亿元）
2005	1416	105684	160.10	8687.5	12587.8	10734.6	8409.4
2006	1696	128924	187.10	8979.0	14952.2	13447.4	10565.7
2007	1729	145366	186.19	10044.0	17754.3	15917.0	12542.4
2008	2457	168502	197.08	10197.8	20466.5	17193.1	13782.1
2009	2327	175677	210.88	11809.2	22240.0	19343.7	14723.1
2010	2361	176792	225.16	12756.8	27385.4	24044.6	17412.5
2011	2411	195779	249.06	13670.7	34510.7	29653.0	22919.6

资料来源：根据《中国统计年鉴》（2012）整理。

2. 电子商务

电子商务是利用计算机技术、网络技术和远程通信技术，实现商品交易过程的电子化、数字化和网络化。电子商务使交易的流程（包括商品搜索、洽谈、订购、付款、索赔等）在网络环境下实现，大大节省了交易成本，提高了流通效率，它的出现和快速发展，对流通的地位、作用及其运营方式都产生了巨大的影响，改变了传统商流、物流、信息流的运动方式，为流通领域注入新的活力。电子商务已经渗透到流通的每一个环节，传统的购销模式正在逐渐被电子化的购销模式所取代。电子商务带给流通作业流程和经营管理的变革表现在"利用电子技术的信息管理系统（POS/MIS），在计算机信息网络的基础上的企业资源计划（ERP），基于新的技术平台对流通企业的业务流程再造（BPR），运用电子商务进行零售业的供应链管理（SRM）以及实现零售业的及时供应（JIT），运用电子商务及商业智能技术建立零售业快速响应系统（QR、ECR），运用电子商务实现流通企业的客户关系管理（CRM）等"（陈金波等，2008）。如今B2C、C2C网络经济快速崛起，充分填补了互联网经济中单调乏味的某些空白。但从电子商务市场结构来看，企业间电子商务仍然是电子商务市场的主体。在企业间电子商务中，中小企业B2B是电子商务市场发展的最大推动力。

据中国电子商务研究中心监测数据显示，截止到2012年12月，中国电子商务市场交易额达7.85万亿元，同比增长30.83%，其中B2B电子商务交易额达到6.25万亿元，同比增长27%。截止到2012年12月，我国网络零售市场交易规模突破13205亿元，同比增长64.7%，占社会消费品零售总额的比例为6.3%，网络购物用户规模也达到2.47亿人，同比增长21.7%。[①] 电子商务这种新型流通方式和服务理念，在信息网络技术特别是多媒体技术的支持下，可以为客户提供全方位的信息服务，提供便捷、新颖、丰富的体验，有利于刺激消费需求。企业应用电子商务，也有利于加快信息传递，减少贸易环节，缩短贸易周期，降低贸易和库存成本，能够大大地提高企业的综合竞争力。我国要实现整个流通系统的现代化，必须加快流通信息化改造，提升流通体系信息化水平，积极创造良好的市场环境，鼓励重点领域、重点企业实现跨越式发展，有效推进商贸流

---

① 数据来源于中国电子商务研究中心《2012年度中国电子商务市场数据监测报告》。

通体系的现代化进程。

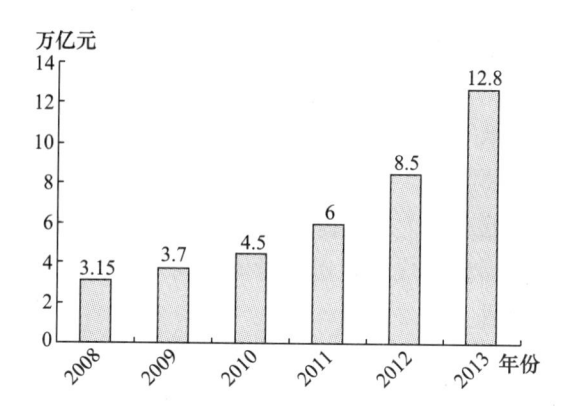

图 4-11　中国电子商务市场交易规模发展状况

资料来源：《2011 年度中国电子商务市场数据监测报告》，www.100Ec.cn。

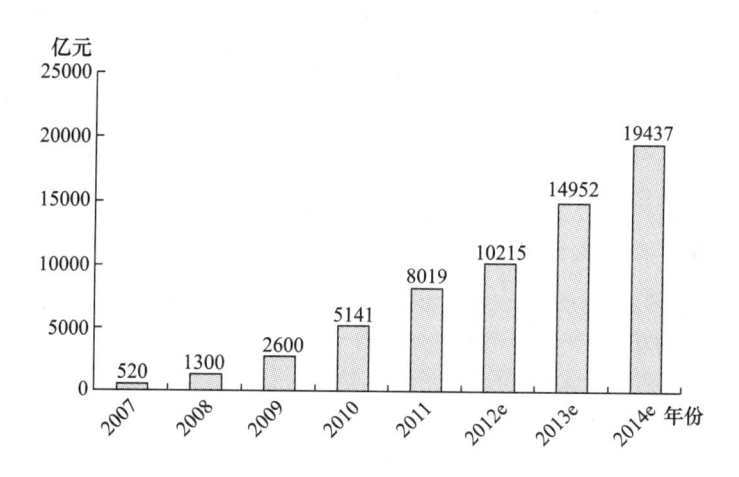

图 4-12　中国网络零售市场交易规模发展状况

资料来源：中国电子商务研究中心：《2011 年电子商务市场监测报告》。

3. 现代物流

现代物流是现代流通的支柱。现代物流是在传统物流的基础上，引进高科技手段，即运用计算机进行信息联网，并对物流信息进行科学管理，从而使物流速度加快，准确率提高，库存减少，成本降低，以此延伸和放大传统物流的功能。现代物流充分利用现代信息技术，打破了运输环节独立于生产环节之外的行业界限,通过供应链建立起对企业产供销全过程的计划和控制,从而实现物流信息化,即采用信息技术对传统物流业务进行优化整合,达到降低成本、提高水平的目的。现代物流产业与传统物流产业的根本区别就在其过程是经过全程优化的,各环节之间也是无缝衔接的。这就大大地降低了物流费用,缩短了物流时间。现代物流以物流中心的建设和运营为重要特征,物流中心将原来分属于批发、仓储、运输等企业的物流职能集中起来,为企业提供专业化、集约化的物流服务。现代物流大大降低了消费品流通成本,使流通体系向现代化、快速化、柔性化、信息化、标准化迈进。

近些年我国物流行业保持稳定高速发展,社会物流总额从 2004 年的不到 40 万亿元增长到 2010 年的 125 万亿元,年均复合增长率 21.74%(见图 4-13)。2011 年物流总费用占 GDP 比例达 17.8%,而欧美日等发达国家的这一数值仅为 9% 左右。2012 年全年社会物流总额 177 万亿元,同比增长 9.8%,增幅较上年同期回落 2.5 个百分点;全国物流业增加值为 3.5 万亿元左右,同比增长 9.1%。我国社会物流总费用与 GDP 的比率为 18%[①],同比持平,社会经济运行的物流成本仍然较高。

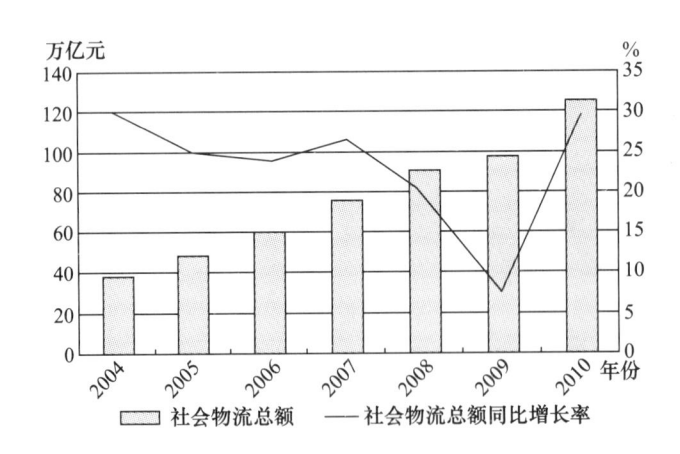

图 4-13 2004—2010 年社会物流总额与增长率

资料来源:中国物流与采购网(http://www.chinawuliu.com.cn)。

据国家统计局的数据,2012 年全国物流业增加值为 3.5 万亿元,按

[①] 数据来源于国家统计局、中国物流与采购联合会发布的《第三产业统计年鉴》。

可比价格计算，同比增长 9.1%。2012 年，物流业增加值占 GDP 的比重为 6.8%，占服务业增加值的比重为 15.3%。2011 年全国物流业增加值为 3.19 万亿元，按可比价格计算，同比增长 13.9%，增幅比上年提高 0.8 个百分点。2011 年，物流业增加值占 GDP 的比重为 6.8%，占服务业增加值的比重为 15.7%；物流业对服务业的贡献率为 22.8%，比上年提高 3.8%，在服务业增加值增长的 8.9 个百分点中，物流业直接拉动的约为 2 个百分点，比上年提高 0.1 个百分点，表明物流业发展对服务业的贡献日益突出，在社会经济发展中亦发挥着日益重要的作用。我国物流业依然保持着较高的增长速度。现代物流业已成为"十二五"期间国家经济结构调整中服务业在国民经济结构比例上升 4 个百分点的重要抓手和推动力量。2012 年我国物流总费用占 GDP 的比重为 18%，较 2004 年的 18.80% 仅下降了 0.8 个百分点，体现了我国近年来物流效率逐渐提高，但提高速度缓慢。一般而言，发达国家物流总费用占 GDP 重比重约为 10%。相比之下我国物流成本过高，在微观上降低了生产企业产品的竞争力，在宏观上则影响了国民经济的运行效率。[①]

现代流通，又称流通产业现代化，是指以符合现代市场经济要求的商品流通体制，并运用先进的物质技术设施和科学的管理方法，高效率地组织商品流通。现代流通是一个动态的过程，包括流通观念的现代化、流通制度的现代化、流通网络的现代化、流通技术的现代化、商业管理的现代化、市场信息处理的现代化等方面。我国流通体系正从上述各个方面向现代化流通迈进。

五 消费品流通基础环境改善，社会环境复杂化

消费品流通环境是指对消费品流通产生影响的外在制约因素。影响消费品流通体系的外在因素很多，包括消费品的生产和消费、市场结构、经济体制、技术与社会环境等。以下主要针对社会环境中的影响消费品流通的基础设施条件、流通政策和法律监管、市场交易环境三个方面进行探讨。

流通基础设施主要包括流通载体（如公路、铁路、水路、管道等）和转运集散站（如批发市场、集贸市场、物流中心、港口等），是我国流通体系的基础组成部分。近年来我国的流通基础设施发展迅速，流通基本

[①] 《我国现代物流业发展现状分析》，中国报告网（http://baogao.chinabaogao.com/）。

建设投资和固定资产投资连年增多（如图4-14所示），铁路、公路、机场、港口等物流设施建设向现代化迈进。随着铁路网、公路网、内河航道和码头泊位的快速发展与专业化、规模化升级，我国流通基础设施不断完善。截止到2011年年底，我国铁路营业里程达到9.32万公里，公路里程410.64万公里（其中高速公路8.49万公里），内河航道里程12.46万公里，定期航班航线349.06万公里，管道里程8.33万公里。[①] 公路网"五纵七横"主干线全部建成，路网改造加快，新增投资倾向高速公路、农村公路和西部地区。伴随着我国流通基础设施的不断完善，流通能力也不断提高。2011年，我国总货运量为3696961万吨，货物周转量159324亿吨公里，其中铁路货运量393263万吨，周转量29466亿吨公里，公路货运量2820100万吨，周转量51275亿吨公里。

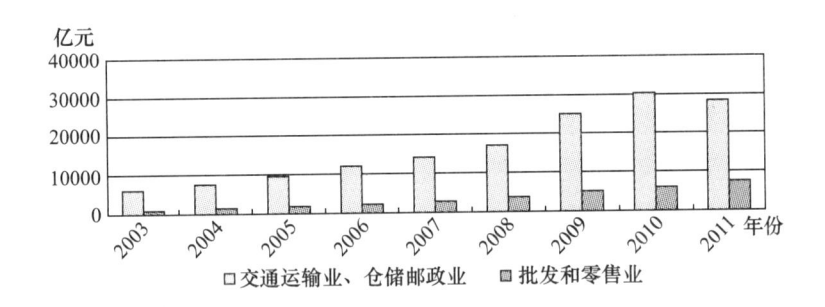

图4-14 流通固定资产投资状况

资料来源：根据《中国统计年鉴》（2012）整理。

流通政策是指国家为实现商品流通的稳定发展而制定的方针或原则，以及政府对商品流通活动的干预行为，主要包括有关商品流通的法律、法规、规划、计划、对策，以及政府对商品流通的直接指导等。消费品流通的政策和法律环境对流通体系的发展具有重大影响，尤其是在具有中国特色的社会主义市场经济环境下。改革开放以来，"经过几十年的发展建设，我国虽已初步建立了适应社会主义市场经济体制的流通政策体系，但我国的流通政策还遗留着计划经济体制下的思维特征，缺乏市场经济特别是国际化的视野"（夏春玉，2009）。流通监管是政府对市场失灵的反应，

[①] 数据来源：《中国统计年鉴》（2012）。

我国的流通市场存在多头监管、缺乏系统性和权威性、监管手段不科学、执法队伍不健全等问题。目前，我国政府部门正着手建立包括反垄断及反不正当竞争政策、大型零售店铺规制政策、特殊商品的流通政策、流通基础设施建设政策、流通现代化政策、流通组织化政策、流通国际化政策、城市商业街改造、振兴及中小流通企业的扶持政策、消费者保护政策在内的流通政策体系和政府指导、行业自律、运作协调的消费品流通监管体系。我国改革开放以来主要的流通政策见表4-16。

表4-16　　　　　我国改革开放以来主要的流通政策一览

颁布年份	政策名称
1982	《商标法》
1985	《计量法》
1987	《关于惩治生产、销售伪劣商品犯罪的决定》
1988	《中华人民共和国标准化法》
1991	《城市商业网点建设管理暂行规定》
1992	《专利法》、《关于加速商业物流发展建设的意见》
1993	《中华人民共和国合同法》
1993	《反不正当竞争法》
1993	《关于禁止有奖销售中不正当竞争行为的若干规定》
1993	《关于禁止公用企业限制竞争行为的若干规定》
1993	《中华人民共和国消费者权益保障法》
1994	《全国商品市场体系规划纲要》
1995	《关于深化流通体制改革，促进流通产业发展的若干意见》
1997	《价格法》
1999	《"十五"商品流通行业结构调整规划纲要》
2003	《关于加强城市商业网点规划工作的通知》
2004	《外商投资商业领域管理办法》
2007	《关于促进现代物流业发展的实施意见》
2007	国家发改委《电子商务"十一五"规划》
2008	《国务院办公厅关于搞活流通扩大消费的意见》
2009	商务部《关于加快流通领域电子商务发展的意见》
2012	《国务院关于深化流通体制改革加快流通产业发展的意见》

发育完善的要素市场体系可以为商品流通的发展提供良好的市场环境和运行条件。人力资源、金融、信息、技术等专业市场的健全有利于商品流通的通畅、有序和高效。就流通市场本身来讲，我国消费品市场的交易主体规模偏小，盈利模式简单；经营管理水平不高，商贸人才缺乏。尤其是市场交易不规范，商业诚信缺失，商业欺诈、假冒伪劣等问题屡禁不止。消费品流通领域的商品质量问题频发，特别是食品类、家用电子电器类商品存在的质量问题尤其突出，威胁到消费者的消费安全和消费信心，使消费品行业尤其是食品行业整体遭遇信用危机。"信用缺失是中国发展社会主义市场经济最大的败笔，假冒伪劣商品、虚假广告、假钞、欺诈、霸王条款等使消费者权益受到严重侵犯"（丁俊发，2012）。所以树立诚信至上、服务至上的商业文化氛围是改善流通环境的重要内容。2007年3月，国务院办公厅发布了《关于社会信用体系建设的若干意见》，社会诚信体系的建设尚任重道远。流通秩序是指流通主体、客体等方面受流通规律、法律和自律规范的有序化状况以及市场交易行为的规范化状况。流通秩序规范着流通主体的经济行为，确保市场机制对经济资源优化配置发挥基础性作用。我国现阶段的流通秩序存在法律法规滞后、法治精神缺乏、诚信缺失等问题，需要从市场主体完善、竞争机制的完善、政府职能的转变、制度建设的加强、法律法规的健全等方面重塑我国的流通秩序，造就一个安全、洁净、和谐的流通环境。

第三节 我国消费品流通体系促进消费存在的问题分析

尽管经过多年的发展建设，我国消费品流通体系的建设取得了骄人的成绩，基本上建立了适合国情的消费品流通体系，广大城乡居民的消费需求基本上能得到满足，但是，由于我国长期的"重生产，轻流通"的观念和诸多体制机制等原因，消费品流通体系仍然存在市场分割、体系结构不合理、流通体系效率不高、政策歧视等问题，影响了居民消费需求的扩大。从建立扩大消费长效机制的角度来看，这些问题需要得到高度重视和妥善解决，才能使流通体系的消费扩大作用得到长期有效的发挥。

一　消费品流通的城乡体系分割，难以形成统一的消费市场

我国作为世界上最大的发展中国家，长期以来存在较大的城乡差别，经济上存在着城乡二元的经济结构，在流通体系的表现上就是城乡商品流通市场及其交易额有着明显的差别。由于历史和制度的原因，我国消费品流通城乡之间在流通规模、流通主体、流通客体、流通渠道方面存在诸多差别，"在城市的流通体系之外，存在一个相对独立的农村流通体系"（李骏阳，1994）。城市现代化商业与流通体系已经相对成熟，而以集贸市场和小型零售企业为主体的农村流通体系则相对落后，进一步造成农村居民的"低消费陷阱"。从个人收入分配和城乡收入差距情况来看，"我国消费品市场存在二元结构，即低收入消费者群体的市场和高收入消费者群体的市场同时并存"（金明玉，2007），而低收入消费者群体大部分居住在广阔的农村。我国消费品流通体系的城乡分割增加了社会交易费用，使农村流通体系游离于社会大流通的系统之外，阻碍了广大农村居民消费品消费水平的升级。

我国消费品流通体系城乡分割表现在：（1）城乡流通主体有差异。城市流通主体多为大型流通企业，规模和专业化程度较高；农村流通主体规模偏小，以"夫妻店"为常见形态，呈现散、小、乱、差的特点，从业人员素质不高，服务意识不强，产品质量参差不齐。（2）城乡流通制度有差异。改革开放以后的城市流通和商业规划都是在政府的指导下完成的，而农村的流通制度变迁则是各级政府、农村集体经济组织和农民个体等多种利益主体博弈的渐进过程，具有非正式的特点。农村流通市场法律法规和政策不健全，市场监管乏力，流通市场管理混乱，缺乏有序统一的管理。（3）城乡流通对象有所不同。城市流通的消费品已经供过于求，而且多为耐用家电消费品、家用汽车、通信工具、健身、娱乐以及奢侈品等中高端消费品；农村的消费品多为基本的日常必需消费品，商品的价格和档次较低，甚至是城市淘汰下的品牌。（4）城乡物流体系分割。我国大中城市的商业繁荣发展，甚至到了过剩的地步，多种零售商业业态，如连锁商业、仓储式商店、大型超市等随处可见，上海、北京等大城市的人均商业面积甚至超过了纽约、伦敦等世界著名商业城市，电子商务在城市的发展更是迅速，给城市居民的消费生活带来极大便利。在物流方面，城市的商业场所密集分布，物流基础设施完善，能够迅速地把商品从生产者手中转移到消费者手中。而广大农村商业设施分散，道路、通信等基础设

施落后，信息不畅，技术落后，影响了供应商和消费者之间的沟通，使得农村物流体系发展滞后，严重制约了农村的消费。从城乡社会消费品零售总额的差别可以看到其巨大的差距，见表4-17。从表中可以看出人口总数超过城市人口的农村居民，其消费品零售总额不及城市居民的一半；农村居民人均消费支出是城市居民人均消费支出的1/3。2010年，城镇实现消费品零售额13.6万亿元，农村实现消费品零售额仅为2.1万亿元；与2005年相比，城镇消费品零售额年均增速为18.4%，农村消费品零售额年均增速为16.5%，比城市低1.9个百分点。城市商业无论是规模、结构还是业态都远比农村商业发达，农村流通体系和城市流通体系的不对接，加剧了城乡二元结构特征，造成农村消费环境较差，消费市场低迷，农村总需求潜力大却发展缓慢，阻碍了全国统一流通市场的形成，也不利于我国消费需求的扩大。

表4-17　　　　　城乡社会消费品零售额以及比重对比

年份	社会消费品零售总额（亿元）	城市消费品零售额（亿元）	农村消费品零售总额（亿元）	城市比重（%）	农村比重（%）	城镇居民人均消费支出（元）	农村居民人均消费支出（元）
2000	39105.7	24555.2	13446.1	62.79	37.21	6850	1860
2001	43055.4	27379.1	14550.5	63.59	36.41	7113	1969
2002	48135.9	31376.5	15676.3	65.18	34.82	7387	2062
2003	52516.3	34608.3	16759.4	65.90	34.10	7901	2103
2004	59501.0	39695.7	17908.0	66.71	33.29	8679	1301
2005	67176.6	45094.3	19805.3	67.13	32.87	9410	2560
2006	76410.0	51542.6	22082.3	67.46	32.54	10423	2847
2007	89210.0	60410.7	24867.4	67.72	32.28	11904	3265
2008	108487.7	73734.9	28799.3	67.97	32.03	13526	3756

资料来源：根据2009年和2010年《中国统计年鉴》相关数据整理计算。

二　消费品流通体系结构不甚合理，结构调整任重道远

消费品流通体系结构反映了消费品流通体系内部各要素之间的比例关系和相互联系，流通结构问题是流通体系的关键问题，尤其是在我国

"调结构、促增长"的经济背景之下。流通结构包括很多方面如空间结构、组织结构、所有制结构、批零结构等,我国消费品流通体系结构不合理的现象在上述各个方面均有所体现,下面分别说明。

我国消费品流通体系的空间结构失衡,在东西部之间、城市和农村之间差距较大。东部地区社会流通要素的分布和机构在全国占有较大的比重,消费品市场规模的建设也相对完善;中西部地区内需较弱,流通体系结构有待进一步优化。东部地区城市流通产业对经济发展的贡献率远远高于中西部地区。2011 年,东部地区城镇居民人均消费支出 24197.43 元,西部农村居民人均消费支出仅为 4187.94 元。城乡消费市场之比为 5.78∶1。流通业服务的地区性、方便性,要求流通网络便利化、合理化。长期以来,我国商业网点布局缺乏统一和长远规划,结构失衡现象较为严重,一方面,发达地区流通网络趋于饱和,对居民消费变化的敏感性减弱;另一方面,流通资源投入相对较少的落后地区,由于消费吸引力的不足,形成流通网络发展滞后的局面。目前东部发达地区限额以上的批发零售企业占60%,中西部只占40%;从销售额来看,68.8%集中在东部,超市在东部的比例占70%。"经济的发展、市场竞争的加剧和经营理念的更新使得发达地区流通业迅速发展壮大,再加上外资流通企业的进入,丰富和发展了这些地区的流通业,基本形成了多种商业形式并存的新局面,但也使得商业网络布局趋于饱和。然而,中西部地区和农村流通网点的建设既缺乏相应投资支持,又缺乏竞争激励。在商业零售网点明显不足的情况下,流通链条、网络残缺不全,综合消费成本较高,给居民购物造成诸多不便,影响和抑制了居民消费需求的实现"。①

流通组织结构既是流通产业内部的资源配置结构及其关联性,也是流通产业内大中小企业间的相互关系格局。我国流通体系组织结构存在产业集中度低、规模效益差、产业进入壁垒低等原因而导致的地区垄断与过度竞争并存等问题。产业集中度②反映了市场垄断或者竞争程度的高低,据

---

① 祝合良、李晓慧:《扩大内需与我国流通结构调整的基本思路》,《商业经济与管理》2011 年第 12 期。

② 产业集中度(Concentration Ratio,CR)又称市场集中度,体现了一个行业的发展程度,用市场上少数企业的某一指标(通常是销售额)与该行业总量的百分比来表示。集中度越高,表明企业的支配能力越强,行业竞争程度越低;反之则表示支配能力弱,行业竞争程度高。常用的是行业内规模最大的 4 家或 8 家企业的数据来表示市场集中度,即 CR4、CR8。

表 4-18　东、中、西三大地区流通产业资产、销售、利润总额表[①]

单位：亿元

地区	时间	资产总额	销售总额	利润总额
东部地区	2007	38312	100547	4504
	2008	58073	344653	4058
	2009	96384	445190	3754
中部地区	2007	7032	18249	535
	2008	9861	29600	1031
	2009	16893	47849	888
西部地区	2007	5163	13955	591
	2008	7185	18866	692
	2009	12348	32821	816

李修国（2011）测算，2006—2009 年我国零售行业的 CR4 值分别为 2.87%、3.44%、4.15%、5.01%，与发达国家相比，集中度较低。根据中国连锁经营协会的数据来看（见表 4-19），我国连锁百强前四名占社会消费品零售总额的比重（CR4）还较低，属于低集中度阶段。2012 年零售百强企业商品销售总额为 23786.5 亿元，占社会消费品零售总额中的比重（CR100）为 9.3%（见表 4-20），总体上处在偏低的水平，而美国这一指标在 20 世纪 90 年代就高达 60%。流通组织规模出现非均衡发展的两种趋势，一种是盲目扩张和片面追求大型化，造成重复建设和规模不经济；另一种是众多流通企业的规模呈小型化发展，造成过度竞争。盲目扩张和小型化使流通体系的组织结构向两极发展，难以形成规模经济，流通组织结构松散，所以我国缺乏具有国际竞争力的现代化流通集团。

我国流通体系的所有制结构由新中国成立初期国有及集体经济占主导转向改革开放后的个体经济占主导的地位，目前已经形成了多种经济成分、多种流通渠道、多种经营方式并存的格局。然而在社会主义市场经济中，我国国有流通资本的控制力不应被削弱，要控制经济发达区域的流通和重点领域的商品流通。另外，外资流通资本参与我国流通体系建设，因

[①] 丁润健等：《基于空间视角的我国流通产业结构均衡性研究》，《商业时代》2012 年第 33 期。

表 4-19　　　　2002—2013 年度我国连锁百强市场集中度

年度	社会消费品零售总额（亿元）	连锁百强前4名销售额（亿元）	CR4（%）	连锁百强前8名销售额（亿元）	CR8（%）
2002	48135.9	570.83	1.19	919.91	1.91
2003	52516.3	780.33	1.49	1297.64	2.47
2004	5395.0	1366.99	2.30	1986.68	3.34
2005	67176.6	1939.32	2.87	2804.70	4.18
2006	76410.0	2628.25	3.44	3629.05	4.75
2013	237810.0	4518.6	1.90	7148.31	3.00

表 4-20　　　连锁百强企业占社会消费品零售总额的比重

年份	连锁百强占社会消费品零售总额的比重（%）	年份	连锁百强占社会消费品零售总额的比重（%）
2002	6.0	2008	11.1
2003	7.8	2009	11.1
2004	9.2	2010	11.0
2005	10.5	2011	11.2
2006	11.2	2012	9.3
2007	11.2	2013	8.6

资料来源：根据中国连锁经营协会统计资料整理。

其资金雄厚，实力强，市场占有率不断增加，吸引了越来越多的消费者。外资流通给我国流通体系带来巨大冲击，凭借其政策优势，已经占据我国流通体系的高端地位，依赖其强大市场势力，挤压合作伙伴的利润空间，给我国流通业带来产业安全的担忧。如表 4-21 所示，2013 年，我国批零业销售额中内资企业占比约 88%，其中国有企业占比 8.97%，比例远远低于有限责任公司和私营企业，这说明我国流通体系中国有经济成分的比例在下降；与此同时，港、澳、台商投资企业和外商投资企业占比分别是 3.64% 和 8.44%，已经成为我国流通体系中重要的组成部分。

表4-21　　2013年我国不同所有制批发和零售业占比情况

所有制性质	批零业商品销售额（亿元）	占批零业销售额的比重（%）
内资企业	436627	87.92
国有企业	44569	8.97
集体企业	2951	0.59
股份合作企业	661	0.13
联营企业	348	0.07
有限责任公司	200259	40.32
股份有限公司	58209	11.72
私营企业	127675	25.70
其他企业	1954	0.39
港、澳、台商投资企业	18075	3.64
外商投资企业	41902	8.44

资料来源：根据《中国统计年鉴》（2014）相关数据计算得到。

批零结构反映流通体系中批发体系和零售体系的流通规模的比例关系，在一定程度上可以体现流通环节的多少乃至整个流通体系的配合效率，一般用批零比率来度量，即批发业和零售业商品销售额之比。"对于批零结构的考察可以从批零比率指标（直接考察）、批零价差指标（间接考察）、批零网点指标（延长考察）、批零发展历史（综合考察）来进行，我国的批零结构'在先升后降的波动过程中最终走向稳定协调'"（李智，2007）。"日本的批零比率始终保持在3以上；而西欧各国大致在2左右；美国甚至不足2"（申恩威，2005）。我国30年来流通发展历史中始终保持在4左右的批零比率（见图4-15），甚至比以流通环境复杂著称的日本还高。通过对比可以认定"我国商品在进入零售环节前经历了超出必要层次的批发环节，环节效益还有待提高"（马龙龙，2011）。判断批零结构并没有一个统一的数量标准，应根据本国和本地区自身的实际情况进行选择，总体原则是要保证较高的效率和效益。

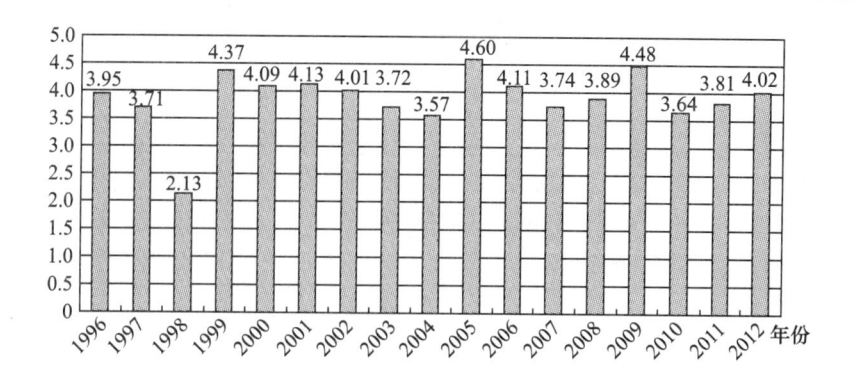

图 4-15 我国流通体系批零比率变化趋势

资料来源：根据《中国统计年鉴》相关数据整理。

三 消费品流通体系运作效率不高，制约消费购买力

流通效率是一个衡量流通整体质量的概念，指"商品在单位时间内通过流通领域所实现的价值量与流通费用之差"（李辉华，2005）。李骏阳（2009）认为流通效率主要表现为商品的流通过程中所占用的流通时间和所消耗的流通资源，应包括流通速度和流通成本两个层面的含义。本书所指消费品流通体系的效率是指消费品流通过程中流通产出和流通成本的比值，考察的是消费品的流通速度和流通成本，流通速度越快，效率越高；流通成本越低，效率越高。流通环节多、速度慢、成本高、效率低，已经成为我国流通业的顽症。当前，我国经济发展仍处于转型期，加之生产方式与商业运作模式落后，现代物流起步晚、水平低，消费方式仍然比较传统，生产要素市场发育尚不完善。以上几个方面的因素结合在一起，成为影响我国流通效率与流通成本的主要原因。

我国消费品流通效率较低，突出地表现为商品周转速度低，货物流通过程损耗大，物流费用占 GDP 的比重大。我国物流费用中保管费、管理费偏高反映出的问题是库存太大，周转太慢。2011 年我国批发和零售业的库存额占销售额的比重为 6.93%，而美、德、日的非制造业（含批发和零售业）的商品库存占销售额的比重为 1.14%—1.29%。我国商业流动资产周转率为每年 2.3 次，而日本非制造业（含批发和零售业）周转率为 15—18 次（丁俊发，2006），国际零售巨头沃尔玛、家乐福的周转率甚至达到二三十次。从图 4-16 也可以看出，1995 年以来，我国流通业的流动资产周转率总体上呈上升趋势，但一直在 2.5 次左右徘徊，周转

率较低。

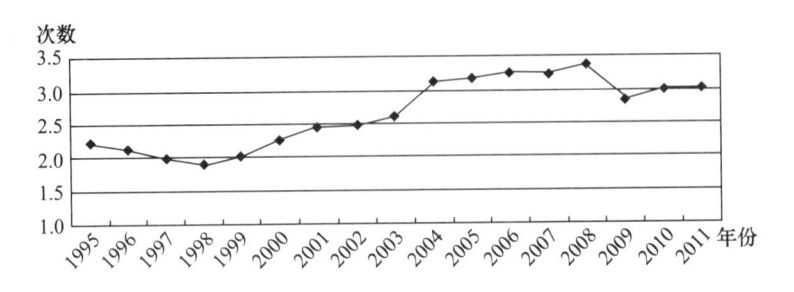

图 4-16　我国流通业流动资产周转率变化趋势

商品在流通过程中的损耗过大也是我国消费品流通效率不高的表现。由于我国第三方物流不发达，物流技术装备落后，运作模式粗放，导致货损货差过大。例如，与居民生活密切相关的果品蔬菜在物流过程中的损耗率为 25%—30%，一年要损失 8000 万吨，肉类损耗率为 12%，水产品为 15%，发达国家的果蔬损耗率一般控制在 5% 以内，美国仅为 2%。农产品在流通过程中损耗带来了严重的经济损失，仅果蔬一类每年损失就达到 1000 亿元以上。每年腐烂损耗的果蔬几乎可满足 2 亿人口的基本需求，损耗量居世界首位。发达国家的易腐食品在流通过程中的冷藏率为 80%—90%，而我国冷藏运输率不到 20%。我国冷链装备基础设施建设相比发达国家来说严重不足，原有设施陈旧老化、分布不均，无法为易腐食品流通提供低温保障。

物流费用高、效率低是流通成本高、效率低的主要原因。中国 2012 年社会物流总费用 9.4 万亿元，同比增长 11.4%，增幅比上年回落 7.1 个百分点。2012 年物流企业人力成本平均增长 15%—20%，燃油价格则相当于 2000 年的 3 倍左右，过路过桥费占到运输成本的 1/3 左右。社会物流总费用占 GDP 的比重为 18% 左右，而发达国家为 10% 左右。社会物流总费用与 GDP 比率每降低 1 个百分点，就可以带来 4000 多亿元的经济效益。随着物流业结构调整和技术提升，社会物流总费用占 GDP 的比重有所下降。2014 年社会物流总费用 10.6 万亿元，同比增长 6.9%。社会物流总费用与 GDP 的比率为 16.6%，比上年下降 0.3 个百分点。其中，运输费用 5.6 万亿元，同比增长 6.6%，占社会物流总费用的比重为 52.9%；保管费用 3.7 万亿元，同比增长 7.0%，占社会物流总费用的比重为 34.9%；管理费用 1.3 万亿元，同比增长 7.9%，占社会物流总费用的比重为 12.2%。① 对于物流费用高、效率低的原因，丁俊发（2012）认为②，一是物流企业并没有完全融合到制造企业中去，物流企业功能单一，物流成本降不下来；二是没有形成综合运输体系，多式联运水平低；三是物流装备落后，货物损耗大，特别是农产品物流损耗更大；四是物流企业集中度低，散、小、差现象十分严重。

我国消费品流通成本高和流通效率低所导致的后果是消费品市场价格总体水平较高，不少消费品价格水平甚至高于国际市场同类商品或可替代商品价格水平，制约了居民消费能力的提升，影响了消费需求的扩大。

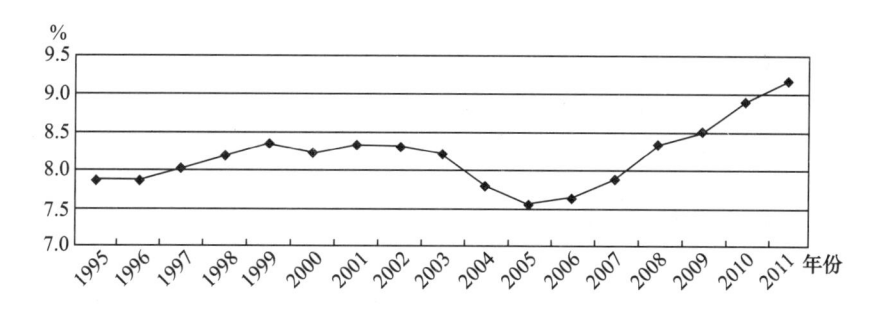

图 4-17 我国流通产值占 GDP 的比重变化趋势

四 消费品流通体系整体规划不足，政策歧视严重

消费品流通体系布局缺乏统一和长远规划，结构失衡严重，一方面，发达地区流通网络趋于饱和；另一方面，中西部和农村的商业布局缺乏投资和政策的支持。我国城乡二元结构的存在，导致了城乡之间商贸流通体系的不对接，制约了城乡之间商品的流动和劳动力、技术、资本、资源等要素的合理流动和优化配置。

长期以来受"重生产、轻流通"观念的影响，我国的政策倾斜一直侧重于生产部门，对流通部门关注不够。由于存在先天经济条件差异，在流通资源均衡配置方面存在市场失灵，政府要有所作为，加大对弱势地区的政策性扶持，缩小地区差距，促进流通空间结构的优化。

---

① 《2014 年全国物流运行情况通报》，国家统计局网站（http：//www.stats.gov.cn/tjsj/zxfb/201504/t20150416_713212.html）。

② 丁俊发：《流通成本高效率低的冷思考》，《中国流通经济》2012 年第 12 期。

在对待外贸与内贸的政策中，存在重视外贸、轻视内贸的政策导向；在对待内资与外资的流通企业时，存在倾向外资的优惠条件，尤其是在某些地方政府管辖范围内，外资流通业还受到"超国民待遇"，如有的地方政府把最好的地段让给世界知名零售企业，而且在地价、税收等方面给予各种优惠，造成明显的不公平竞争。另外，国内消费品市场发展过程中市场分割、行业垄断、地区封锁以及市场管理政出多门的现象比较严重。各种形式的地方保护主义和区域贸易壁垒层出不穷，尤其是在香烟、啤酒、饮料等快速消费品市场领域。政策歧视和市场分割成为国内流通业发展的重要政策制约因素，难以形成国内统一的大市场，最终造成生产过剩、消费不足的现状。

流通体系整体规划不足和政策歧视的现象使我国消费品流通难以形成全国性的大型流通集团，省际、跨区域的消费品流通往往受到阻碍。一线城市的流通市场较为公平，但二、三线城市政策歧视现象严重，而且在投资、金融、税收等方面的政策扶持力度不够。消费品流通体系的长效发展迫切需要政府加大对流通产业的政策支持和制度安排。

五　消费品流通体系信息化建设不足，影响消费的现代化

消费品流通体系是由商流、物流、信息流、资金流共同构成的，尤其是基于信息化技术支撑的信息流已经成为现代流通区别于传统流通的最重要的标志。流通信息化是指流通业利用信息技术获取、处理、传输、应用知识和信息资源，以实现流通方式创新，提高流通活动效率的一个动态过程。我国的信息产业发展滞后，基础设施不完善，流通体系的信息化建设起步晚且实践基础薄弱，流通体系信息化发展受到技术和思维的双重约束。我国流通业信息化开始于1981年，进入21世纪，以光纤通信、局域网、广域网、互联网为载体的现代通信技术、网络技术、数据管理技术得到极大发展，商业ERP、商业智能BI、供应链管理SCM与客户关系管理CRM等高端产品不断被流通业企业采用，极大地扩展了企业的信息化管理范围，使大批量、多品类的统一采购和分散销售得以实现，并代替了传统流通业的大量手工制单、只管金额不管商品和顾客的落后交易方式。IT带来了新的管理变革和流程优化（BPR），极大地改变着我国流通业的面貌和内涵，使发展大规模连锁化的流通组织成为现实。

随着流通领域竞争的日趋激烈，应用现代流通业信息技术成为提升我国流通业企业的核心竞争力、降低企业运营成本、提高经济效益的重要战

略。目前，我国流通企业的信息化建设已经进入快速发展时期。在激烈竞争的市场环境中，流通企业都把信息化作为获取企业竞争优势的有力武器，流通企业对于信息化的认知，比前些年有了很大的进步，这是目前我国流通业信息化建设进入快车道的重要推动因素。从国内流通企业信息化的现状来看，我国大中型流通企业80%不同程度采用了计算机管理，其中绝大多数是实行连锁经营的流通企业。各行业、各企业之间的差别很大，百货店、大卖场、购物中心等业态信息化建设水平较高，而专业连锁店、家居建材（不包括建材超市）、药店、便利店等业态信息化建设水平相对较低。①

我国流通业信息化立法滞后，行政管理体制不健全。从物流技术和装备方面来看，我国物流和配送作业在仓储立体化、装卸搬运机械化、拆零商品配货电子化、物流功能条码化、配送过程无纸化、POS系统普及化、计算机智能化等技术设备方面与发达国家存在较大差距，影响了流通效率的提升和流通成本的降低。据联商网的流通信息化调查报告②，我国流通企业信息化存在的问题突出表现在：信息化专门人才严重匮乏；企业缺乏长远规划和实施方案；企业信息化应用和企业生产、经营、管理结合不够紧密；资金投入不足；缺乏企业信息化培训机制；功能不全，使用不便，效率低下；流通企业决策层对信息化建设认识不足。流通企业由于信息化建设滞后，企业间信息传递和共享不足，导致流通企业不能及时捕捉到消费者需求信息的变化，影响消费需求的扩大。

由于信息化建设不足和物流基础网络的不完善，我国消费品流通体系效率不高。粗放发展的流通体系使商品在流通过程中损耗严重，导致消费品的最终售价较高，影响了消费者的购买力，制约了消费需求的扩大。

六 零售业态结构不合理，影响了消费需求扩大

零售业态是流通企业的经营方式和存在形式，不同的业态在消费群体、经营重点、销售方式、价格政策等方面存在不同的特点，这使消费者有更大的选择余地，容易激发潜在的消费需求。在多年的流通改革和改革开放后，我国各种零售业态纷纷出现，但业态复制、模仿国外的较多，缺乏针对我国地区、人口、消费特点的零售业态创新。我国连锁零售在整个

---

① 《2009年中国流通行业信息化调查报告》，联商网（http://www.linkshop.com.cn）。
② 《2010年中国流通行业信息化调查报告》，联商网（http://www.linkshop.com.cn）。

零售行业的集中度偏低,连锁模式应用范围狭窄。零售业态结构和发展水平参差不齐,部分零售市场的业态饱和问题严重,如在一线城市大型百货业、购物中心发展同质化严重,盈利空间缩小;而广大内地、乡镇地区的经营业态单一,无法满足多样化的消费需求。商业业态创新不足,不能结合特定市场环境,适应消费需求变化,无法激发消费者的潜在需求,有效刺激消费。

业态结构指的是流通业各种业态之间的比例关系,是消费品流通体系结构的重要组成部分,尤其是零售业态结构。不同的业态结构,可以细化消费者需求,满足个性消费、定制消费的要求,进而丰富内需实现形式,同时也就从多角度去引导内需、创造内需。随着外资零售业的进入,我国的零售业各种业态纷纷出现,不同业态之间的边界模糊化,新兴业态发展浮于表层。"这种'突击模仿'使原有的时空层次被完全掩盖,显然难以形成由内而外的良性滚动成长态势,市场上每出现一种新业态都有众多商家迅速效法跟上,企业之间很难拉开档次,形成经营梯度,结果是多种业态相互混战,在浅层次上多元并存,低效率运营"(毕红毅等,2009)。在发达地区和中心城市,购物中心、超级市场、折扣店、专业店、大卖场等业态,带给消费者的选择空间和余地较大,但业态发展仍然较为单一,新兴业态发展不足,无法满足消费者多样化、个性化的消费需求。而在偏远地区和广大农村,能够满足当地消费需求特点并有效引导消费需求升级的商业业态还很少。此外,我国现有商业业态主要以引进国外成熟模式为主,传统的百货店、超市等业态更多地停留在规范化、标准化阶段,对业态的扩展和创新严重不足(祝合良,2011)。所以需要引导不同业态错位经营,合理进行业态布局。表4-22显示了我国连锁零售的不同业态形式的规模和经营状况。

表4-22 2011年我国连锁零售企业业态分布情况

业态	总店数(个)	门店总数(个)	年末从业人数(万人)	年末零售营业面积(万平方米)	商品销售额(亿元)	商品购进总额(亿元)	统一配送商品购进额(亿元)
便利店	83	13609	7.1	109.7	226.0	186.1	109.6
折扣店	4	948	0.8	26.9	47.6	42.0	29.5

续表

业态	总店数（个）	门店总数（个）	年末从业人数（万人）	年末零售营业面积（万平方米）	商品销售额（亿元）	商品购进总额（亿元）	统一配送商品购进额（亿元）
超市	408	38554	59.0	2190.9	3398.2	3051.9	2576.7
大型超市	132	2542	33.3	1760.6	2594.5	2301.2	1508.7
仓储店	6	265	5.9	234.2	795.7	515.7	343.6
百货店	94	4826	26.5	1722.3	3226.8	2663.2	1333.0
专业店	1354	95680	96.3	7142.5	22919.3	19784.1	16146.1
专卖店	256	31768	16.7	366.7	1031.0	872.9	684.2
家居建材	15	116	0.8	60.8	64.7	42.9	24.7
厂家直销	4	74	0.1	0.2	2.9	1.4	1.3
其他	55	7397	2.5	56.0	204.0	191.7	162.3

资料来源：《中国统计年鉴》(2012)。

七 农产品流通体系不健全，渠道不畅阻碍消费扩大

我国农产品的流通体系不健全，流通渠道不畅，尤其是与城市生活消费密切相关的鲜活农产品的流通渠道较长，从农田到餐桌要经过多层次的批发、转运等环节，层层加价导致最终的售价偏高，影响了市民的消费需求满足。目前，我国大部分农产品流通仍以传统模式为主。农产品流通需要经过生产者、小贩或经销商、销地批发市场、销地农贸市场或超市、消费者等一系列环节。流通环节多延长了流通渠道，增加了流通成本，造成农产品价格上升，农产品零售价格一般为生产者销售价格的3—5倍，甚至数十倍。我国物流成本一般占总成本的30%—40%，其中生鲜产品的流通费用占总成本的70%，比国际上高20个百分点以上。据商务部统计，在我国农产品销售价格中流通成本占50%左右，比欧洲高出两倍以上。目前，我国以对手交易为主的交易方式不能使农产品流通环节的农户、流通者及消费者共同受益，对手交易模式的成本高、效率低。与我国落后的农产品交易模式相对应的是农产品不完善的流通渠道。目前，我国农产品流通渠道一般为"农户—中间商—最终消费者"这一模式。因为中间商的存在，农产品流通成本高、环节多等问题凸显。

农产品流通组织规模普遍较小，其对流通成本和价格的控制能力较弱，规模经济的优势难以发挥。目前，我国农产品流通仍以个体农户为主，规模偏小、缺乏组织性、在流通中处于弱势地位。一方面，在农产品的流通过程中，数量众多、组织化程度较低的农户，面对较少的买方，缺乏讨价还价的能力。买卖双方缺少有效的竞争，农户在市场中处于不平等的地位，不能保障自身的利益。另一方面，分散从事农业生产的农户很少与购方建立稳定的供销关系、签订购销合同、形成利益共同体，从而不能分散市场风险。

农产品流通信息体系建设不完善。目前，"全国有近1/4的县未建立农业信息服务平台，近1/2的乡镇没有建立农业信息服务站，还不能提供权威、及时、有效、准确的农业信息，由此引发较突出的矛盾。一方面，供应链的'牛鞭效应'导致市场供需的极大差异，农户和交易者不能按市场需求安排生产和经营，从而造成大量的浪费。另一方面，由于流通环节过多，区域市场割裂、城乡市场割裂、不同农产品市场之间割裂，消费者与生产者被重重隔开，无法平等实现对农产品的定价权"。[①] 由于近年异常天气和自然灾害频发，加上人为炒作因素，农产品的价格波动异常猛烈，出现"豆你玩"、"蒜你狠"、"姜你军"等不合理的价格现象，严重影响了消费者的消费热情，一方面反映出商品信息供求两端的不对称现象，另一方面也显示出我国农产品应急保障管理体系方面的薄弱。

第四节 本章小结

本章探讨了我国居民消费现状和特点、存在的问题以及我国居民消费需求不足的原因。分析认为我国改革开放以来消费总量不断扩大，增长率较高；消费水平指数增长较大，消费结构趋于合理。但是和发达国家相比，我国居民消费在消费规模、消费率、消费水平、消费结构等方面仍存在相当的差距，本章认为我国居民消费需求不足的原因除收入较低、社会保障不足等外，消费环境差，流通体系不健全也是非常重要的因素。

本章认为，我国消费品流通体系经过改革开放以来的迅速发展，基本形成了市场主体多元、流通渠道丰富、流通方式多样、流通环境改善的现

---

① 王冲、陈旭：《农产品价格上涨的原因与流通改革的思路探索》，《中国软科学》2012年第4期。

代消费品流通体系。但是,仍然存在诸如城乡体系分割、流通结构不合理、流通效率不高、流通制度环境差问题,这些问题导致我国消费品流通体系的不健全、欠完善,制约了我国居民消费水平的升级和国内需求的扩大。具体表现概括为:农村消费品流通网络建设滞后,造成农村消费环境较差,消费市场低迷,严重阻碍了农村居民消费需求的扩大;城市商业网点布局缺乏统一的长远规划,供求矛盾突出,服务性消费市场发育不全,社区商业服务发展滞后,难以满足城市居民消费需求的扩张;流通体系技术水平落后,流通效率低、成本高且浪费严重,这种高成本最终转嫁给了消费者,提高了消费品的销售价格,制约了居民消费需求的增长;消费品流通组织规模化水平低,缺乏规模效益,整体竞争力不高,与日益增长的消费需求不相适应;商业业态创新不足,不能结合特定市场环境,适应消费需求变化,无法激发消费者的潜在需求,有效刺激消费。可以看出,我国消费品流通体系缺乏扩大消费需求的长效机制,需要在今后的建设中积极探索。

第五章　影响我国消费品流通体系发展的因素探析

我国消费品流通体系随着一系列的实践变革，在流通主体、载体、渠道、职能和所有制等方面产生了深刻的变化，取得了巨大的成绩，但当前仍然存在一些与扩大消费、转变经济发展方式不相适应的矛盾和问题。尤其是近些年我国消费品流通体系出现了诸如购买力外流、农产品买难和卖难、流通成本高企、食品流通领域安全等突出问题。前文已经分析了我国消费品流通体系的现状和问题，也探讨了近些年流通体系的新政策对扩大消费的作用，但扩大消费不能仅仅靠个别政策的刺激，不能零敲碎打或就事论事，应当在消费品流通领域中建立长效机制，才能取得长久持续的效果。本章将研究影响消费品流通体系发展的主要因素，以期找到关键的影响因素，并探究消费品流通体系中建立扩大消费长效机制需要关注的重点领域。

第一节　影响消费品流通体系发展的因素分析

一　影响因素定性分析

流通体系是连接生产和消费，由流通市场、流通渠道、流通方式、流通环境、流通主客体组成的，各要素相互联系、相互影响的复杂的社会经济系统。我国流通体系的发展完善是伴随着经济发展水平的提高、居民收入和消费水平的上升、流通体制改革的深入、对外开放水平的提高、流通技术的进步和流通设施的完善的过程进行的，诸多因素的综合作用使我国流通体系逐步健全和完善，向更高的能级发展，成为我国市场经济体系的重要内容和基础。

经济体制和政策。我国流通体制是经济体制的反映。改革开放以来，我国的经济体制逐渐从"计划经济"向"有计划的商品经济"转变为社会主义市场经济，这表现在流通体系从"分配型"向"交换型"的变革，经济体制和经济政策对流通体系的发展和完善产生重要的作用。计划经济体制下，我国流通体系中几乎全部是国有或集体流通企业，企业经营活动由上级主管部门控制，成为国家计划和分配的工具。而进入 21 世纪后，国有、集体、股份制、个体和私营、外资等多种流通主体共存，非国有流通经济在流通体系中的比重不断增大，形成了充满活力的竞争性流通体系。流通改革 30 年来，我国流通体系先是破除了传统的"一二三零"购销体制，继而进行了批发市场建设和国有商业改革为主题的现代流通体系探索，这些实践变革都是在我国经济体制改革的背景下自上而下进行的，流通体系的变化深深地留下了经济体制变革的烙印。直至今日，国家的流通政策仍然对流通业的发展起到风向标的作用，国家的产业政策、贸易政策、物流政策等对流通体系的形成和变化产生深远影响。值得一提的是，我国经济领域的二元体制反映在流通领域就是：在城市的流通体系之外，存在一个相对独立的农村流通体系。城市现代化商业与流通体系已经相对成熟，而以集贸市场和小型零售企业为主体的农村流通体系则相对落后，进一步造成农村居民的"低消费陷阱"。

经济发展水平。经济发展水平是国民经济规模、速度的总体状况，流通产业作为国民经济的一部分，必然受到经济增长状况和发展水平的影响。生产决定流通，经济发展水平决定流通产业发展的基础。生产力的发展水平决定流通的成本和效率，流通的成本和效率则体现了流通的现代化水平和流通体系优化的潜力所在。经济发展水平高通常意味着产业部门的完整，生产和流通衔接和配合较为协调，流通相对健全，能满足生产和消费的需要。经济发达代表着流通体系的现代化程度较高。不同的经济发展阶段和水平会影响和制约流通体系的规模和结构。当一国经济平稳较快增长时，流通体系处于不断的协调和健全之中；而如果国民经济出现波动，会带来通货膨胀等问题，给流通体系带来负面影响。当今世界上流通体系相对健全和完善的国家如美、日、德等，无一例外都是经济发达国家。另外，经济发展水平直接影响居民的收入水平，而收入水平又直接决定着消费需求水平和结构，较高的消费需求水平需要高能级的流通体系与之配合。

管理水平。管理水平包括行政管理水平和企业管理水平。政府的行业管理水平对流通体系的发展产生宏观的影响。流通产业的合理规划、流通法律法规的健全、流通市场秩序的监管和规范等流通体系健全的关键问题都需要较高的行业管理水平。流通行业协会的发展和商业诚信体系的建设也对流通体系产生重要影响。在市场经济条件下，流通体系受企业管理水平的影响不容忽视。流通体系的基础架构是由数量众多的流通主体构成的，流通主体的组织化程度和管理水平直接关系到整个体系的发展水平和质量。例如，连锁经营是一种流通商业企业比较先进的组织形式和经营制度，可以把独立的经营活动组合成整体的规模经营，实现规模效益。连锁经营需要企业有较高的组织管理水平，才能使企业长久发展、做大做强。国际上著名的商贸企业，如沃尔玛、家乐福、麦德龙等，都是采用连锁经营的组织形式。欧美等发达国家的连锁化率普遍在90%以上，远远高于我国的连锁化水平。再如，渠道管理水平也对流通体系发展有重要影响。无论是直销网络还是经销商分销网络，关键的问题是对自身行业特点的认知、对分销渠道的控制、渠道伙伴的选择与合作等。稳定畅通的流通渠道、和谐的渠道关系是渠道管理高水平的表现。企业管理水平的提高也有助于形成大型流通企业集团，提高我国流通的行业发展水平和国际竞争力。流通主体的竞争力提高，必然促使我国流通体系的发展和升级。

基础设施水平。流通基础设施主要包括流通载体（如公路、铁路、水路、管道等）和转运集散站（如批发市场、集贸市场、物流中心、港口等），是我国流通体系的基础组成部分。基础设施的建设水平和完善程度与流通体系的发展和健全密切相关，没有现代化的基础设施就没有现代化的流通体系。近年来我国的流通基础设施发展迅速，固定资产投资增多，但由于对其公共性质的认识不足，导致流通基础设施不能充分满足社会需要，尤其是产地批发市场、农村集贸市场、农村公路建设比较落后，成为增加农民收入、扩大农民消费的重要障碍。另外，流通领域的产品冷链设施、环保设施、信息设施等基础设施也处于较低的建设水平，影响了我国流通体系的优化和升级。

信息科技水平。信息流是商品流通各要素的灵魂，信息技术在提高流通效率、降低流通成本、丰富流通形式等方面，发挥着不可比拟的作用，是流通体系向现代化迈进的动力源泉和保障。信息科技水平通过在根本上影响社会生产力来影响流通体系的发展。信息科技提高了整个流通体系的整合资源、优化配置的能力，增强了产业竞争力并促进产业升级。以网络为特征的计算机和信息技术的发展将促使流通组织形式、流通技术手段和经营管理等方面发生创新性的变革，给流通产业带来技术进步。以信息技术武装的现代物流，充当着流通科技化的"排头兵"。以网络展示和在线支付为特征的电子商务，变革了传统的交易方式和流通模式，促使流通体系必须利用现代信息技术促进结构转型和升级。

城市化进程。城市化是人口向城市集聚的过程和乡村地区变为城市的过程。近年来，我国城市化进程加快，2012年的城镇化率已经超过50%，给流通体系带来了深刻的影响。城市化过程是现代商品流通发展与变革的直接推动力之一，而现代流通发展与变革的过程也反过来构成城市化过程的基本内容。流通业的发展影响城市的规模和布局，对扩大就业和消费产生影响；城市化的发展加大了对金融、运输、商贸及生活服务的需求，推动流通业的发展。流通竞争力是城市竞争力的表现，城市的发展与流通的发展相辅相成，二者应该积极配合，互动发展。城市化对流通体系的影响还表现在：一方面，城市数量和规模的扩大，集中的人口需要更多的流通网点和设施以满足城市市场的消费需求；另一方面，城市分布和区位的变化，促使传统的商业流通渠道和网点必须做出相应的调整，新型市民的消费需求特点也给流通企业带来新的课题。城市化进程的加速促使流通资源向城市集中，导致流通产业集中度的提升，给我国流通体系的发展带来了机遇和挑战。

对外开放水平。经济全球化的实质是流通国际化，它包括本国流通企业以各种形式参与国际市场的竞争和外国流通企业进入国内市场的双向的过程。"入世"十年来，中国基本形成了内外贸一体化的流通体系，外部因素对我国商品流通产生了深远影响，尤其是经济危机的严重破坏性。在流通国际化的背景下，跨国流通企业集团抢滩中国流通市场，给我国流通产业带来机遇和挑战。一方面，代表先进管理水平的外资流通企业集团给国内的流通企业带来了先进经营方式和管理经验，像"鲇鱼"一样，激活了国内流通市场，其示范作用给国内流通企业树立了标杆管理的对象。另一方面，跨国流通巨头也冲击了国内现有的流通格局，促使我国现有流通方式、经营模式、业态形式的改变，对我国流通体系产生了深远影响，甚至带来流通产业安全的忧虑。

居民消费需求。居民消费需求是影响商贸流通体系的重要因素，满足需求、增进消费是流通体系存在和发展的目的和意义。计量显示，居民消费支出和流通增加值之间存在着长期的均衡关系。随着居民消费水平的提高和消费结构的变化,我国流通体系的结构和功能、交易方式等都会发生改变。从国际上看,人均GDP在300—1000美元之间,特别是接近1000美元,居民消费需求结构中生活必需品的比重下降,非生活必需品的商品比重上升,故而流通体系结构也应向高能级发展。当人均GDP达到2000—3000美元以后,居民消费水平进入小康阶段并平缓发展,流通体系进入相对稳定的多元化发展阶段。从我国的实际来看,近年来我国居民的消费已经进入小康阶段,需求的多样化、个性化等对流通体系提出了更高的要求,我国流通体系中也出现了越来越多样化的贸易组织形式、业态形式、交易方式等。消费需求的增加促使零售业在流通体系的作用越来越重要,消费需求的变化又促使零售业态从以小杂货店为主的传统商业向现代商业转变,促进了百货商店、超级市场、连锁商店等新型零售业态的出现。消费的现代化和多元化倾向,使流通业态更加现代和多元;消费结构的多样化和复杂化趋势,让流通结构趋向复杂和多样。消费无论是在商业流通发展的历史演进中,还是对新兴商业业态的崛起都起着非常重要的作用,商业流通要在消费导向型经济时代获得更大发展,则必须适应消费、推动消费、发展消费。

二 影响因素的计量模型实证分析

(一) 指标选取和数据说明

本章的定量研究的思路是:首先建立衡量流通体系发展水平的指标体系,然后使用计量方法得到一个水平值,将之作为被解释变量(Y);其次用代理变量和指标表示出流通体系的影响因素,将这些影响因素的指标作为解释变量(X_1—X_8);最后把解释变量和被解释变量放在一起进行多元回归分析。

流通体系的发展水平是一个宽泛的概念,用单一指标不能体现流通体系的全貌,本书提出一个包括规模性指标、结构性指标和效率性指标的评价指标体系,用以反映流通体系的发展状况。指标体系和指标原始值分别见表5-1和表5-2。为了简化分析,使用主成分分析法对数据进行降维,计算得到单一的流通体系发展水平值序列。

经济发展水平变量一般用国内生产总值(GDP)或人均GDP来代表。居民消费需求变量用最终消费中居民消费支出总量或人均量来代表。经济体制和政策变量实际上考察的是国民经济的市场化水平,因此可以用流通

表5-1　　　　　　　　流通体系发展水平衡量指标体系

目标层	准则层	指标层	指标含义
流通体系发展水平	规模性指标	流通增加值	批发和零售业增加值
		零售业集中程度	零售业销售额/社会消费品零售总额
	结构性指标	流通占国民经济比重	批零产值/国内生产总值
		工业消费品销售占比	工业消费品销售额/批零销售额
		批零比	批发业销售额/零售业销售额
	效率性指标	批零企业流动资产周转率	主营业务收入/流动资产总额

表5-2　　　　　　　　流通体系发展水平衡量指标原始值

年份＼指标	流通占国民经济比重	批零比	工业消费品销售占比	零售业集中程度	批零企业流动资产周转率	流通增加值
1995	0.079	3.947	0.312	0.347	2.217	4778.6
1996	0.079	3.706	0.334	0.319	2.119	5599.7
1997	0.080	2.128	0.249	0.564	1.982	6327.4
1998	0.082	4.369	0.177	0.151	1.899	6913.2
1999	0.084	4.090	0.351	0.151	2.004	7491.1
2000	0.082	4.132	0.384	0.161	2.25	8158.6
2001	0.083	4.006	0.411	0.163	2.428	9119.4
2002	0.083	3.717	0.219	0.177	2.48	9995.4
2003	0.082	3.569	0.225	0.203	2.586	11169.5
2004	0.078	4.598	0.205	0.261	3.113	12453.8
2005	0.076	4.110	0.308	0.271	3.176	13966.2
2006	0.076	3.740	0.303	0.304	3.246	16530.7
2007	0.079	3.894	0.558	0.304	3.214	20937.8
2008	0.083	4.484	0.602	0.350	3.374	26182.3
2009	0.085	3.642	0.568	0.327	2.846	28984.5
2010	0.089	3.810	0.593	0.366	2.996	35746.1
2011	0.092	4.020	0.606	0.391	3.005	43445.2

产值中非国有经济所占比重来衡量。管理水平的衡量比较复杂，根据数据可得性，本书选取批零业劳动生产率（批零业产值/批零业从业人数）来衡量。对外开放水平一般使用国际化指数，针对流通业实际，本书采用批

发和零售业中外商投资（含港澳台资）所占的比重表示。基础设施水平衡量的指标采用铁路、公路通车里程。城市化进程一般用非农业人口占总人口的比重来衡量。测度信息科技水平的指标尚未统一，本书使用姚毓春（2011）计算出来的信息化指数来表示。具体测度指标如表5-3所示。

表5-3　　　　　　　流通体系发展完善影响因素和测度指标

影响因素	测度指标	指标含义	变量表示
流通体系发展状况	发展水平评价指标体系	多指标主成分分析所得	Y
经济体制和政策	非国有经济占比	批零非国有产值/批零总产值	X_1
经济发展水平	国内生产总值		X_2
管理水平	流通业劳动生产率	批零业产值/批零业从业人数	X_3
基础设施状况	铁路、公路通车里程		X_4
城市化进程	城镇化率	城市人口/总人口	X_5
信息科技水平	信息化指数		X_6
对外开放程度	批零业利用外资水平	外资企业销售额/批零销售额	X_7
居民消费需求	居民消费支出		X_8

为了考察改革开放以来我国流通体系的发展变化，本书拟使用1995—2011年的时间序列数，数据全部来自《中国统计年鉴》、《新中国60年统计资料汇编》。各变量原始数据如表5-4所示，各变量数据的描述性统计结果如表5-5所示。

表5-4　　　　　　　　流通影响因素原始数据

年份	非国有经济占比 X_1	国内生产总值 X_2	流通业劳动生产率 X_3	基础设施水平 X_4	城镇化率 X_5	信息化指数 X_6	对外开放程度 X_7	居民消费支出 X_8
1995	0.739	59810.5	2.217	120.46	0.290	142.75	0.004	28369.7
1996	0.762	70142.5	2.119	123.67	0.305	173.48	0.008	33955.9
1997	0.797	78060.8	1.982	127.76	0.319	172.13	0.010	36921.5
1998	0.820	83024.3	1.899	134.44	0.334	193.59	0.011	39229.3
1999	0.816	88479.2	2.004	141.74	0.348	215.34	0.027	41920.4

续表

年份	非国有经济占比 X_1	国内生产总值 X_2	流通业劳动生产率 X_3	基础设施水平 X_4	城镇化率 X_5	信息化指数 X_6	对外开放程度 X_7	居民消费支出 X_8
2000	0.824	98000.5	2.250	146.87	0.362	237.37	0.025	45854.6
2001	0.825	108068.2	2.428	176.01	0.377	248.79	0.036	49435.9
2002	0.838	119095.7	2.480	183.69	0.391	265.18	0.027	53056.6
2003	0.839	135174.0	2.586	188.03	0.405	278.09	0.037	57649.8
2004	0.856	159586.7	3.113	194.44	0.418	286.04	0.029	65218.5
2005	0.864	184088.6	3.176	341.54	0.430	293.48	0.043	72958.7
2006	0.876	213131.7	3.246	352.71	0.443	303.91	0.046	82575.5
2007	0.893	259258.9	3.214	365.8	0.459	312.85	0.092	96332.5
2008	0.894	302853.4	3.374	380.97	0.470	320.30	0.110	111670.4
2009	0.906	340902.81	2.846	394.55	0.483	327.75	0.111	123584.6
2010	0.914	401512.79	2.996	409.12	0.499	340.13	0.118	140758.6
2011	0.926	472881.55	3.005	419.32	0.513	351.34	0.129	164945.2

表 5-5　　各指标变量描述性统计

统计量 \ 指标	X_1	X_2	X_3	X_4	X_5	X_6	X_7	X_8
均值	0.846	186710.10	23.374	247.12	0.403	262.501	0.051	73202.22
中位数	0.839	135174.00	24.515	188.03	0.405	278.090	0.036	57649.80
最大值	0.926	472881.60	48.219	419.32	0.513	351.340	0.129	164945.20
最小值	0.739	59810.50	1.151	120.46	0.290	142.750	0.004	28369.70
标准差	0.052	126288.60	14.650	118.43	0.070	64.107	0.043	40808.38
偏度	0.342	0.971	-0.203	0.328	0.038	0.422	0.739	0.914
峰度	2.426	2.749	2.052	1.317	1.821	1.972	1.975	2.685

(二) 模型选择和估计

本书使用的多元回归分析的模型形式为：

$$Y_i = \alpha_0 + \alpha_1 X_{1i} + \alpha_2 X_{2i} + \alpha_3 X_{3i} + \alpha_4 X_{4i} + \alpha_5 X_{5i} + \alpha_6 X_{6i} + \alpha_7 X_{7i} + \alpha_8 X_{8i+\varepsilon_i}$$

如果直接代入数据进行估计，则可能由于变量之间存在相关性而造成严重的多重共线性问题，为此，本书采用孙敬水（2010）的方法，先对变量组使用因子分析法进行降维，然后再进行回归分析。

进行因子分析之前首先对数据进行标准化，以消除量纲的影响（标准化后的指标仍然用 X_1—X_8 表示）。其次判断数据之间是否具有相关性，以决定能否使用因子分析。使用 Eviews 6.0 软件计算相关矩阵，如表 5-6 所示。可以看出，数据之间都具有相当的相关性，可以进行因子分析。

表 5-6　　　　　　　　　指标数据之间的相关矩阵

	X_1	X_2	X_3	X_4	X_5	X_6	X_7	X_8
X_1	1							
X_2	0.897	1						
X_3	0.787	0.714	1					
X_4	0.911	0.929	0.855	1				
X_5	0.980	0.929	0.852	0.943				
X_6	0.969	0.868	0.859	0.900	0.988	1		
X_7	0.895	0.969	0.706	0.922	0.921	0.867	1	
X_8	0.910	0.999	0.723	0.932	0.939	0.882	0.971	1

提取出 3 个公共因子 F_1、F_2、F_3，累计方差达到 95.6%，经过 2 次因子旋转，总方差趋于稳定。用经过旋转的因子载荷计算得分系数矩阵，得到上述 3 个公共因子的表达式。

$$F_1 = -0.0004X_1 + 0.0045X_2 + 1.645X_3 + 0.0009X_4 \\ -0.891X_5 - 0.0064X_6 + 0.0011X_7 - 0.0025X_8$$

$$F_2 = -0.776X_1 + 0.8152X_2 - 0.270X_3 + 0.1587X_4 \\ + 0.5619X_5 - 1.1587X_6 + 0.1989X_7 + 0.4474X_8$$

$$F_3 = 0.0817X_1 - 0.8586X_2 - 1.1381X_3 - 0.1672X_4 \\ + 1.8680X_5 + 1.2203X_6 - 0.2095X_7 - 0.4712X_8$$

得到表达式之后，以 F_1、F_2、F_3 为解释变量，Y 为被解释变量，建立回归模型，估计结果如表 5-7 所示。由表中的 P 值和 R^2 等检验指标来看，模型的拟合很好，且模型不存在自相关，得到了较好的回归结果。

表 5-7　　　　　　　　　　　公共因子回归结果

变量	系数	标准差	T 统计量	P 值
F_1	0.2082	0.0606	3.4368	0.0040
F_2	0.8533	0.0614	13.9074	0.0000
F_3	0.3521	0.0614	5.7308	0.0001
R^2	0.9454			
$Adj-R^2$	0.9376			
$D-W$	1.4204			

为了进一步判断每个解释变量对被解释变量的影响程度，将回归方程中的解释变量 F_1、F_2、F_3 用各自的表达式代入回归方程，得到：

$$Y = -0.0375X_1 + 0.3943X_2 - 0.2886X_3 + 0.0767X_4 \\ + 0.9516X_5 + 0.5604X_6 + 0.0962X_7 + 0.2163X_8$$

（三）估计结果分析

通过上面的回归方程可以看出，流通体系的发展水平（Y）和经济发展水平（X_2）、基础设施建设（X_4）、城市化发展水平（X_5）、信息化水平（X_6）、对外开放水平（X_7）、居民消费需求（X_8）六个因素呈正相关关系，这样就验证了前文对流通体系发展完善影响因素的分析。进一步分析看来，城市化发展水平（X_5）与流通体系发展的相关性最大，可以解释为伴随农村人口向城市集聚，城市流通体系必须适应这种消费需求的扩张和变化，流通规模和结构向更高能级迈进。信息化水平（X_6）也和流通体系建设密切相关，因为现代流通体系以信息化高度发展、信息技术普遍应用为主要特征，信息化为流通体系完善和升级提供技术保障。经济发展水平（X_2）与流通体系发展呈正相关，原因是经济发展水平是流通体系建设的基础，为现代化流通体系建设提供物质保证。居民消费水平（X_8）对流通体系的影响也很明显，因为满足消费需求是流通体系建设的终极目的，消费水平和结构直接影响流通体系的结构完善。基础设施建设（X_4）与流通体系发展的正相关关系比较容易解释，基础设施是流通体系的硬件保障，其建设水平和现代化程度直接决定着流通体系的效率和成本水平。对外开放程度（X_7）体现了流通体系利用外资的水平，外资流通企业对国内流通业产生了正向的效应，带来了先进的管理模式和经验。

反映经济体制和政策的指标"非国有经济占比"（X_1），显示出了与流通体系发展水平的微弱的负相关关系，流通业非国有经济所占比重的上升对原有的流通体系结构造成了冲击，使其处于更加激烈的市场化竞争之中。反映管理水平的指标（X_3）采用的是批零企业的流动资产周转率，周转率越高意味着管理水平越高，然而计量结果却显示出其与流通体系发展呈负相关关系，看来周转率对流通体系的发展影响不大，此结果有待更深入的研究进行解释。

三 实证分析结论和启示

本节分析了影响我国流通体系发展和完善的因素，并使用基于因子分析的多元回归模型进行了实证检验，研究发现：流通体系的发展水平和经济发展水平、基础设施建设、城市化发展水平、信息化水平、对外开放水平、居民消费需求等因素具有显著的正相关关系，这些因素的发展变化可以促进流通体系的健全和完善。流通非国有经济占比和流通企业资产周转率显示了与流通体系发展的负相关关系。

以上分析带给流通体系建设和发展的启示在于：经济发展水平是流通体系发展的物质基础；居民消费需求对流通体系的健全影响很大，要充分满足消费者各种层次的需求，把握需求变化规律；现代流通体系建设应以信息技术为工具，采用信息化、现代化的流通方式，发展电子商务等新的交易模式；城市化发展是流通体系建设的机遇和挑战，流通体系要充分适应人口向城市集聚而带来的消费需求扩大和多样化；基础设施建设是流通体系的硬件保证，要关注城市流通设施的过度开发和闲置现象，注重小城镇和农村的商业设施的建设，以更好地释放居民消费潜力；要坚持流通体制改革开放，合理引导和利用流通业外商投资，激发市场活力，提高流通体系的市场化程度。

第二节 建立扩大消费长效机制需要关注的流通重点领域

上节分析了影响我国消费品流通体系建设和完善的各种影响因素，发现信息技术对流通方式的创新影响很大，并催生了电子商务和网络购物等新的流通方式，对扩大消费产生了重要作用；流通基础设施也是影响流通体系发展的重要因素，城市老旧社区和新建小区内或周边的流通基础设施不足，和城市中心商业集聚甚至过剩的现象形成强烈反差，已经影响了城市居民消费需求的满足；农村消费品流通体系建设不足，危害到农村居民的消费质量提高和消费能级的提升，影响到农村居民消费需求的扩大。所以，城市社区商业体系、网络购物体系、农村消费品流通体系将是未来消费品流通体系建设的重点，是扩大居民消费的突破点，本节就此进行分析。

一 社区商业体系是扩大市民日用品和服务消费的重点领域

社区商业是城市商业中相对于中心区商业、区域性商业而言的一种商业形式，是以居住区居民为主要服务对象，以便民和满足居民就近生活消费为主要任务的属地型商业。社区商业的特点是：地域性强，服务对象明确，商圈较小。以经销日常生活用品为主。交易频繁，交易额小，交易时间短，成交概率大。营运成本相对低廉。经营目标多元化。

2005年5月，商务部下发《关于加快我国社区商业发展的指导意见》，对社区商业进行了整体指导，将发展和规范社区商业列为工作的重点，并将利用3—5年的时间，在全国人口过百万的160余个城市中，初步完成5000个社区商业的建设和改造工作。据估算，社区消费大约占整个城市消费品零售总额的30%，在发达国家，社区商业占整个商业零售额的40%。社区商业对于满足居民日常消费需求，提升生活质量，增加就业岗位，扩大居民消费，推进城市化进程均有重要作用。

社区商业存在的价值是多样的。首先，社区商业具有较多的社会价值，有利于构建合理的城市商业网点体系，整顿和规范城市商业经营行为，有效治理"脏、乱、差"的局面；有利于完善城市服务功能，提升城市的凝聚力，带动城市的健康发展。其次，社区商业具有较多的服务价值。服务居民是社区商业的核心价值。社区商业成为为居民提供满足生活需求，提高生活品位，缓解心理压力，增进情感交流的购物、休闲、娱乐的场所。社区商业不仅为满足消费者物质需求提供服务，也逐步为满足居民精神层面的需求服务。再次，社区商业具有较多的形象价值。社区商业是城市化的必然产物，不仅是商业活动活跃的场所，更是城市居民生活质量的标志。最后，社区商业具有凝聚价值。社区商业汇聚了一定数量的商业和服务企业，形成群体效应，使得经济活动在空间和时间相对集中，交易变得更有效率，顾客让渡价值达到最大化。社区商业不仅要为居民提供便利性选择和配套性消费的条件，还要汇聚不同类型、风格、定位的商家和商品，为满足不同居民的需要和商家的良性经营创造条件，等等。

1. 居民消费扩大升级要求社区商业服务功能进一步完善

社区商业的基本功能有：购物功能，主要为社区居民提供主副食品和生活用品；餐饮功能，主要提供早点、快餐及外卖服务；综合服务功能，主要提供理发沐浴、服装干洗、居民储蓄、废旧物资回收、图书报刊、住宿、非处方药品销售、邮电通信、休闲娱乐等综合服务；家政服务功能，主要提供钟点工、保姆、家教、搬家、代缴费和各项中介服务；维修服务功能，主要提供住宅水、电、气等维护和家用电器、生活耐用品维修服务；租赁服务功能，主要提供音像制品、汽车等租赁服务；除上述基本功能外，应提供健身、休闲、娱乐等服务功能，满足社区居民个性化、多层次的消费需求。

目前，以家庭为载体的休闲消费、文化消费、娱乐消费和服务消费逐渐成为生活的主流，并逐步向体验消费发展。新的消费观需要新的商业形式来承接，而新型社区商业就要顺应这种需要。新型社区商业应以多样化的商业业态组合、便捷舒适亲民的购物环境，满足居民日常基本生活需求，同时要更注重于为现代人的个性化消费服务营造宽松闲暇的活动空间，创造高品质的生活配套服务。

社区商业的发展趋势。第一代社区商业是早期的工矿企业居住的零售店、小卖部，其服务对象是小店附近的街坊。第二代社区商业是底商。开发商把楼房的一层、二层建成了商铺，给其带来了巨大的经济收益。第三代社区商业是各种特色的商业街或社区购物中心。有关资料表明，人均GDP超过3000美元，人们的生活方式将发生很大变化，商业业态也将随之逐渐从商业中心大型百货商场转变为大型超市，郊区仓储市场和各种类型的社区商业。未来社区商业将具有以下特点：居民日常购物消费将在500米范围内完成；采用购物中心、超市、便利店、专卖店、连锁店等商业业态，并根据用户的需求，开展电话订购、送货上门、送餐、上门维修等多项综合服务；规模相对集中的社区商业中心，注重多种业态合理组合；既能满足一般的衣食住行需要，又能适应新型的消费需求；为居民营造舒适便捷的社区商业环境，注重建筑、景观、环境等的体验式公众生活场所。

2. 目前社区商业方面存在的问题

缺少总体规划。社区商业建设主体是各区县政府。目前，尚缺乏较完善的整体规划，对业态结构形成的比例重视不够，业态同质化明显。街道之间的统筹协调、互补相容不够。有的地区既有社区商业配套不足也有配套过度的问题。随着城市建设和旧城改造的不断推进，一些社区内居住人口迅速增加，社区商业配套设施还跟不上；但在部分较为成熟的大型居住区域内，以大型综合超市为代表的商业设施往往扎堆开设，竞争激烈，给社区交通、环境和中小商户带来不利影响。

社区商业建设形式单一。目前，我国大部分的社区商业都是以底层商铺形式为主，受建筑形式的制约，难以满足超市、餐饮等社区商业业态的需要，影响了一些连锁企业的进驻。底层商业形式经营餐饮业对居民生活也会产生影响。

保障型业态配套发展缓慢。开发商往往注重房产效益而忽视商业配套，特别是菜市场、大众化餐饮、理发、沐浴、维修等带有公共服务性质的民生必需行业，供需矛盾突出，影响居民日常生活，而商业主管部门还缺乏有效的调控手段。

改造提升传统社区商业较为困难。传统社区商业往往将关键配套商业和居民住宅设置在一起，随着超市、便利店、快餐等新的零售业态不断出现，客观上要求商业和居民区适当分离。但是，受建筑空间和周边环境的影响，动迁成本较高，难以将商业网点进行适度集中设置，改造和调整不易到位。也有一些老的城市社区缺乏商业设施，其社区商业的完善和发展受到现实环境的制约。

二 农村消费品流通体系是扩大农村居民消费的重点领域

作为一个农业大国，农村居民面临消费升级的机遇，农村消费市场有巨大的消费需求释放空间。长期以来，我国流通网络建设薄弱，农村流通发展滞后，农村市场是扩大内需的重点。目前，农村消费品流通体系的落后，在一定程度上制约了农村经济的发展和农村消费需求的扩大。黄国雄（2000）指出农村流通的和谐发展是促进商业系统优化、扩大内需的重要组成部分。柳思维（2005）从博弈论和信息不对称角度分析了农村商贸市场对于农村消费的促进作用。李骏阳等（2011）使用偏最小二乘法，定量研究了流通业对农村消费的影响程度。现有研究表明，流通对消费具有导向、促进和保障的作用。特别是在农村，农村流通业和消费彼此制约，相互促进，农村流通体系发展速度和规模直接影响到居民消费需求的实现效果，进而影响到消费结构与消费方式的升级。加强农村消费品流通体系建设，是搞活农村流通、扩大农村消费的重要举措，也有利于建立扩大消费的长效机制。

农村居民消费需求个性化、多样化，需要农村消费品零售业态的多元化；农村居民消费的高度化和成熟化，要求加强农村流通体系的休闲服务功能；农村居民对价格的敏感性要求消费品流通体系更具效率化。农村流通体系发展不畅成为农民消费升级和扩大消费的障碍，突出地表现在政府对农村流通体系的政策和资金支持不足、农村流通设施建设滞后、农村流通主体组织化程度低、经营模式单一、流通秩序混乱、农村物流发展滞后等方面，影响了消费者的积极性，制约了消费需求的实现。扩大农村消费，必须从以下多个方面进行努力。

（1）加强政府领导和规划，完善政策法规。各级政府应充分重视，强化责任意识，成立专门的领导机构和办事机构，相关部门密切配合，形成全力支持、齐抓共管的农村现代流通网络建设工作局面。同时，要做好农村现代流通网络的规划制定工作，按照现代流通发展的要求，把相关的农产品批发市场、农村供销合作社、农产品专业协会、农村经纪人队伍等纳入规划范畴。加强农村商业网点的发展规划与分类指导，对现有商业网点资源进行整合，使商业网点形成布局合理、业态较齐、功能较全的局面，逐步建成以县城为龙头、以乡镇为骨干、以村为基础的农村流通网络。制定农村现代流通网络建设标准和管理规范，推进农村现代流通网络服务的标准化、规范化和科学化。加快研究和制定规范农村商品流通活动、农村流通主体和市场行为等方面的法律法规和行政规章。加强农村地区的流通基础设施建设。加强基础设施建设，以改善农村的消费环境，为扩大消费创造条件。首先，要继续抓好农村道路的规划、建设、管理和维护。建设农村地区第三方物流配送体系，降低配送成本。其次，继续发展农村电网，对其进行铺设或改造。此外，还应加强用电和收费管理，进行合理收费。电价的降低有利于刺激农村家用电器的消费，为更多的家电进入农村创造条件。在供水方面，要改进农村的供水设施和水质，尽快发展自来水供应系统，逐步实现农村饮用水自动化，这将扩大洗衣机、热水器等在农村的消费。最后，加强农村信息化建设，使农村居民方便地获取信息，与外界的联系方式更加多样化，激发农村电子商务市场的开拓。

（2）规范农村市场秩序，改善农村消费环境。要加强农村市场监管，加大执法力度，严厉打击生产和销售假冒伪劣产品的违法行为，打击欺行霸市、强买强卖等不法行为,打击坑农害农的虚假违法广告行为,健全农村消费者投诉受理机制,保护农民合法权益,确保农村消费需求的顺利实现,这对于扩大消费需求具有不可估量的作用。要支持面向乡镇的农村集贸市场和大型农产品批发市场的建设与改造工程,加强对农村集贸市场和专业批发市场的技术改造和规范管理,改善市场环境。积极开展符合农村特点的节假日消费和旅游消费活动,不断创新消费形式和消费内容,为农村居民提供多样化消费需求实现的途径。政府、流通组织和消费者都从自身出发,才能改变农村消费流通市场秩序混乱的现状,为满足消费升级、扩大消费提供和谐的市场环境。

(3)进一步推进"万村千乡市场工程"。以县城和中心城镇为重点,以村、乡镇为基础,进一步引导城市连锁超市向农村延伸,鼓励有实力的流通企业改造"夫妻店"、"代销店",发展特许经营、销售代理。引导各类大中型流通企业利用品牌、配送、管理等优势,通过投资或加盟连锁的方式建立或改造农村消费品零售网络。支持各类中小型企业自愿结合,统一采购,统一建立销售网络。充分发挥供销合作社在农村物流中的作用,利用其点多面广的优势,提升连锁配送网络在农村市场中的功能,完善农村社会化服务体系。引导各类大中型流通企业直接到试点县市的乡镇投资建立连锁零售企业,改造原有供销社。

(4)大力推进流通组织网络使用多样化。进一步扩大农家店的覆盖面,积极拓展农家店经营服务范围,逐步实现农家店收购农副产品、搭建综合服务平台、推动农副产品创自有品牌、进超市等"一网多用"功能。支持农村流通组织参与"家电下乡"、"汽车下乡"等工作,推动工业消费品的农村推广。以小城镇零售网点为依托,扩展零售企业的服务功能,逐步实现消费品、农资、药品、图书等"一网多用",不仅可以使原有网点增强实力改善经营,还可以满足农村居民的多种服务需求,培育新的服务领域,创造消费环境,活跃市场。

(5)农村传统集会的完善和管理。农村集贸市场是农村商品经济活动的中心和推动器。我国农村集贸市场一般分为三类:传统的农村集市、在乡镇政府驻地开办的集贸市场、企业及其他组织和个人开办的市场。集市上的零售经营者以路为市摆摊设点,销售各类日用品、农副产品。农村集市是发展农村零售业的较好的场所。由于农村集会点多、面广、流动性大,农民消费维权意识普遍不强,从根本上消除农村集会假冒伪劣商品需要大力度的整肃治理。工商行政管理部门是集会交易的主管机关，工商管理部门可以划定特定的区域形成不同的市场，交给不同的市场经营者，要求市场经营者登记备案，对流动商贩做实名管理，工商部门还要在不同的市场加强工商法规宣传，让市场经营者做好农民消费者权益的维护和争议的处理，同时还要联合质检卫生防疫和新闻媒体等相关部门，形成合力实施综合治理。

三 网络购物是扩大消费的热点领域

信息技术的高速发展，创造了新的消费品流通方式，电子商务发展势头迅猛，许多大型的 B2C 电商企业和 C2C 交易平台成为消费者进行消费品选购的重要甚至首选的平台。在传统消费品流通渠道进入成熟期盈利下降的时候，网络购物异军突起，成为扩大居民消费品需求的"新大陆"。

网络购物，包括发生在互联网企业之间（Business to Business，B2B）、企业和消费者之间（Business to Consumer，B2C）、个人之间（Consumer to Consumer，C2C）、政府和企业之间（Government to Business，G2B）通过网络通信手段缔结的商品和服务交易。本书中的网络购物仅指 B2C 和 C2C 购物。

据中国电子商务研究中心监测数据显示[①]，截止到 2012 年 12 月中国网络购物市场交易规模达 13205 亿元，同比增长 64.7%，网络购物市场交易规模占到社会消费品零售总额的 6.3%，而这个比例在上年仅为 4.4%。国内 B2C、C2C 和其他电商模式企业数已达 24875 家，较上年增幅达 19.9%，中国网购的用户规模达 2.47 亿人，同比增长 21.7%。网络购物环境日趋完善和成熟，它快捷方便不受地域限制，而政府监管及物流支付环境也渐渐成熟，这就导致网购用户的不断增长，越来越多的人接受网购并加入到该行列中来；网上购物相比实体店购物有一定的价格优势。2012 年，我国网络购物用户整体满意度在 90% 左右，整体满意度的提升表明网络购物整体质量在继续优化。电商制造节日，特别是年末的"双十一"、"双十二"让网购交易额再冲击了一把，如 2012 年 11 月 11 日淘宝和天猫两家网购单日记录为：天猫 132 亿元，淘宝 59 亿元，合计 191 亿元；而 2013 年"双十一"天猫淘宝销售额达 350.19 亿元，13 小时就

---

① 《2012 年度中国网络零售市场数据监测报告》，中国电子商务研究中心（http://www.100ec.cn）。

破了2012年的纪录。

注册用户、成交量及交易额的大幅持续增长在一定程度上反映出消费者购买途径偏好已逐渐从实体商店转向虚拟网络。随着生活节奏的加快及网络通信技术的日臻完善，网络购物有望成为消费者的主要购物方式。考虑到消费者的年龄差距、城乡差别，网络购物目前主要集中于城市低年龄层的消费者中。随着中国消费者知识层次的提高、接触网络可能性的增加及农村物流及网络接入服务的增长，网络购物的市场份额将长期存在增长空间，这将必然挤压其他零售业态的市场份额。

《中共中央关于制定国民经济和社会发展第十二个五年规划的建议》提出，要积极发展电子商务，加强市场流通体系建设，发展新型消费业态，拓展新兴服务消费。根据国家"十二五"相关规划，到2015年国内网络购物占社会消费品零售总额的比重将提升到10%以上。

（一）网络购物扩大消费的优势

在电子商务条件下，消费者可以利用网络扩大搜寻范围，由于网络打破了时空限制，使消费者可以用较少的机会成本扩大搜寻范围，从而使市场效率提高。

网络购物的优势在于：消费者可获得与传统购物方式不同的购物经验，满足消费者求新、求异、追求时髦的心理。网上的产品丰富多样、价格低廉、富有特色，能极大地满足消费者对个性化产品的需求，也能满足一些对价格非常敏感的消费者需求。节省购物成本和购物时间，消费者足不出户就能取得产品的相关信息，节省购物时间及交通成本，方便、省时，也可免除购物疲劳。网络展示降低了信息的不对称性，消费者可以在零成本的情况下对各种同类产品进行分析比较，系统全面地了解产品，消费者可以同时打开多个购物网站，浏览多个店铺中同一类商品的价格，获取价格最低、质量最优的产品。网络购物无时间和地点限制的特点，也使消费者能够随时选购全国甚至是世界各地的各种产品。网络购物平台中丰富多彩的多媒体产品展示方式也极大地刺激了消费者的消费欲望。

以上种种都导致了交易额的增加，激发了消费者的消费需求。

（二）网络购物扩大消费存在的现实障碍

尽管目前网络购物发展很快，成为新的消费热点，但仍存在一些问题，需要在发展的过程中予以解决，才能在扩大消费中发挥更大作用。目前网络购物的问题主要表现在以下方面。

（1）网络购物在全国的普及率不高，偏远落后地区及老年群体市场占有率低。从宏观层面来看，我国网络购物在地域上发展相当不平衡，主要集中在经济发达省份和城市，经济发达省市网购者占全国网购网民数的1/3以上。从学历层次上看，学历越高，网上购物比率越高。在普通市民和农村居民中，网购的比例偏低。购物者的知识水平、收入水平、年龄、对新的消费方式的认同感极大地影响着网络购物的发展。

（2）物流配送体系薄弱。网络购物呈大跨步发展趋势，而物流配送的发展速度却跟不上，这样就制约了网络购物的发展，每到过节前后或者大促销活动后，多家快递公司会出现"爆仓"、"停运"等现象。另外，由于配送从业人员的素质较差，经常出现配送不及时、邮件损坏、调包等现象的发生，使买家退换货难。因网购经销商和物流公司相互推诿，消费者通常要承担物流配送不及时和物品破损所致损失。相对而言，B2C购物网站自建物流的方式尚能满足用户的送货需求，但是对于C2C市场的广大用户，目前的物流体系无论从服务态度还是质量上都在满足市场需要上存在欠缺。

（3）网络支付平台存在一定风险性。中国互联网络信息中心提供的一份调查显示，30.4%的非网上支付用户是因为感觉不安全、担心资金被盗而不使用，还有11.8%的非网上支付用户担心账户信息泄露。由于安全支付方面的问题，导致利用网络窃取钱财的实例时有发生。不断见到媒体纷纷报道的诸如网银客户资金被非法转账、客户被虚假连接错误支付款项等一系列网上支付负面案例，使许多客户对网上支付的安全性产生了诸多怀疑。

（4）商品知情权难以保证，导致双方的诚信缺失问题。网络展示产品信息具有不完整性，顾客对质量、售后服务认知存在不确定性。由于网络购物是在虚拟市场进行的，消费者无法真实地了解该商品的具体情况，只能通过图片、广告来比较辨别，买卖双方无法以面对面的方式进行洽谈、交易，具有明显的不确定性，容易导致诚信缺失问题。

（5）有关法规的不完善使消费者投诉困难。由于网络购物还是个新兴事物，一些相应的法规和市场管理措施等没有及时跟上，而且，由于网络的虚拟性，常常让消费者维权无从下手。网络购物维权难的困难主要表现在两方面：一方面是维权成本过高；另一方面是维权执法困难。交易信用管理、安全认证、在线支付、税收、市场准入、隐私权保护、信息资源管理等方面的法律法规还在研究和制定,给执法造成了一定困难。

第三节 本章小结

本章分析了影响消费品流通体系长期发展的各种因素,并进行了实证分析,识别出关键的影响因素;认为农村消费品流通体系、网络购物体系和社区商业体系是消费品流通体系建立扩大消费长效机制的重点领域。

第六章　扩大消费长效机制的消费品流通体系总体框架和评价研究

本章将分析建立扩大消费长效机制对消费品流通体系的要求，并尝试建立起扩大消费长效机制的消费品流通体系的总体框架，然后建立指标体系，从定量方面评价我国现存消费品流通体系是否具有扩大消费的长效机制、促进消费扩大的效果如何。

第一节　扩大消费长效机制的消费品流通体系的总体框架

一　建立扩大消费长效机制对消费品流通体系的要求

我国消费品流通体系需要建立扩大消费的长效机制，这是不言而喻的，但是具备长效机制的流通体系与原来的流通体系有何不同之处呢？换句话说，消费品流通体系需要具备什么特征、做出哪些改进才能具有扩大消费的长效机制呢？本书认为，为了适应消费升级的变化和建立扩大消费长效机制，消费品流通体系必须达到业态多元化、服务便利化、运作效率化、城乡一体化、法制化和规范化、循环化等要求，具体分析如下。

（一）消费需求多样化要求流通业态多元化

随着生活水平的提高，人们的消费需求呈现个性化和多样化趋势。由于消费者的消费层次和消费偏好不尽相同，就需要多种流通业态并存的合理局面。要建立扩大消费的长效机制，各种流通业态需要对消费者需求进行深入的研究并准确地进行市场细分和市场定位，找到各自的生存空间并协调地、平衡地发展。消费者需求的变化导致了流通企业在选址、商品组合、营业时间、技术服务和销售方式上的变化，这些变化导致了流通业态的变迁，流通业态需要多元化发展，才能满足消费需求的变化和升级，促进消费增长。

比如，为了满足消费者的大量、低频的购物习惯，传统商店不断扩大商品组合的宽度，出现了大型超级市场；为了满足消费者更加高度化、成熟化的消费方式，流通组织必须不断增加服务内容，出现了能满足消费者购物、休息、娱乐、餐饮、保健等多种需求的大型购物中心；为了满足消费者低价格的取向，出现了折扣商店、仓储商店等流通业态；为了满足消费者随时的、不定时的购买，24小时无休的便利店方兴未艾；网上购物、电视购物则是为了满足消费者对购物时间和场所便利偏好的新型业态。新型业态的出现并不意味着传统业态的消失，新旧业态应当错位竞争，多元化发展。多种流通业态和谐共存、互补发展，反映了消费品市场的成熟和现代。扩大消费长效机制的建立要求流通组织必须改变传统经营思维，不断进行业态创新。

（二）便利消费要求流通服务便利化

随着生活节奏的加快，人们希望消费变得更加快捷和便利，日常购物希望在住所附近就能够被满足，甚至足不出户就能够买到需要的消费品，消费升级的需求也希望信用消费能够更加便捷。这就给消费品流通体系的布局提出了更高要求，也为流通功能升级提供了方向。

农村居民希望在村里就能够买到质优价廉的消费品，这就需要把品类丰富、保证质量的连锁商店开到每个农村去；城市居民希望在小区里或附近就能够买到日常消费品和生鲜食品，享受到便捷的餐饮、家政、修理、租赁等综合服务，这就需要对便民菜市场等社区便民商业进行合理规划和优化升级；消费者希望足不出户随时进行海量商品的选择和购买，电子商务和网络购物需要能够满足消费者完美的购物体验；当消费者想"花明天的金钱，过今天的生活"进行信用消费时，流通体系就需要和金融机构进行深入合作，简化信贷购物手续，制定诸如"零首付、低利率"的优惠的信用消费政策，降低消费者的信用消费成本。建立扩大消费长效机制，需要在完善促进便利消费的消费品流通体系上面下功夫，促进流通服务便利化。

（三）实惠消费要求流通体系运作效率化

近年来，我国经济出现了通货膨胀的势头，消费者的价格意识逐步增强，注意消费的控制，中国消费者的传统消费观念也是注重实惠和物美价廉。这在价格容易出现波动的生鲜食品、日用杂货、耐用消费品上表现得更为突出。我国消费品流通体系效率不高的状况造成了商品的损耗和浪费，提高了最终的售卖价格，抑制了消费需求的扩大。高效率的消费品流通体系可以化解供求的结构性矛盾，稳定物价尤其是居民消费价格。通过流通体系的效率化来降低消费品价格，以低价格体系保证消费者的利益，这样既可以缓解通货膨胀的压力，也可以扩大居民的消费需求。

要实现流通体系内商流、物流、资金流的有效协同运行，实现生产企业和流通企业的顺畅合作，消费者便捷和实惠消费，整个社会循环处于一种高效运行的状态，流通体系效率化的提高是不可或缺的。消费品流通体系要提高效率，必须进行信息化改造，促进流通体系的现代化发展。现代化的物流技术和信息技术需要应用到流通的全过程，城市共同配送和农产品现代流通也需要得到推广。生鲜蔬菜等农产品"直供直销"和"农超对接"可以减少流通环节，提高流通效率，降低销售价格，有利于扩大消费，值得在全国推广。新技术装备起来的消费品流通体系，流通效率化的提高将满足消费者实惠消费的需求，进而扩大消费。

（四）挖掘农村消费潜力需要城乡流通一体化

农村居民消费潜力巨大，扩大农村消费需要加快农村消费品流通体系的建设，促进城乡流通体系的一体化发展。2011年，农村人口占全国人口的48.73%，而农村居民消费支出对GDP的贡献仅为8%，相比较而言，城镇居民消费支出的贡献为27.4%，而且呈上升趋势。城乡居民消费存在显著差异，目前我国农村居民的消费水平至少要落后于城市居民10—15年，城乡居民的消费比在3以上。在农村居民收入水平提高和消费结构升级的趋势下，农村居民的消费行为会不断向城市居民趋同，特别是在穿着、居住和交通工具这类具有流行和炫耀特征的消费支出方面，农村的消费需求具有巨大的开发潜力。所以扩大消费的重点应该在农村，建立扩大消费长效机制需要统筹城乡消费品流通体系，促进城乡双向流通体系一体化发展。

农村消费品流通体系的薄弱已成为制约农村经济发展和改善农村消费环境的重要障碍。城乡一体化的流通体系是统筹城乡协调发展的必然要求。当前我国农村消费品流通体系发展严重滞后，农村流通经济环境较差，流通基础设施落后，流通组织不发达，流通管理体制不到位，导致城乡之间消费品流通不畅，农产品进城与工业消费品下乡的综合成本较高，阻碍了农村居民收入的提高和消费的增加。所以，建设农村现代流通服务系统，构建城乡一体化的消费品流通体系是扩大消费尤其农村消费的启动点。

(五) 安全消费需要流通规范化、法制化

近年来流通体系的消费安全事件层出不穷，尤其是食品安全问题越来越严重。流通领域的经营者缺乏社会责任，假冒伪劣产品泛滥，市场流通秩序混乱，严重影响了消费者的消费积极性。消费者丧失了对流通市场的信心，出现了能买而不敢买的状况，将严重影响我国消费规模的扩大。消费者对安全消费的要求，促使我国流通体系必须加强法制建设，规范流通秩序，严格流通监管，创造流通企业公平的竞争环境，以流通和谐促进消费和谐的实现，使消费者放心大胆地消费。

消费安全需要消费品流通体系中的市场经营主体遵守流通法律法规，也需要市场流通监管主体严格依法办事，而这一切都需要有一个健全完善的流通法律法规体系为前提。流通法律法规的制定应当以维护流通公平竞争的市场秩序为原则，以维护消费者合法权益为准绳，同时建立有效的商品流通市场监管体系。另外，市场经济也是信用经济，流通秩序混乱从根本上说是流通主体交易信用丧失的结果，因此，提高失信成本，重塑商务诚信，建立诚信体系是保证居民安全消费的治本之策。

(六) 低碳消费要求流通体系循环化

随着环境问题的突出和居民消费观念的更新，低碳消费成为新的消费时尚。在资源约束的条件下，人们节省能源的意识增强，消费者更加青睐节省能源的商品。低碳消费理念的兴起要求流通体系的循环化，促进循环消费的流通体系需要进一步完善。

比如二手商品如果没有良好的流通渠道，就无法实现价值的再次利用，将影响新商品的销售，所以二手商品流通市场是实现循环消费的途径之一；再生资源回收利用体系的建设是满足人们低碳消费需求的重要步骤；物流过程是消耗大量能源的过程，在此过程中降低空驶率，采用新能源运输工具、提高能源利用效率是绿色物流的要求；需要在流通体系中培育绿色市场，推广绿色采购，引导绿色消费。

二 扩大消费长效机制的消费品流通体系总体框架

上文讨论了扩大消费长效机制对消费品流通体系的要求，居民对安全消费、便利消费、实惠消费、超前消费、绿色消费等方面的新的需求都对消费品流通体系提出了更高的要求，为了满足这些要求，流通体系必须呈现出一些新的特点。以下尝试按照建立扩大消费长效机制的要求，构建消费品流通体系的总体框架。本书认为，具有扩大消费长效机制的消费品流通体系包括：适度集中、结构优化的流通组织体系，竞争有序、城乡一体的流通市场体系，权威规范、健全的流通法律体系，执法严格、部门协调的流通监管体系，规划先行、政策配合的流通调控体系，低碳、循环的绿色流通体系，信息引导的热点消费促进体系，吸收创新、层次丰富的流通业态体系，见图6-1。

①适度集中、结构优化的流通组织体系。流通组织是消费品流通体系的基本单位，包括直接流通组织和间接流通组织。具体而言，包括快速消费品流通组织、耐用消费品流通组织、工业消费品流通组织、农产品（含鲜活农产品）流通组织等。从所有制角度看，不但包括国有流通企业、城乡集体流通企业，而且包括个体私营流通企业和外资（含中外合资）流通企业等经济组织。适度集中就是要培养和发展一批业绩突出、核心竞争力强的大型流通企业和集团，适度提高流通市场集中度，使之成为消费品流通体系的主力军；结构优化就是要形成主次分明、大中小流通企业协调发展的流通组织结构。与工业品流通不同，消费品流通的特点决定了只能以专业流通企业为主导的流通组织形式。扩大消费首先要求流通组织是现代化的市场主体。

②竞争有序、城乡一体的流通市场体系。流通市场体系包括国际消费品市场、城市消费品市场、生活消费品市场、工业消费品市场、农村消费品市场等。形式上包括批发市场、集贸市场、菜市场等。竞争有序是对流通市场体系的基本要求，充分合理的公平竞争可以保持市场活力。城乡一体是扩大农村消费品消费和城市农产品消费的主要举措。消费品市场体系建设的目标是布局合理、功能齐备、制度完善的现代消费品市场体系。

③权威规范、健全的流通法律体系。法律法规的建设是流通体系扩大消费的长效机制之一，也是重要的制度保障。《反垄断法》、《反不正当竞争法》、《会计法》、《价格法》、《电子签名法》、《烟草专卖法》等法规是我国流通法律体系的基本架构。下一步要健全规范流通市场主体、市场秩序、市场监管方面的流通法律体系。

④执法严格、部门协调的流通监管体系。流通监管体系是净化流通环境、保障消费安全的管理系统。它包括监管主体、监管客体和行为规范。监管主体主要是政府、行业协会等；监管客体包括相关主体行为和商品流

第六章 扩大消费长效机制的消费品流通体系总体框架和评价研究

```
扩大消费长效机制的消费品流通体系
├─ 适度集中、结构优化的流通组织体系
│   ├─ 快速消费品流通组织
│   ├─ 耐用消费品流通组织
│   └─ 农产品流通组织等
├─ 竞争有序、城乡一体的流通市场体系
│   ├─ 城市消费品市场
│   ├─ 农村消费品市场
│   └─ 国际消费品市场等
├─ 权威规范、健全的流通法律体系
│   ├─ 市场主体的法律
│   ├─ 市场秩序的法律
│   └─ 市场监管的法律等
├─ 执法严格、部门协调的流通监管体系
│   ├─ 监管主体
│   ├─ 监管客体
│   └─ 行为规范等
├─ 规划先行、政策配合的流通调控体系
│   ├─ 法律手段
│   ├─ 经济手段
│   └─ 行政手段等
├─ 低碳、循环的绿色流通体系
│   ├─ 绿色商流
│   └─ 绿色物流
├─ 信息引导的热点消费促进体系
│   ├─ 网络购物
│   ├─ 服务消费
│   └─ 热点商品消费
└─ 吸收创新、层次丰富的流通业态体系
    ├─ 以综合为特征的业态
    ├─ 以专业为特征的业态
    └─ 需求量的消费品业态
```

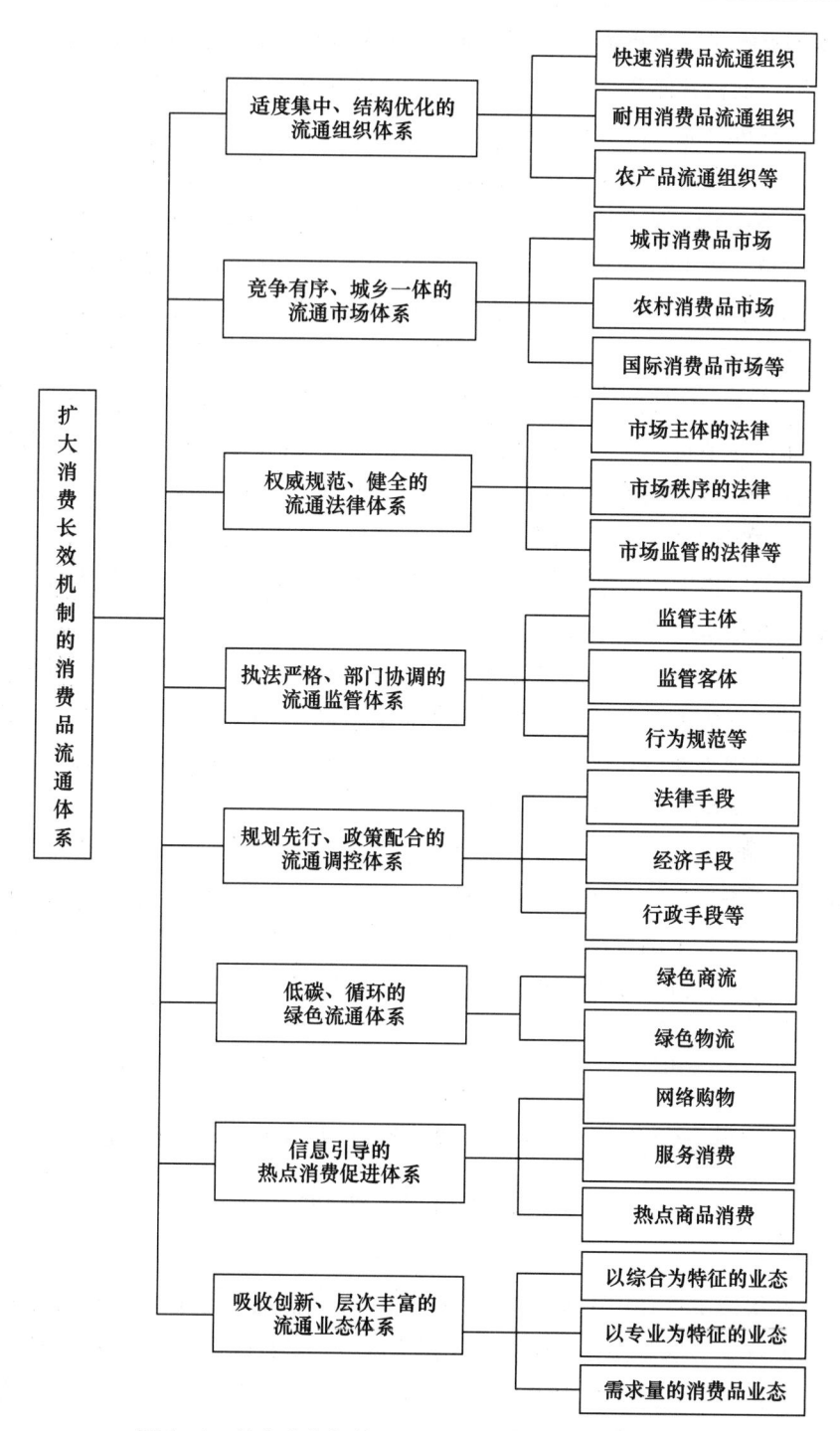

图 6−1 扩大消费长效机制的消费品流通体系总体框架

通市场运行过程；行为规范由流通法律和交易信用构成。要建立促进安全消费的流通监管体系就要健全监督管理机构和管理人员队伍，并严格按照法律法规进行监管。

⑤规划先行、政策配合的流通调控体系。国家对流通体系进行宏观调控主要是通过法律手段、行政手段和经济手段等。而具体的调控政策包括财政政策、货币政策、消费政策、流通政策等。我国消费品流通地区封锁、部门分割、不平衡的现状要求流通调控应该统一规划、总体协调，各种政策积极配合。

⑥低碳、循环的绿色流通体系。绿色流通是指以绿色文明为方向、以环境保护为导向，直接或间接促成污染减少的环保趋向型商品流通过程及活动（程红等，2005）。绿色流通体系包括绿色商流和绿色物流两个方面。具体包括绿色采购、绿色市场（饭店）、绿色消费、绿色流通加工、适度包装、再生资源回收等。绿色流通是为了适应消费者方兴未艾的绿色低碳消费理念而兴起的。

⑦信息引导的热点消费促进体系。网络消费、服务消费、热点商品消费等是新兴的消费领域，是扩大消费的重点领域。热点消费的促进体系在制度上表现为支持和培育消费热点的消费政策、价格政策、税收政策、产业政策、金融政策、舆论引导等。

⑧吸收创新、层次丰富的流通业态体系。流通业态的丰富和协调是满足消费者个性化、多样化消费需求所必需的。在吸收国外先进业态形式的基础上，具有中国特色的业态创新尤为重要。业态体系主要包括以综合为特征的业态、以专业为特征的业态和以需求量的日用消费品为主导的业态等。

第二节 扩大消费长效机制的消费品流通体系的评价研究

在构建了具有扩大消费长效机制的消费品流通体系的总体框架之后，遵循此框架，本节将尝试建立一个评价体系，对我国现有消费品流通体系的促进消费的状况和能力进行评价。通过对流通体系促进消费的水平和能力的评价，能够发现流通体系发展的不足，更加有针对性地采取措施，增强流通体系促进消费扩大的能力。

一 流通体系促进消费评价指标体系的建立

（一）评价指标选取原则和思路

选择合适的评价指标是建立评价指标体系的基础和重要前提。指标的选择要遵循一些基本的原则，主要有规范性原则、可比性原则、可操作性原则、数据可得性原则、动态性原则等。只有遵循这些原则遴选出来的指标才具有使用价值，才可能得到有意义的结论。

由于对流通体系促进消费的水平和能力的评价是一项具有一定创新意义的工作，并没有现成的评价体系可供借鉴，故本书的评价体系建立的思路是从基础理论出发，建立一个新颖的评价体系。但并不意味着所选取的指标全部都是以往文献未出现过的，还是要参考现有对流通体系评价的研究成果。

（二）评价指标体系的构成

该指标体系包括流通产业促进、流通市场促进、流通监管促进、流通环境促进、绿色流通促进、热点消费促进六个类别，又根据不同类别分别设置不同的指标，具体指标体系如表6-1所示。

表6-1 流通体系促进消费评价指标体系构成

类别	编号	指标	类别	编号	指标
流通产业促进指标	X_1	流通业增加值占GDP比重	流通环境促进指标	X_{15}	流通体系财政投入
	X_2	流通业固定资产投资		X_{16}	消费性贷款占比
	X_3	流通业库存率		X_{17}	消费者信心指数
	X_4	流通业就业贡献率		X_{18}	信息化发展指数
	X_5	人均消费品零售总额		X_{19}	中国信用小康指数
流通市场促进指标	X_6	零售市场集中程度	绿色流通促进指标	X_{20}	新型零售占比
	X_7	流通市场化指数		X_{21}	物流总费用占GDP比重
	X_8	流通市场坪效		X_{22}	绿色食品销售额
	X_9	商品交易市场成交额增速		X_{23}	电子商务市场规模
	X_{10}	万村千乡农家店数量		X_{24}	网络购物占比
流通监管促进指标	X_{11}	食品卫生抽样合格率	热点消费促进指标	X_{25}	快递市场营收规模
	X_{12}	消费者申诉案件数		X_{26}	连锁经营比重
	X_{13}	消费者网购满意度		X_{27}	商业预付卡销售规模
	X_{14}	产品质量抽查合格率			

(三) 评价指标释义

流通业增加值占 GDP 比重（X_1），即第三产业增加值中批发和零售业增加值除以国内生产总值（GDP），该指标反映了流通体系在国民经济中的地位，该指标越大意味着流通对经济的影响越大，也意味着对消费的影响越大。

流通业固定资产投资（X_2），即批发和零售业固定资产投资规模，是反映流通体系规模的一个指标，固定资产投资的规模越大，说明流通体系基础建设的规模和水平越高，流通促进消费的物质基础越好。

流通业库存率（X_3），即期末库存额占当期国民生产总值的比重，主要反映了当年的生产总值有多少转化成了存货增加，比重越低说明流转效率越高，也意味着流通体系的运转状况较好，产品可以迅速进入流通领域以供消费。

流通业就业贡献率（X_4），即批发和零售业从业人员占社会从业人员的比重（数据限于城镇），反映了流通业对就业的贡献。促进就业是促进居民收入增长进而促进居民消费增加的重要方面。

人均消费品零售总额（X_5），即社会消费品零售总额的人均值，反映出流通体系的服务强度，该指标直接体现居民的消费能力。

零售市场集中程度（X_6），即零售业销售额占整个社会消费零售总额的比重，是反映消费品市场结构的一个重要指标，体现了零售市场的市场结构特征和竞争程度。集中程度高说明行业有若干具有行业领导力的大型流通集团，企业竞争力较高，易形成规模效应。实力强大的流通企业多采用连锁经营形式，并注重技术进步和管理创新，这对消费者也是有益的。

流通市场化指数（X_7），这里所谓的流通市场化指数是非国有流通企业的销售额占全部流通市场规模的比重，是反映流通市场所有制结构的一个指标。多种所有制的流通企业加入流通市场，带来了竞争的活力，有利于流通市场的繁荣。流通市场化越高，越能满足消费者的需求。

流通市场坪效（X_8），即亿元以上商品交易市场单位营业面积的成交额，用销售额除以营业面积来计算，坪效是计算流通组织经济效益的指标，流通组织的效益越高，说明流通组织的竞争力越强。

商品交易市场成交额增速（X_9），这里指的是亿元以上商品交易市场的成交额的增长速度，反映了商品市场的规模发展程度。

万村千乡农家店数量（X_{10}），即商务部实施的"万村千乡"市场工程中，新建或改造的连锁农家店的数量，连锁农家店规范了农村消费品流通市场，激发了农民的消费热情。

食品卫生抽样合格率（X_{11}），该指标由国家卫生部进行抽样检测和发布，是反映食品卫生和安全领域的一个重要指标，与居民生活消费息息相关。

消费者申诉案件数（X_{12}），即国家工商管理系统受理的消费者关于消费的产品和服务质量问题的申诉数，该数据由国家工商总局调查并发布。

消费者网购满意度（X_{13}），即消费者对网络购物的过程和结果满意的程度，满意度越高，越有可能进行再次消费。网络购物满意度的指标由中国互联网监测信息中心发布，艾瑞咨询每年也进行网购满意度的调查，并提供调查报告。

产品质量抽查合格率（X_{14}），即国家统计局发布的产品质量国家监督抽查情况中，合格的产品批次占总抽查批次的比重，合格率越高越好。

流通体系财政投入（X_{15}），即国家财政支出中交通运输、商业服务业的支出项目，反映了国家财政对流通体系的投入力度，该指标越高意味着国家对流通体系的投入越大，宏观调控的力度越强。

消费性贷款占比（X_{16}），指的是全国金融部门消费性贷款在全部贷款中所占的比重，该指标反映了金融部门对信用消费的支持程度。

消费者信心指数（X_{17}），是反映消费者信心强弱的指标，是综合反映并量化消费者对当前经济形势评价和消费心理状态的主观感受，是预测经济走势和消费趋向的一个经济景气指标，消费者信心指数越高，消费者的消费热情越高。

信息化发展指数（X_{18}），该指标从信息化基础设施建设、信息化应用水平和制约环境，以及居民信息消费等方面综合性地测量和反映一个国家或地区信息化发展总体水平，由国家统计局编制和发布。信息化发展指数越高，表示流通体系的外部环境越好，电子商务发展基础环境越好，越有利于促进消费的增长。

中国信用小康指数（X_{19}），中国全面小康研究中心联合清华大学媒介调查实验室，主要从人际信用、企业信用和政府公信力等方面来测评中国信用小康状况，中国信用小康指数由《小康》杂志社发布，该指标越高，意味着社会的信用环境越好，越有利于人们放心消费。

新型零售占比（X_{20}），相对于传统零售业态（百货业和超市业），连锁零售中新型业态所占的比重,是反映连锁零售业态结构的指标。新型零售业态丰富了消费者的选择,有利于促进更多消费。

物流总费用占 GDP 比重 (X_{21}),即全社会物流总费用与国民生产总值的比值,反映了社会物流成本的状况,也体现了流通管理水平,该指标越低,意味着社会流通成本越低,流通消耗社会资源越少,消费者越有可能购买到较低价格的商品。

绿色食品销售额 (X_{22}),绿色食品是对无污染的安全、优质、营养类食品的总称。中国绿色食品发展中心统计年报中会发布绿色市场的认证企业、产品总数和销售额,是绿色流通的重要部分。

电子商务市场规模 (X_{23}),是指电子商务交易额,体现了新兴的电子商务的发展状况,规模越大意味着新的流通方式发展越好。

网络购物占比 (X_{24}),即网络零售的销售总额占社会消费品零售总额的比重,网络购物是新兴的消费方式,反映了未来的消费趋势,激发了消费者的消费热情。

快递市场营收规模 (X_{25}),是指我国快递市场规模的增长速度,反映了作为电子商务支撑体系重要部分的快递市场的发展状况,增长率越高表示电子商务的发展环境也越好,越能促进网络消费的增长。

连锁经营比重 (X_{26}),即连锁零售企业的销售额在全部零售企业销售额中所占的比重,反映了连锁经营这种流通经营组织形式的发展状况,连锁的经营形式对消费的影响深远。

商业预付卡销售规模 (X_{27}),商业预付卡的发放作为商家的促销和融资手段,客观上刺激了更多的消费,有利于激发潜在的消费需求。

二 基于因子分析的评价过程

(一) 数据来源说明

为了保证数据的权威性和研究的科学性,流通体系促进消费评价指标体系中的指标数据,主要来自近些年的《中国统计年鉴》。万村千乡农家店的数据来自商务部官方网站,其中 2003—2004 年的数据根据增长率推算出来,考虑到此时的农家店现状,这种推测也可以接受。食品卫生抽样合格率来自卫生部的年度卫生市场统计公报;连锁百强的数据来自中国连锁经营协会的官方网站;流通监管类别的指标数据主要来自国家工商总局的工作报告和国家卫生部的监测报告;消费性贷款和利率来自中国人民银行的金融统计数据报告;信息化发展指数来自国家统计局的信息化发展指数研究报告；中国信用小康指数的数据摘自《小康》杂志进行的调查报告；物流总费用占 GDP 的比重数据来自中国物流与采购联合会的研究报告；政府绿色采购的数据来源于中国政府采购网；绿色食品销售额的数据来源于中国绿色食品发展中心官方网站；电子商务和网络购物的数据来自中国电子商务研究中心发布的监测报告和中国互联网信息中心（CNNIC）每年发布的监测报告；快递市场规模的数据来自中国物流与采购联合会和商务部合编的中国物流年度报告；商业预付卡的发行规模数据来自中国商业联合会商业预付卡规范工作委员会发布的《中国商业预付卡行业报告》。本节所使用的数据，若无特别说明，均来自国家统计局的官方网站。部分数据在原始数据的基础上进行了简单的算术计算，以方便使用。原始数据见表 6-2。

（二）因子分析

在进行因子分析之前，首先需要确定原始数据之间具有相关关系，没有相关关系的变量就没有必要进行因子分析。通过构建原始变量间的相关关系矩阵可以发现，原始变量之间具有较为显著的相关关系，以进行因子分析。篇幅所限，变量间的相关关系矩阵不再显示。另外，要对原始变量序列进行标准化处理，以消除指标量纲的影响，后面的讨论都是基于标准化之后的变量序列。

使用 Eviews 6.0 计量软件进行计算，计量结果显示，提取 3 个公共因子，分别记为 F_1、F_2、F_3，累计方差贡献率达到 98.92%，大于 95% 的累计方差比例。为了便于对公共因子进行解释，将原始的因子载荷矩阵进行方差最大的正交旋转，旋转之后的因子载荷矩阵如表 6-3 所示。

通过因子载荷矩阵可以发现，公共因子 F_1 在变量 X_1（流通业增加值占 GDP 比重）、X_2（流通业固定资产投资）、X_3（流通业库存率）、X_5（人均消费品零售总额）、X_6（零售市场集中程度）、X_7（流通市场化指数）、X_8（流通市场坪效）、X_{10}（万村千乡农家店数量）、X_{11}（食品卫生抽样合格率）、X_{12}（消费者申诉案件数）、X_{14}（产品质量抽查合格率）、X_{15}（流通体系财政投入）、X_{16}（消费性贷款占比）、X_{18}（信息化发展指数）、X_{19}（中国信用小康指数）、X_{22}（绿色食品销售额）、X_{23}（电子商务市场规模）、X_{24}（网络购物占比）、X_{25}（快递市场营收规模）、X_{26}（连锁经营比重）、X_{27}（商业预付卡销售规模）共 21 个变量上有较高的载荷。这些变量主要包括了流通体系规模性指标和若干宏观环境指标，可以概括

表 6-2　评价指标体系原始数据

指标	单位	2003 年	2004 年	2005 年	2006 年	2007 年	2008 年	2009 年	2010 年	2011 年	2012 年
流通业增加值占 GDP 比重（X_1）	%	8.2	7.8	7.6	7.6	7.9	8.3	8.5	8.9	9.2	9.5
流通业固定资产投资（X_2）	亿元	6289.4	7646.2	9614.0	12138.1	14154.0	17024.4	24974.7	30074.5	28291.7	31444.9
流通业库存率（X_3）	%	2.9	2.2	3.8	3.5	3.5	4.9	4.7	4.9	5.3	5.6
流通业就业贡献率（X_4）	%	5.7	5.3	4.8	4.4	4.2	4.2	4.1	4.1	4.5	4.7
人均消费品零售总额（X_5）	万/人	0.4	0.5	0.5	0.6	0.7	0.8	1.0	1.2	1.4	1.6
零售市场集中程度（X_6）	%	20.3	26.1	27.1	30.4	30.4	35.0	32.7	36.6	39.1	39.9
流通市场化指数（X_7）	%	83.9	85.6	86.4	87.6	89.3	89.4	90.6	91.4	92.6	93.8
流通市场坪效（X_8）	万/m²	2.0	2.1	2.3	2.1	2.2	2.5	2.5	2.9	3.1	3.3
商品交易市场成交额增速（X_9）	%	8.4	21.3	15.0	23.7	18.7	19.0	10.5	25.4	12.8	13.4
万村千乡农家店数量（X_{10}）	万个	1.0	3.0	7.0	16.0	26.0	31.0	36.0	52.0	60.0	64.0
食品卫生抽样合格率（X_{11}）	%	90.5	89.8	87.5	90.8	88.3	91.6	90.1	91.8	93.3	95.2
消费者申诉案件数（X_{12}）	个	695142	724229	703822	7023350.0	621087.0	638477.0	636799.0	666255.0	607263.0	543338.0
消费者网购满意度（X_{13}）	%	50.0	62.0	70.0	75.0	77.0	79.7	80.0	79.0	79.4	89.3
产品质量抽查合格率（X_{14}）	%	78.4	76.9	75.6	77.4	81.0	84.5	87.8	87.6	87.5	89.8

续表

指标	单位	2003年	2004年	2005年	2006年	2007年	2008年	2009年	2010年	2011年	2012年
流通体系财政投入（X_{15}）	亿元	285.2	368.2	444.2	581.3	1915.4	2354.0	4647.6	5488.5	7497.8	8196.2
消费性贷款占比（X_{16}）	%	10.3	10.5	10.6	10.1	11.8	11.6	13.0	15.0	15.6	15.8
消费者信心指数（X_{17}）		68.0	83.7	82.3	95.0	96.5	93.3	88.5	105.6	103.3	102.4
信息化发展指数（X_{18}）		0.56	0.58	0.59	0.61	0.63	0.65	0.68	0.71	0.73	0.82
中国信用小康指数（X_{19}）		59.0	60.0	60.2	60.1	60.0	60.4	61.1	61.7	62.7	64.3
新型零售占比（X_{20}）	%	32.2	61.0	62.4	67.1	67.3	68.6	66.2	69.5	73.3	70.7
物流总费用占GDP比重（X_{21}）	%	18.9	18.7	18.3	17.8	17.1	17.4	17.9	17.8	17.7	18.0
绿色食品销售额（X_{22}）	亿元	723.0	860.0	1030.0	1500.0	2066.1	2597.0	3162.0	2823.8	3134.5	3178.0
电子商务市场规模（X_{23}）	亿元	4303.9	9293.0	12992.0	15494	21709.0	31500.0	37000.0	45000.0	60000.0	78500.0
网络购物占比（X_{24}）	%	0.1	0.1	0.3	0.4	0.6	1.2	2.0	2.9	4.3	6.2
快递市场营收规模（X_{25}）	亿元	163.0	197.0	239.7	299.7	342.6	408.4	479.0	574.6	758.0	1055.3
连锁经营比重（X_{26}）	%	35.4	71.4	71.4	66.6	65.5	53.9	51.3	47.6	48.0	42.5
商业预付卡销售规模（X_{27}）	亿元	573.3	1089.3	1960.8	3333.3	5333.3	8000.0	10925.0	14793.0	16700.0	20040.0

表 6 - 3　　　　　　　　　旋转后的因子载荷矩阵

变量	F_1	F_2	F_3	变量	F_1	F_2	F_3
X_1	0.9714	0.0642	-0.1130	X_{15}	0.9245	0.2944	-0.0788
X_2	0.8758	0.4160	-0.0287	X_{16}	0.9029	0.2949	-0.0407
X_3	0.8133	0.4735	-0.1724	X_{17}	0.6001	0.7149	0.2923
X_4	-0.2130	-0.8803	-0.0380	X_{18}	0.8870	0.3700	-0.0408
X_5	0.7647	0.3267	-0.0433	X_{19}	0.8434	0.2969	-0.0138
X_6	0.7786	0.5937	0.0818	X_{20}	0.3699	0.8069	0.2403
X_7	0.7791	0.4860	-0.0152	X_{21}	-0.1509	-0.825	0.0164
X_8	0.9597	0.2843	0.0306	X_{22}	0.7764	0.5367	-0.1187
X_9	-0.2436	0.4382	0.7367	X_{23}	0.6238	0.2771	-0.0352
X_{10}	0.8480	0.4198	-0.0289	X_{24}	0.8758	0.2411	-0.0565
X_{11}	0.9295	-0.0528	0.1124	X_{25}	0.8909	0.2996	-0.0468
X_{12}	-0.7999	-0.3558	0.2990	X_{26}	-0.6597	0.3119	0.2966
X_{13}	0.5963	0.7399	0.0389	X_{27}	0.4919	0.2294	-0.0255
X_{14}	0.8927	0.3399	-0.1927				

为"流通基础环境促进因子"。

公共因子 F_2 在变量 X_4（流通就业贡献率）、X_{13}（消费者网购满意度）、X_{17}（消费者信心指数）、X_{20}（新型零售占比）、X_{21}（物流总费用占GDP比重）上有较高的载荷，可以概括为"流通方式创新促进因子"。

公共因子 F_3 在变量 X_9（商品交易市场成交额增速）上有较高的载荷，可以概括为"流通市场发展促进因子"。

使用公共因子的方差贡献率作为权重（分别为0.83、0.13和0.02），可以得到流通促进消费评价指标的序列值的计算公式为：

$F = 0.83 \times F_1 + 0.13 \times F_2 + 0.02 \times F_3$

将因子得分以及计算后的序列值在一个表中显示出来，如表6-4所示。

表 6-4　　　　　　　　因子得分以及综合评价序列值

年份	序列值 F	F_1	F_2	F_3
2003	-0.7038	-0.4484	-2.2564	-0.8588
2004	-0.5223	-0.5008	-0.9981	1.1728
2005	-1.0025	-1.2081	0.1498	-0.3954
2006	-0.9677	-1.2503	0.3797	1.0370
2007	-0.6696	-0.9701	1.1421	-0.4151
2008	0.6494	0.6724	0.6454	-0.0359
2009	0.0421	0.0416	0.3237	-1.3351
2010	0.5294	0.4927	0.6243	1.1860
2011	1.0526	1.2649	-0.0089	-0.2092
2012	1.4249	1.7062	-0.0017	-0.1463

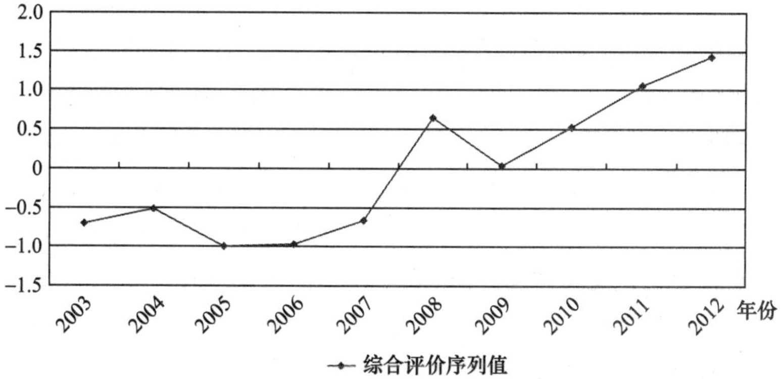

图 6-2　流通促进消费综合评价序列值演进示意

从图 6-2 也可以看出：2003—2012 年，我国流通体系促进消费的效果整体上呈现明显的上升趋势；2009 年以前，整体效果波动较大，在 2005 年跌至谷底，2006 年以后加速上升，在 2008 年出现了转折点；2009 年以后显现出平稳上升的趋势。

三　评价结果阐释

针对我国流通体系促进消费的综合评价序列值在 2009 年以前呈现强

烈波动上升、之后表现出缓慢稳健上升的演进趋势，本书认为可以进行以下解释。

第一，改革开放以来，随着国家经济水平和居民消费水平的提高，我国加大了在流通领域的硬、软件设施的投入，流通体系的基础设施得到了有效改善，特别是加入WTO以后，我国商品市场的法律环境、制度环境、监管环境等外部宏观环境得到了持续的优化，流通体系在满足消费者不同层次的需求上面有了很大进步。在国家大幅推动流通业对外开放的背景下，跨国流通企业集团的进入给我国流通业注入了活力，在市场的充分竞争中，各种新型流通业态和流通方式层出不穷，极大地激发了消费者的消费热情。尤其是2003年以后蓬勃发展起来的电子商务、网络零售、购物预付卡等新型业态和促销方式，丰富了消费者的购物选择和不同消费体验，引起了一股消费的时尚潮流。所以，流通体系促进消费综合评价得分序列值会呈现明显的上升趋势。

第二，2003年"非典"疫情的暴发给流通业的发展造成重要影响，食品安全监管的力度加大。从2003年年初居民消费价格连续上涨，一直到2004年中旬达到最大涨幅，打击了消费者的消费信心。2005年中央实行稳健的财政政策，投资转化为消费的数额下降，同时随着我国加入世界贸易组织的过渡期的结束，贸易摩擦的增多，导致流通促进消费的效果在该年份跌入谷底。从2005年下半年开始的"万村千乡"市场工程在完善市场流通体系、促进农村消费中发挥了重要作用，此后3年，在持续推动"万村千乡"、"双百"、"农超对接"、"家电下乡"等市场工程的同时，国家更是加大了在流通体系方面的投入力度，使流通促进消费的效果大幅度提高。特别是2008年，在席卷世界的金融危机给我国对外贸易带来重大损害的时候，国家花大力气刺激国内商品市场的发展。4万亿元的资金投向了市场，其中很大一部分投到了与流通有关的基础设施建设上来，最终导致了2008年流通促进消费的突出表现。综合分析诸多影响流通体系发展的因素，可以理解2009年以前我国流通体系促进消费扩大整体表现出的波动性。

第三节 本章小结

本章首先分析探讨了扩大消费长效机制对流通体系的要求,并勾勒出了消费流通体系的总体框架,然后建立了流通体系促进消费扩大的评价指标体系,并利用2003—2012年的时间序列数据,采用因子分析的方法进行了实证分析。分析得到了流通体系促进消费的综合评价序列值,并针对该序列值呈现出的波动上升趋势的原因进行了分析。

第七章 流通新政策对建立扩大消费长效机制的作用分析

随着我国进出口增长速度减慢、投资放缓，消费成为经济持续增长的关键。为了扩大国内消费，尤其是农村消费，我国消费品流通体系的健全成为重要环节。在此背景下，我国政府的流通及相关部门为了健全消费品流通体系，在近年来实施了"万村千乡"市场工程、"双百"市场工程、"新农村流通网络工程"（简称"新网工程"）、"农超对接"等一系列流通市场工程，一定程度上完善了现有的流通市场体系，沟通了城乡流通市场，改善了居民消费环境，对扩大国内居民消费产生了积极影响。本章将介绍这些流通体系新的政策和实践情况，并探讨其对扩大居民消费产生的作用，研究能否将短期刺激演化形成扩大消费的长效机制。

第一节 流通体系新政策的内涵和扩大消费的成效

一 "万村千乡"市场工程的主要内涵和扩大消费的成效

（一）"万村千乡"市场工程的主要内容

"万村千乡"市场工程是商务部为培育农村零售微观组织、实现城乡一体化的重要举措。商务部在2004年年底提出了"万村千乡"市场工程，国家将在5年时间里投入500亿元，政府以资金补贴、贷款贴息等方式，鼓励、引导各类大中型流通企业到试点县市的农村投资建立、改造连锁"农家店"，用于农村销售网点的开发。2005年2月6日，商务部下发《关于开展"万村千乡"市场工程试点的通知》，正式启动"万村千乡"市场工程这项工作。

"万村千乡"市场工程的主要内容是在农村逐步推行连锁经营，用现代流通方式改造农村商业网点,构建以城区店为龙头、乡镇店为骨干、村级店为基础的农村流通网络,满足农民生产生活需求,改善农村消费环境,促进农业产业化发展。目标是在3年时间内,在全国试点区域培育25万家左右的农家店,使标准化农家店覆盖全国50%的行政村和70%的乡镇。

"万村千乡"市场工程的基本思路是以市场为导向,以效益为中心,以企业为主体,以政策为手段,以试点为抓手,以政府为助力来推进。以市场为导向,就是在市场经济条件下,坚决地按照市场规律办事,发挥市场配置资源的基础性作用;以效益为中心,就是使"万村千乡"市场工程的实施主体有盈利,提高他们的积极性,同时注重社会效益,使农民真正受益;以企业为主体,就是依靠有实力的大中型流通企业来实施,政府尤其是中央政府不越俎代庖;以政策为手段,就是对纳入"万村千乡"市场工程试点的企业,予以一定的政策支持,推进其进入农村市场;以试点为抓手,就是通过先试点再推广的方式,有步骤地推动这项工作;以政府为助力,就是政府主要通过规划协调相关政策、服务引导等形式参与这项工程。①

"万村千乡"市场工程的主要目的是针对我国农村市场的现状,运用现代流通方式,改善农村消费环境,净化农村市场,提高消费档次,逐步缩小城乡消费差距。

(二)"万村千乡"市场工程对扩大消费产生的成效

中央对"万村千乡"市场工程的实施情况非常重视,在2006年、2007年、2008年的中央一号文件中都明确要求要大力实施"万村千乡"市场工程,国家还专门成立了商务部牵头,中宣部、发改委、财政部、建设部等14个部门参加的工作协调小组,共同推进"万村千乡"市场工程。该项目实施以来,已经取得了丰硕的成果,对扩大农村消费产生了积极作用。以2006年为例,中央财政投资于"万村千乡"市场工程为7.5亿元,带动地方和企业投资约117亿元,扩大农村消费近600亿元。"万村千乡"市场工程对扩大消费产生的成效主要有以下几方面。

(1)消费网点增多,农村消费环境得到一定程度的改善。2011年年

---

① 《实施"万村千乡市场工程"的基本思路》,http://www.lianghui.org.cn/chinese/zhuangti/wcqx/948448.html。

底,全国建成连锁化农村超市 60 个,面积达 4000 多万平方米,覆盖 75% 的行政村,以连锁经营为代表的现代流通方式在我国农村快速发展。在过去,农民购买消费品一般是"油盐酱醋在村里,日常用品赶大集,大件商品跑县里"。连锁农家店进入乡村后,村民可以就近购买到品种丰富的商品,宽敞明亮、货品丰富的农家店使农村的消费环境得到明显改善。从商品质量方面来看,传统流通方式如"夫妻店"、代销点、流动商贩和集贸市场等是农民购买消费品的主要途径,由于存在监管的漏洞,大量假冒伪劣消费品充斥农村市场。而"万村千乡"市场工程的实施,以统一采购、统一配送、统一培训、统一服务、统一价格和统一的经营方式,保证了农民消费商品的质量,使广大农民免受假冒伪劣商品的侵害,改善和提升了农村消费的软环境。据中国农业大学对 20 个省区 555 个村 1 万家农户的问卷调查,95% 以上的农户认为,在连锁超市购物比较放心。①

(2) 提高农民消费质量,改善消费结构,降低消费品价格。为改善农村商品结构,各级商务主管部门还主动与国内外知名企业签署合作协议,为农民提供质优价廉的商品。以北京市为例,农家店经营的商品共计 8000 多种,它能为乡级店提供 5000 种、为村级店提供 1200 种的商品,一些农家店还增加了生鲜食品、熟食、药品经营,提供换液化气罐、售电话卡等服务(欧翠珍,2006)。这些举措,将有利于提高农民的消费质量,改善消费结构。据调查,湖南步步高的连锁超市在湘潭楠竹山镇开业以后,当地生活用品的价格下降了 10%—15%。山东莒南县开元百货公司通过开展连锁配送、集中采购,农村物流成本平均降低了 5%—6%。②中央和地方财政累计投入资金达 73.5 亿元,国家开发银行安排 100 亿元贷款专项支持农村市场体系建设。农村新增大批物流配送中心,每个县平均一个。"万村千乡"市场工程实施企业,具有较强的经营实力和完善的管理制度,并签署了不销售假冒伪劣商品的承诺书,农村超市统一配送率平均达到 50%,有效控制了商品的采购渠道。由于实行集中采购、统一配送,农村连锁超市的物流成本大大降低,商品价格比以前的"夫妻店"

---

① 杨国民:《"万村千乡市场工程"稳步推进——农村市场建设系列报道之一》,《经济日报》2006 年 7 月 30 日第 1 版。
② 杨国民:《开启农村市场的"金钥匙"——农村市场建设系列报道之二》,《经济日报》2006 年 8 月 2 日第 1 版。

一般要便宜5%—15%，价格降低给农民带来了实惠。

（3）连锁农家店将城市的促销方式引入农村，有利于扩大农村消费。"万村千乡"市场工程将连锁超市的新型营销方式引入农村，可以从多个方面刺激农村消费。首先是商品质量有保障，有利于农民放心购买而增加消费；其次是购买距离缩短，有利于农民因省时而增加消费；再次是品种丰富，价格适宜，可以吸引增加消费；最后是城市商业中常见的赠品、折扣、返利、试用等促销方式在农家店中应用，也刺激了农民消费。另外，连锁超市还积极和上游企业联合开发适合农村消费特点的产品，有利于更好地满足农民的消费需要。

（4）连锁农家店增加了农民就业，促进了农民增收，为扩大消费提供了物质基础。农村连锁超市可以大量吸收农村剩余劳动力，直接提高了农民的收入。据统计，辽宁省"万村千乡"市场工程吸纳了4万多农民从事商贸服务业；黑龙江省吸纳富余劳动力2.6万人；在江苏，仅苏果超市一家，就促进3万多农民就业。另外，连锁超市不仅是消费品下乡，农产品也可以通过该渠道进入城市，一定程度上解决了农产品"卖难"问题，也将促进农民增收，巩固扩大消费的根基。

二 "双百市场工程"的主要内容和扩大消费的成效

（一）"双百市场工程"的主要内容

为培育一批面向国内外市场的大型农产品批发市场和流通企业，构建与国际市场接轨的农产品现代流通企业，保障农产品流通安全，促进农民持续增收，商务部于2006年2月13日发出通知，部署在全国实施"双百市场工程"。该工程主要包含两方面的内容：一是重点改造100家左右辐射面广、带动能力强的全国性和跨区域农产品批发市场，重点加强物流配送、市场信息、检验检测、交易大厅、仓储及活禽交易屠宰区等基础设施建设。二是选择100家左右有实力的大型农产品流通企业和农村流通合作组织，重点推动农产品流通标准化和规模化，提高优势农产品市场营销水平，组织开展农商对接，探索和推广贸工农一体化、内外贸相结合的经营模式。

在项目实施之初，商务部就提出了"双百市场工程"的主要目标：从2006年起，力争用3年时间，通过中央和地方共同推动以及重点市场、重点示范企业的带动，完成全国一半左右（约2000家）农产品批发市场升级改造，使农村流通成本明显降低，流通环节损耗大幅减少；全国约

300家大型农产品流通企业经超市销售农产品的比例达30%以上,使更多优势农产品进入跨国公司的国际营销网络。

在"双百市场工程"开始实施后,商务部先后公布了12批重点市场名单,加强对商品交易市场的管理和引导。此外,商务部还与财政部联合下发《关于做好2006年度农产品现代流通体系建设资金管理工作的通知》,规定了对"双百市场工程"交易市场和流通企业采取贴息和直接补助的形式支持市场项目建设,协调国家开发银行对"双百市场工程"项目提供融资便利并给予利率下浮优惠。在组织配合方面,商务部先后在河南商丘、湖南常德、广东东莞、湖北荆州召开现场会,探讨各地的成功经验与不足。商务部将"双百市场工程"纳入《国内贸易发展"十一五"规划》和《农村市场体系建设"十一五"规划》,并组织各地制定了"双百市场工程"实施规划。

(二)"双百市场工程"对扩大消费的成效

"双百市场工程"支持农产品批发市场和流通企业进行建设和改造,在拓宽农产品流通渠道、降低农产品流通成本、促进农民增收、保障市场供应等方面发挥了积极作用。

(1)"双百市场工程"提高了农产品流通质量安全,而安全的农产品可以刺激消费。在实施"双百市场工程"后,农产品批发市场按照国家标准实施改造升级,农产品流通企业加快发展连锁经营,农产品流通环境得到改善,食品安全性提高,消费积极性增加,城乡居民身体健康也得到更有效的保障。

批发市场是我国当前农产品流通的主渠道,70%的农产品通过批发市场进入零售环节。商务部实施"双百市场工程"以来,累计支持309家大型农产品批发市场和大型农产品流通企业,建设和改造冷链、质量安全可追溯系统、检验检测和环保等准公益性设施项目709个。[①] 商务部2006—2007年累计核准了309家试点单位的703个项目为"双百市场工程"建设项目,包括145家批发市场的426个项目和164家流通企业的277个项目。2009年年底,610家农产品批发市场和农贸市场合计建设了790个项目,新建或改造交易面积16.9万平方米、质量可追溯系统21个、检验检测中心23个、安全监控系统32个,新增冷库库容约90万吨、

---

① 《推动农产品流通体系建设,扩大农产品消费》,商务部(www.gov.cn)。

废弃物处理能力约3300吨,带动社会投资90.6亿元。到2009年年底,商务部、财政部两部门累计安排15亿元资金,支持936家市场和企业建设了1565个项目。①

(2)"双百市场工程"促进了农民增收,增加了就业,带动了地方经济的发展。以河南省商丘市为例,其农产品中心批发市场2006年实现交易额103.5亿元。该批发市场带动农产品生产基地190多万亩,与11.5万余农户建立了利益联结机制,帮助农户年均增收600多元(黄海,2007)。2006年累计交易额超过3000亿元,占全国亿元以上农产品市场交易总额的1/3以上,100家农产品流通企业,食用农产品销售425亿元,新增交易额41亿元。2007年,纳入"双百市场工程"的大型农产品批发市场,交易额超过4000亿元。2008年,"双百市场工程"承办交易额达4700多亿元。2009年,"双百市场工程"承办交易额超过5200亿元,比上年增长10.6%,带动就业100多万人。②"双百市场工程"拓宽了农产品流通渠道,提高了农产品流通效率,成为解决农产品"卖难"问题的重要途径,取得了"兴一个市场,带一批产业,活一方经济,富一方农民"的良好效果。

三 "新网工程"的主要内容和扩大消费的成效

(一)"新网工程"的主要内容

中华全国供销合作总社于2006年提出的建设"新农村现代流通服务网络工程"(简称"新网工程"),是我国社会主义新农村现代化发展的新要求,是促进农业增效和农民增收的重要措施。主要包括农业生产资料现代经营服务网络、农村日用消费品现代经营网络、农副产品现代购销网络和再生资源回收利用网络四大网络工程。实质上是以现代流通方式的理念、装备、科学方法等改造、提升、整合、优化供销合作社的传统经营网络,建设中国特色农村现代流通体系。2007年和2008年的中央一号文件都明确提出要加快"新网工程"建设。2013年中央财政下拨资金14亿元,专项用于支持全国供销社系统推进"新网工程"建设。

"新网工程"的建设思路是:对于农业生产资料现代经营服务网络,

---

① 唐施华:《790个"双百市场工程"获确认》,第一财经(http://www.yicai.com/news/2010/03/319484.html)。

② 商务部新闻办公室:《商务部、财政部联合确认790个农产品现代流通体系建设项目》,商务部(http://www.mofcom.gov.cn/aarticle/ae/ai/201003/20100306810702.html)。

要以"规范渠道、规范管理、规范品牌、规范标准"为重点,运用物流配送、连锁经营等现代物流方式,采用多种模式,不仅要建立规范的连锁配送流程和管理制度,形成一套行之有效的管理模式,还要健全和完善适合农资连锁销售网络的配送、信息和科技服务功能。

对于农副产品现代购销网络的建设,要以批发市场为龙头,基地建设为基础,现代物流配送为手段,以规模化、规范化、品牌化经营为目标,构建从基地建设、生产加工、物流配送到终端卖场一条龙的农副产品现代购销网络。

日用消费品现代经营网络,要以优化、提升为重点,实施"小超市,大连锁"战略,以供销并举为着力点,致力于双向流通;以县域市场为切入点,夯实县、乡、村网络基础;以联合发展为立足点,走直营带加盟的低成本扩张之路。

对于再生资源回收利用网络,要结合城乡建设发展规划,抓住回收网点建设、市场集散交易和综合利用处理三个环节,通过整合现有回收网点,实施统一规范的管理;开拓以集中加工生产再生工业原料为主的综合利用领域;以城市为单位,形成从回收、加工到综合利用的有序管理、协调发展的再生资源产业链条,构建以社区回收点为基础,集散市场为核心,加工利用为目的三位一体的再生资源回收网络。

(二)"新网工程"对于扩大消费的成效

"新网工程"主要依靠供销合作社的网络资源,建设农资、农副产品、农村日用消费品、资源回收四大工程,沟通了城乡双向的消费品流通体系,有利于解决农产品卖难、农资买难问题,促进了农民增收和就业,改善了农村消费环境,保障了市民的食品安全。

"新网工程"实施以来,安徽省供销社系统拥有年销售额超亿元的骨干企业32家,超过5000万元的骨干企业16家。共建有各类连锁经营企业179个,配送中心365个,连锁网点1.3万多个。2006—2010年,安徽省供销系统从业人员由原来的8.9万人增加到10.9万人,增长22.5%(陆影等,2012)。

截至2012年年底,河南省供销系统已发展超市、连锁店7.02万个,建立各类物流配送中心869个,农村现代流通网络体系初步形成。此外,河南省供销合作社还积极推进农产品进超市、进市场工程,在有条件的农村超市开辟了农产品销售专柜,拓宽了农产品的销售渠道,许多地方还设立了专门的农产品收购店,有力推动了农民增收。①

截至2013年8月,山西省供销合作社系统已建设改造提升日用消费品配送中心152个,做到全省119个县(市、区)都有配送中心,形成了"县级区域配送中心+乡镇超市+村级便民店"的连锁经营网络。经过不懈努力,山西省已建设改造提升的农资配送中心有174个,商品配送面达90%,配送率达85%。建设改造提升农副产品交易市场67个,已有10个市县级社正着手筹建农副产品及农资物流园区。建设再生资源回收利用集散市场59个,废旧家电拆解中心3个,回收网点1454个。②

四 "农超对接"的主要运作模式和扩大消费的作用

(一)"农超对接"工程的主要内容和实施情况

"农超对接"模式是农户和商家签订意向协议书,由农户向超市、菜市场和便民店直供农产品的新型流通方式。这种模式主要是为优质农产品进入超市搭建平台,其本质是将现代流通方式引进广阔的农村地区,将千家万户的小生产与千变万化的大市场对接起来,构建市场经济条件下的产销一体化链条,剥离掉了农产品流通的中间环节,将节省的利润留给农民和消费者(刘晓峰,2011)。说到底,"农超对接"是在大型连锁超市不断发展、农民专业合作社迅速增加和规模不断扩大、消费者对食品质量标准提高等因素的刺激下的产物,是我国农产品流通方式的又一次创新,也是鲜活农产品供应链的优化。

2008年年底,商务部、农业部联合下发《关于开展农超对接试点工作的通知》,正式启动了农超对接试点工作。确定了山东家家悦超市有限公司、家乐福(中国)管理咨询服务有限公司、沃尔玛(中国)投资有限公司等9家企业为国家农超对接试点企业。2009年,中央财政安排4亿元资金在河南、河北、吉林、山东等17个条件相对成熟的省份开展农超对接试点工作。2010年,中央财政追加了6.8亿元资金支持农产品现代流通综合试点,继续推进"农超对接"。

"农超对接"的基本模式是"超市+农民专业合作社+农民"模式。专业合作社和超市是"农超对接"的主体,专业合作社同当地的农民合

---

① 党文民:《河南省社系统网点突破7万个,城乡居民生活更便利》,中国供销合作网(http://www.chinacoop.gov.cn)。

② 张婷、郎卫国:《山西供销合作社已建设改造提升日用消费品配送中心152个》,《山西日报》2013年8月27日。

作,来向超市提供产品。发展过程中还产生了"超市+农业产业化龙头企业+农民"、"超市+基地+农民社员"等模式。

截至2010年年底,全国累计支持740家农产品批发市场和农贸市场升级改造,覆盖56%的地级市;支持2000多家零售企业与1.1万家农民开展"农超对接"。实施"农超对接"的205个试点项目带动社会投资40亿元,建设冷链系统145个,配送中心91个,快速检测系统190个,申请农产品认证987项,申请农产品品牌598个。根据调查,近年通过推动农超对接,我国农产品经过超市销售的比重已由"十一五"初期的15%提高到20%,大中型超市生鲜农产品直供直销比重达到30%。据统计,农超对接推动农产品流通成本平均降低10%—15%,参加对接的农户年均增收4000多元(刘洋,2011)。

(二)"农超对接"的益处和扩大消费的作用

农超对接沟通了城乡市场,支持农产品流通,既促进了农民增收,也丰富了市民的"菜篮子",可以使农户、合作社、超市三方得益,扩大了农产品消费。农业部调查显示,农超对接使农民专业合作社产品流通成本降低20%—30%,合作社销售农产品价格平均提高10%—20%,超市的采购价格下降10%,达到了农民、消费者、企业三方受益的最佳效果。

对农户来讲,农超对接稳定了农产品市场,有利于农民摆脱市场价格频繁波动带来的不利影响。农超对接减少了中间环节,降低了交易费用,有利于农民提高农产品的采购价格,提升其获利空间。农超对接客观上促进了农业合作社的发展,可以增进农户间的合作,调整农业生产结构。

对超市来讲,农超对接缩短了流通时间,降低了流通过程中的损耗,由损耗而产生的成本也降低,而且提高了产品的新鲜度,带动超市的人气,扩大了销售额;便于超市控制农产品生产和流通环节,有利于超市建立农产品可追溯性体系,进而保证超市销售农产品的安全性。

农超对接减少了流通环节,降低了农产品流通成本,最终也给消费者带来了实惠。农超对接模式下超市会对农产品的生产、加工、配送、销售各环节进行质量检测,并对所售农产品质量实行可追溯保证,保证消费者"买得放心,吃得安心"。而且,超市直接采购,缩短了渠道长度,减少了中间环节,在确保了农产品的新鲜度的同时,也使得农产品低价成为可能,保障了消费者的利益。

第二节 新政策实施中存在的问题和困难

"万村千乡"、"双百"、"新网"等市场工程是近些年我国流通主管部门和地方相关部门实施的新的流通政策,目的是为了完善我国的消费品流通体系,扩大国内消费,经过努力实施也取得了实实在在的成效。但是诸多流通体系市场工程在建设的过程中,也存在一些现实的问题和困难,必须得到正视和解决;另外,能否将短期的政策刺激转化为扩大消费的长效机制,该如何深入建设,在哪些方面努力,也是个重要的问题。新政策实施中存在的问题主要表现在以下方面。

(1) 政策落实不到位,执行有偏差。国家和地方政府对流通企业和连锁店的资金补助不能及时到达企业和农户手中,参与项目的企业仍然存在贷款难和无补贴的现象,导致优惠政策形同虚设。以"万村千乡"市场工程为例,商务部明确对每个乡级店补助3000元,每个村级店补助4000元;中西部和东北地区补助标准分别增加1000元。在实际的操作中,对乡村新建和改造的农家店的支持政策政府下放给当地龙头企业实施。调查中发现,一些农家店仅仅得到了龙头企业的部分货架和门头,偶尔有些快要过期的商品等"补助",部分农家店完全没有得到政府的补助,只不过挂了一个"万村千乡"市场工程的牌子而已。甚至有的企业为了获得补贴,收编农村加盟店而不给补贴,存在"灰色连锁"的嫌疑。调查还发现,"双百市场工程"中指定的流通企业,仍然存在贷款难、贴息无法得到等问题。

(2) 流通体系基础设施薄弱,配送体系不健全。基础设施的健全既是农民收入增加的前提,也是启动农村消费的条件。我国流通体系基础设施难以满足居民日益扩张的消费需求,尤其是农村的基础设施建设滞后。农村的水利、电力等设施的薄弱已经影响了居民对彩电、冰箱、洗衣机等新型家用电器的需求和消费。道路和通信的不畅增加了出售农产品和购买农资的成本,造成了信息的不对称,降低了农业生产效率,从而导致农民增收困难、消费能力减弱。同时也不利于企业间的物流配送和交换。另外,由于批发市场建设混乱和物流配送中心的缺乏,增加了流通企业的配送成本,也导致企业参与市场工程的积极性下降,真正需要设置连锁店的偏远地区由于配送成本高昂反而没有设点，造成企业的所谓"逆向选择"问题。

（3）流通新政策的宣传力度不够，且行政色彩浓郁，对具体需求未做充分调研。例如，地方政府未对"万村千乡"市场工程进行足够的宣传，农民根本不知道"万村千乡"工程的连锁店和其他商店相比有什么区别，不知道政府推出该工程的目的是什么、对农民有什么好处。政府要求几年内开出几十万家连锁店，建立覆盖县乡村的三级网络，是行政要求的硬性指标，应该充分考虑当地的需求，循序渐进地开展。我国农村地域辽阔，经济发展程度不同，东西部的农村消费需求差异很大，不同地区的农家店应该有不同的特色。再如，有些省市的供销合作社体系已经濒临破产或不复存在，"新网工程"的实施就应该充分考虑当地实际，因地制宜。

（4）农村市场主体本身规模小，分布零散，信息化水平低，无法达到合作要求。我国农村流通市场主体的组织化程度较低，规模偏小，甚至单个农民作为流通主体进入市场，交易方式比较落后。农村市场的从业人员素质相对较低，加之市场监管薄弱，市场竞争具有无序性和不规范性的特征。市场组织的管理方式落后，信息化水平较低，升级改造存在困难。在"农超对接"项目中，农民的组织化程度低，标准化建设落后，难以满足超市对产品质量和品牌的要求，导致无法达成合作。此外，农村流通市场的人才缺乏也是一个重要的问题。

第三节 流通新政策对建立扩大消费长效机制的效果评判

近些年我国流通领域实行的若干新的政策是国家流通管理部门为了健全我国消费品流通体系而进行了制度性探索，是为了扩大国内消费需求而进行的政策性设计。这些政策的实施，客观上为在流通体系建立扩大消费的长效机制进行了有益的尝试，取得了显而易见的实际效果。如"万村千乡"市场工程改善了广大农村流通组织散乱、弱小的状况，给农民提供了放心消费的场所；"双百"市场工程促进了农产品流通组织和交易市场的规模化、正规化发展；农超对接为市民提供了安全放心、质优价廉的农副产品，扩大了市民的便利化和实惠型消费，等等。

尽管新政策取得了积极成效，但我国消费品流通体系尚未建立起扩大消费的长效机制。首先，新政策未曾改变我国流通法律法规的薄弱的现状，没有进行顶层政策设计。笔者认为，法律法规的建设是长效机制的首要侧重点，建设规范市场竞争的全面的法律法规将为流通体系扩大消费提供长期保障。其次，新政策对流通标准化建设注重较少，而标准化是流通体系长期低成本高效率发展的制度保证。再次，新政策的实施较少涉及流通市场监管，在实际中也确实出现政策执行不力、监管不到位的现象，流通监管机制是流通体系长期健康发展必不可少的机制设计。又次，新流通政策在为消费者提供诚信规范的消费环境方面效果一般，并未充分改善我国整体消费环境。社会诚信体制和市场交易信用机制是流通体系扩大消费的长效机制之一。最后，流通新政策对农村消费品流通体系、农产品流通体系的关注较多，而对网络消费、服务消费、新兴热点消费、高端奢侈品消费等的关注较少，这些消费也是未来扩大居民消费需求的重点。建立扩大消费长效机制，应该兼顾传统消费和现代消费，统筹城市市场和农村市场，满足消费品和服务消费。

第四节 本章小结

本章分析了我国消费品流通体系近年的新政策的实施情况和对扩大居民消费的效果，并分析了这些新政策存在的问题和困难。本章认为"万村千乡"、"双百"、"农超对接"、"新网"等消费品市场工程的实施显著地改善了消费品流通和消费环境，激发了居民消费尤其是农村居民消费需求的扩大。

但新政策在实施的过程中也存在一些问题：政策落实不到位，执行有偏差；流通新政策的宣传力度不够，而且行政色彩浓郁，对具体需求未做充分调研；农村市场主体本身规模小，分布零散，信息化水平低，无法达到合作要求，等等。

第八章 建立扩大消费长效机制的消费品流通体系的对策建议

根据前文各章的分析可以看出,流通和消费具有相互依存的关系,消费品流通体系的健全是扩大消费的重要基础和前提,我国消费品流通体系存在的现状和问题也需要改变和解决,才能在扩大消费的任务中发挥更大的作用。为了使我国消费品流通体系具有扩大消费的长效机制,本章将从健全消费品流通的物流配送体系、流通政策体系、流通信息体系、流通监管体系、流通市场体系和商业业态体系等方面提出对策建议。

一 促进流通新政策落实,为扩大农村消费提供政策倾斜

我国实施的"万村千乡"、"双百"、"新网"等市场工程尽管在建设的过程中存在一些困难和问题,但在政策的刺激下仍然取得了丰硕的成果,对扩大国内消费尤其是农村消费起到了重要的作用。但是,诸多流通工程不能建设完毕就了事,不能是通过检查或项目验收就万事大吉,应该建立起长效机制,在扩大消费的任务中发挥持久的作用。

(1) 完善和落实政府相关支持政策,加强政策宣传,建立后续监管的长效机制。政府要完善相关支持政策,加大执行力度,确保支持这些市场工程的资金落到实处,用到工程的建设上来。严格按照资金审核和拨付程序规范操作,严禁任何单位骗取、挪用或截留资金。加强对"万村千乡"、"新网"等市场工程的宣传,利用广播、电视等媒介加大宣传力度,提高农民对这些市场工程的认识。提高市场工程连锁店的商品质量和服务水平,树立良好形象,使老百姓能口口相传。流通项目或连锁店设立以后,要建立有效监管的长效机制。工商、技术监督等部门要加大对农村消费品的监管力度,制定完善农村市场监管法规,建立健全消费者权益保护组织和市场管理机构,改变目前农村市场管理薄弱的局面。严厉打击各种坑农害农行为,建立公平、公正的市场秩序。

(2) 立足农村市场实际,细分农村市场,提供适销对路的商品和服务，坚持一网多用，提升运作效率和客户黏度。遵循市场规律，以市场为导向，以效益为中心，充分发挥企业的主体作用，建立"政府引导+企业主导+市场化运作"的长效机制。市场工程在推广的过程中，应该细分农村消费市场，并针对不同的农村消费市场，构建不同特色的流通组织。我国的农村市场大体可以分为三类：城郊富裕地区的农村市场、沿海发达地区的农村市场和中西部欠发达地区的农村市场。应该针对不同的地区，采用有针对性的营销策略。积极探索市场工程的多样化使用，做到一店多用、一网多用。如"万村千乡"或"新网"工程的销售网点收购农副产品，以日用消费品流通网络为基础，建立集生活消费品与药品、农资销售、农副产品收购、文化、科教中介代理于一体的综合购物区和服务中心。研究农民的需求，针对农村消费市场的特点，着力推出适销对路的产品。流通企业可以和生产企业联合起来，逐步推出适应农村消费市场的各种消费品。比如，农村对家用电器的要求是廉价、耐用、省电、容易维修，对电压要求不高等。农家店的经营可以以中低档的正牌商品为主，兼营适量高档次的消费品。如此，便可以适当引导、提升农村消费。

（3）培育农村市场主体，增强其竞争力，变政府"输血"为自身"造血"。培养和增强超市自身核心竞争力，这是做好农村长效发展的根本（张武康，2007）。充分利用现有网络资源，进行规模化经营和企业化管理。吸纳优秀流通人才和培养本土化人才，增强当地竞争力。运用现代信息网络技术，建设管理现代化、营业合理化的连锁超市组织或集团。为了可持续地开启农村消费市场，应将"农家店"本身作为一个品牌来经营，保护"农家店"的信誉和名声。培育具有品牌和自主知识产权、核心竞争力强的大型连锁经营企业，创建流通企业品牌，并利用品牌的带动效应，扩大经营规模。发挥供销合作社农产品市场流通主体的作用，整合农村流通体系中各个相关主体（企业、行业协会、合作社、经纪人），使之成为连接农民和市场的纽带。

二 加大消费品物流体系投入，为扩大消费提供物质基础

流通基础设施是健全消费品流通体系的物质条件，基础设施的投资巨大、见效缓慢，但其具有提高流通效率、方便居民消费等功能，具有扩大消费的长期作用。因此要加快我国流通基础设施的建设，尤其是农村的物流设施，建立区域配送中心、发展第三方物流，健全消费品物流配送体系。

(1) 进一步加大流通基础设施投入,特别是西部和农村的流通基础设施。重点加强农村基础设施建设,在政策上应把农村基础设施建设、农村流通网络完善、农村流通体系构建作为一项系统工程重点予以强化。全面加快农村流通基础设施建设,加快农产品冷链物流配送系统建设,完善农村消费品和鲜活农产品流通体系,提高农村消费品流通效率,降低流通成本,更好地促进农民增收、启动农村消费市场。此外,应加强网络基础设施建设力度,除继续做好公共网络基础设施外,还应该有计划地进行农村流通和商业的专用网络基础设施建设,为电子商务的发展提供良好的物质基础和交易平台。

(2) 推进农村物流与城市物流的有机结合,加快形成城乡良性互动的物流大格局。一是推进城乡物流规划的一体化。根据本区域的产业布局、商品流向、资源环境、交通条件等因素,加快制定物流园区规划、第三方物流规划和农村物流基地规划。二是推进城乡物流基础设施的一体化。加大对农村道路、电、通信等物流基础设施的投入,加快县级配送中心和乡村物流基地建设,大力发展农村客、货运,努力提高农村客、货运网络的通达密度和覆盖密度,实现物流基础设施城乡共建、城乡联网、城乡共享。

(3) 完善消费品配送体系。积极培育物流市场,建立社会化的区域物流服务体系。塑造多层次、多类型的物流配送格局。一是加强连锁企业内部物流配送中心的建设和管理。二是整合物流资源,建设专业化、社会化的物流企业,促进第三方物流健康、有序地发展,建立多元化、多方向的物流网络。通过资产重组和专业化改造等方式,充分利用和整合现有物流资源,加快现有物流设施的改造升级,推进综合运输体系和物流信息化建设,支持公共信息平台建设,打破行业界限和地区封锁,逐步发展和完善专业化、社会化物流,为适应消费需求的升级提供高效快捷的配送服务。从根本上改变现阶段物流配送与整个流通业发展不相适应的情况,缩短商品的流通时间,减少商品的流通费用,降低消费者的购买成本,进而促进消费。

(4) 构建现代消费品流通体系,即发展经营规模化、管理信息化、流程标准化、库存合理化的现代物流配送中心。建立物流配送体系应从我国的流通现状出发,既可以以批发企业为主,也可以以零售或生产企业为主,要逐步发展大型物流中心与区域性配送中心相配套,综合性物流配送中心与专业性配送中心相结合，开放式物流配送中心和自营配送中心并举，形成以社会化物流配送中心为主体的物流配送网络体系。其中，重点是要发展社会化的物流配送中心，即先将许多厂家的商品集中到社会化配送中心，由该配送中心将商品按要送往的各个零售商店进行分拣、配货，然后统一向各服务对象发送的物流配送模式，这种模式能大大提高配送效率，因而应成为我国发展物流配送的主导形式。

三 健全消费品流通政策体系，为扩大消费提供顶层设计

建立扩大消费的长效机制，必须完善宏观调控政策体系，进行顶层设计。同时，建立和完善以经济、法律手段为主的间接调控机制。以流通规划政策、税收政策、财政政策、土地政策、金融政策为主体，健全搞活流通、扩大消费的政策体系。

（1）消费品流通竞争政策。流通竞争政策作为流通政策体系的核心，其在优化流通产业结构、规范流通主体行为、优化流通资源配置中发挥着基础性作用。

第一，保护竞争，反对垄断，维持良好的竞争环境。当前我国应以已出台的《反不正当竞争法》和《反垄断法》为依据，尽快制定和完善流通领域的反垄断与反不正当竞争政策，坚决打破行业垄断、部门分割和地区封锁等行政性垄断行为，禁止不正当的交易限制和不公平的交易行为，促进全国统一消费品市场的形成。加大对中小流通企业在资金、技术、人才等方面的政策扶持，鼓励中小企业通过自由连锁、统一联网、信息共享、共同物流等合作形式，获得规模经济效益，提高流通效率。

第二，取消外资流通企业的"超国民待遇"，避免内外资流通企业税收负担不同的情况。无论来自国内的竞争者还是国外的竞争者，其主体资格在法律上是平等的。反对地区封锁、部门分割和行业垄断。加强市场和价格监督管理。

建立完善的流通领域竞争政策，客观上要求政府转变职能。根据市场经济的客观要求，适应竞争的需要，政府机构的转变应该遵循这样一条原则，即加强职能性机构（如财政、税收、工商管理等部门），弱化部门性机构（如各个工业管理部门），组建和扩充新的市场监控机构。

（2）消费品流通产业政策体系。目前流通产业政策体系的重点是：培育具有国际竞争能力的大型流通企业，提高产业集中度，不断优化市场结构。推广连锁、电子商务和现代物流等现代流通方式，提高流通业的现

代化水平。转变流通产业和流通企业发展方式,由粗放式向集约式转变,提高流通产业的贡献率,提高流通企业的经济和社会效益。

第一,完善产业结构政策。流通产业结构是指流通产业与相关产业及流通产业内各行业间的技术经济联系和数量比例关系。当前我国的流通产业结构政策的主要任务,一是大力发展现代化的物流业、零售业和批发业等重点行业,充分发挥它们的产业关联性强、对生产和消费影响大的优势;二是要积极扶持连锁业、电子商务业、期货业和租赁业等新兴行业;三是要加大对百货业及餐饮业等传统行业的改造,积极采用现代科技手段、现代经营机制改造其落后的服务方式、服务内容和服务理念,提高传统行业的科技含量,不断适应现代生活发展的需要。

第二,完善产业组织政策。通过对流通产业组织政策的调整,不断拓展流通企业的经济规模和市场空间,提高它们的结构质量和运行效率,使流通企业得到更大的发展。一是进一步打破地区、行业和股权等限制,以有限责任公司或股份有限公司为主要形式,加速经营机制的转变和企业制度创新,充分利用国内、国外资源,扶持发展一批跨行业、跨区域、跨国界的大型企业集团。二是继续将大中型批发市场建设纳入城市发展规划,并对相关基础设施给予必要的财政支持,更好地发挥其在生产者、经营者和消费者之间的桥梁纽带作用。三是充分利用现代信息技术,加快制定相关法律法规,并通过政策扶持为虚拟流通企业的发展提供良好的外部环境。四是积极发展和规范流通服务的经营性中介组织,发展公正、仲裁、计量、质量检验、信息咨询、资产评估、业务代理和经纪人公司机构。

(3) 消费品流通体系布局政策。流通布局是指一个国家或地区的流通产业在地域上的动态组合分布。全国市场和流通设施建设的总体规划,由国家发改委或商务部制定,有关部门根据国家总体规划,制定相应的各类市场发展和流通设施建设规划或具体实施办法。根据宏观调控的需要和商流、物流、信息流以及与之相适应的资金流和消费流的流向与规模,统筹规划市场和流通设施的布局,使其与运输、通信、金融、保险、仓储等行业协调发展,与经济发展和城乡建设总体规划相适应。

一是在优化各区域内部产业布局、扶持商业中心城市发展的同时,通过各种优惠政策鼓励相关行业和各种所有制经济投资中西部的流通产业,更好地发挥流通产业对中西部地区发展的推动作用;根据城乡总体规划,合理布局,进行零售网点的建设。在大中城市适度建设大型百货店、购物中心、专业店,稳步发展适合大众购物的超市、仓储商店、便利店等新型业态,特别要重视在城镇居民区发展社区商业网点和设施。商业街的建设要与城市的再开发计划保持一致。要注意农村购销网点的合理布局。将零售网点规划推向二、三级城市,抑制恶性竞争,避免零售业产业要素的浪费与不合理使用。

二是在进一步完善城市流通基础设施、发展新型流通方式和改进流通调控手段的同时,鼓励各种经济成分的城市产业要素进入农村流通行业,尤其是通过引进连锁经营、物流配送等方式,促进城乡流通产业布局相互融合、协调发展;按照经济区域规划建设市场。批发市场应根据不同经济区域的特点进行合理布局,全国性、区域性的商品交易市场应主要建设在交通发达的主产区、集散地和集中消费的大城市。在发挥区域经济优势的同时,鼓励跨部门、跨地区进行市场建设,加快形成新的经济区域交易市场。

(4) 流通技术政策。流通技术是现代机械技术、现代电子技术和现代管理技术等在流通领域应用的综合。一是流通技术创新政策,即政府通过相关政策鼓励流通技术创新,如充分利用大型企业或科研机构的研发能力建立流通技术开发基地、鼓励流通企业与相关产业及科研部门建立流通技术创新合作机制,对流通企业的自主创新给予资金和技术等支持,全面提高我国的流通产业技术水平。依靠科技进步,加大流通产业运用现代科技的力度,提高技术含量。逐步提高流通产业基础设施和装备的现代化水平。提高现有流通设施的综合利用水平,避免重复建设。推进以商业信息化为核心的流通科技。二是流通标准化政策,流通标准化是现代流通业高度发达的重要保证,政府要尽快出台和完善流通数据、流通手段、物流技术及产品规格、数量、保证等方面的政策,确保商品流通高效、有序进行。三是流通技术引进政策,即政府在鼓励引进外资的同时,积极鼓励配套技术和专项技术的引进,尽快提高我国的流通装备和流通管理水平。四是流通技术人才培养政策。重视流通相关产业教育,建立新职工上岗培训制度和在岗人员每年再培训制度,提高从业人员特别是高层管理人员的素质和企业管理水平。

(5) 流通国际化政策。坚持引进外资投资,鼓励和改善外资投资结构,进一步扩大对外开放。一方面继续对外开放流通业,引入国外的管理经验和新的流通方式;另一方面通过政策优惠鼓励条件成熟的国内大型流通企业通过收购、兼并、投资、参股和合作等方式，充分利用国外流通企业的网络、渠道、品牌等优势，积极融入国际化的流通体系，为我国的商贸服务进入世界市场创造更好的条件。

（6）流通体系投融资政策。增加对流通产业基础设施的投资。对流通领域非经营性基础设施建设项目，国家在资金上给予支持。扶持老少边穷地区和中西部地区流通设施的建设。对符合举办条件的大型流通企业集团和综合商社，经国家主管部门批准，可享有建立财务公司、发行企业债券或股票筹措资金的权利。企业可以利用现有的资产，如厂房、仓库、货场、运输机械等，采取参股等方式，改造成贸易、仓储相结合的流通设施。

四　健全消费品流通信息体系，为扩大消费提供科技支撑

流通科技水平和信息化水平对提高流通效率，降低流通成本，进而降低消费成本，扩大居民消费具有重要作用，健全消费品流通信息体系，对建立扩大消费长效机制具有重要意义。

（1）流通国家级信息库。建设国家级流通领域数据库，夯实流通行业管理基础。按照现代市场经济的要求，坚持前瞻性与可行性相结合，突出重点，以点带面，推进商贸流通业信息化建设，促进现代流通体系的全面发展。数据分析是政府部门把握形势、科学决策的基础。要准确把握行业运行态势、提高政府调控的预见性、主动性，更加离不开行业基础数据收集。应充分发挥信息化对业务系统的支撑作用，逐步建立起完善的内贸、外贸、外资、对外合作、对外投资等领域的信息搜集与统计体系，形成国家级数据库，并以此为基础，研究建立国内情况变化和国际经济波动对我国流通经济影响的预测预警机制。

建立"大网络"的概念。对现有独立封闭运行的所谓"信息中心"，应通过部门统一规划，采取联网的方式，进行跨部门、跨行业、跨地区的资源重组，真正实现信息资源共享，消除"信息孤岛"。地区规划应贯彻重点推进、协调发展的原则，可率先在全国各大中城市和交通发达地区建立起以"第三方物流"为基础的信息网络，使全国各地工商企业都能方便快捷地同时上网，随时查询、随时输入供求信息，进行网上交易，尽可能多地带动欠发达地区和广大农村的信息化建设。

（2）流通信息技术。我国流通技术要注意吸取经验，淘汰落后技术，进行技术改造，加快信息网络技术发展。在商业装卸、搬运、储存、加工、包装等环节，加大机械化作业，提高效率，用技术改造来增强商品统计、经营调度、质量监督、计量检测等能力。特别是要推广网络技术、电子商务技术的应用。电子商务和管理信息系统对现代流通业具有十分重要的作用，大力推动销售时点系统（POS）、运输管理系统（TMS）、仓库管理系统（WMS）、供应链管理系统（SCM）、客户关系管理系统（CRM）、企业资源计划（ERP）、增值链系统（VAN）以及数据仓库技术（DW）、数据挖掘技术（DM）、商业智能技术（BI）等现代信息技术在我国流通业重点普及和应用。鼓励商贸物流企业采用条码、智能标签、无线射频识别等自动识别和标识技术、电子数据交换技术、可视化技术、货物跟踪技术等，实现商品来源可追溯、流向可查询、物流流程的可视化。支持批发企业、零售企业与物流企业、生产企业通过共用信息系统，实现数据共用、资源共享、信息互通，提高企业对市场变化的反应能力和供应链管理水平。

（3）流通信息服务。流通体系的信息化建设是一项系统工程，涉及流通体系的整体运作。要在政策层面引导信息通信技术的投资，加快建设流通发展综合服务体系、电子交易系统等。应尽快建设农村流通信息综合服务支撑体系，使市场需求与供给信息有效衔接，加强市场动态监测，及时调剂余缺，从根本上降低农业生产的盲目性，促进订单农业、现代物流和农业产业化发展。支持网络购物，加快新型流通模式，从多方面鼓励支持流通领域电子商务发展。要加快流通领域电子商务应用推广进程，积极扶持第三方电子商务企业和传统流通企业应用电子商务，促进传统流通体系向现代流通体系转型。大力发展信息化与电子商务服务，完善服务保障体系。要加快国际信息化服务平台建设，为"走出去"企业提供实时的海外商情、项目信息、政策咨询、法律支持、翻译保障等综合信息服务，逐步建立境外投资和跨国经营风险评估与预防机制，疏通资本流通渠道，引导和促进企业更有效地开展国际贸易电子商务。同时，大力发挥国际贸易第三方电子商务服务平台的作用，建立以数据对接为核心的全球贸易促进机制，推动跨境贸易平台的互联互通，创新电子化贸易流程与结算方式，推动我国国际贸易环境的便利化和无纸化。

加快流通企业信息化建设，重点抓好重要标准规范的制定推广和数字流通基础设施建设，建立以标准为前提，以数据为基础的社会化服务平台，为中小流通企业服务。进一步提供流通基础信息的规范化程度和集约化水平,增强流通企业对信息增值重要性的认识,通过大型计算机数据库的建立和数据挖掘系统的建设,提高流通企业信息资源开发利用水平和效率。制定财政、税收扶持政策,鼓励流通企业科技投入。落实企业购置先进设备增值税抵扣政策,科技投入可以税前列支。流通企业从银行贷款进行技术改造,财政给予相应贴息补助等。

(4) 物流信息体系。应当以信息化为核心,促进我国物流的现代化;大力支持物流公共信息平台建设,减少因为缺乏信息造成的物流资源限制和浪费,充分满足物流需求;应当大力鼓励发展以信息化为手段的第四方物流,提高社会物流的组织化程度和综合效益。有关部门应向社会开放所掌握的物流供求信息和物流资源分布,打破部门和所有制限制,支持第四方物流整合物流过程,提高企业经济效益和社会物流效率。

(5) 流通信息人才。推进流通现代化,关键在于要抓紧培育和造就一支熟悉现代流通的高素质人才队伍。现代流通业具有劳动密集型特征,是我国扩大消费、促进就业的有力保障,应大力发展中等职业教育,培养流通专门人才,还应大力发展高等教育,提高流通专业的深度与技术含量,培养流通业高级专门技术人才。要大力推进流通企业集团与科研院所之间以各种形式进行的合作开发,促进以商流、物流、信息流为重要内容的商品流通技术水平的全面提高。

五 健全消费品流通监管体系,为安全消费提供洁净环境

商贸流通监管体系是由一些最基本的管理法规、管理制度和管理方式构成的监管系统,是规范企业各方面制度的整体框架,它覆盖着商贸流通的全部和全过程。尽快建立一个政府指导、行业自律、运作协调的商贸流通监管体系,创造流通企业公平竞争环境,规范流通秩序,以流通和谐促进消费和谐的实现。

(1) 监管主体。商品流通市场监管的目的是为了弥补市场失灵。政府在商品流通市场监管体系中处于主导地位。行业协会是市场中间组织,在处理不同企业之间的矛盾和冲突方面是恰当的调解人,对同行业企业具有一定约束作用,因而也是商品流通市场监管的重要主体。消费者协会则代表消费者的利益,同样具有信息优势和协调优势。企业和居民既是市场上的经济主体,又是市场监管的主体。传播媒体以其快速的传播速度、影响面和影响力主导着大众的心理和行为,在商品流通市场监管中具有重要而特殊的作用。

(2) 监管法律规范和相关制度。第一，要重视立法管制，对流通产业、商品市场的监管重在立法。不断对已有立法进行修改完善，形成比较完善的法律法规体系，提高市场法制化程度。第二，着力完善商品流通领域监管制度。如完善反垄断制度，彻底打破行业垄断和地区封锁，为流通企业的公平竞争和快速发展提供制度保障。第三，规范市场准入。在审批内容上，主要对零售业有关房地产建设及营业区域进行限制。第四，完善市场竞争规则，规范企业竞争行为，特别是对企业的无形资产给予充分保护。

(3) 统计监测评价体系。商贸流通体系统计监测评价体系研究是一项创新性的工作。为了全面准确地反映商贸流通业的发展状况及其内部构成，根据商贸流通体系的内涵特征和指标设计原则精神，构建商贸流通体系监测评价体系。建立和完善市场信息的传递和反馈制度，加强分析监测工作，为商贸流通行政管理部门提供决策参考。尽快建立由国家、省、市、县四级管理相结合的市场监测体系，健全市场质量安全例行监测制度。进一步加强企业自检体系建设。

(4) 行业协会自律。积极发挥行业中介组织的自律、监管作用，是规范企业从业行为，抵制各种商业贿赂行为的有效途径。规范完善商贸流通行业原有协会，制定行规行约和等级标准，协调经营者之间、经营者与政府间的关系。进一步发挥行业协会作为政府与企业沟通的桥梁作用，并会同有关部门对违规企业进行严厉处罚，督促其整改和规范经营。

(5) 诚信强化约束体系。在这个约束体系中，政府行政处罚和司法裁决发挥关键性作用。政府运用严厉的行政管理手段和相关的市场经济法规来规范和约束消费者诚信缺失的行为，并建立起相应的处罚机制，一旦主体失信，不论是生产者，还是经营者，或是管理者等，都要受到严厉处罚，并追究失信责任。加快建立现代社会信用体系，建立失信惩戒机制，提高失信和犯罪成本，建立维护市场秩序的长效机制。政府、消费者协会、行业协会、民间组织等要为广大终端消费者建立更广泛的申诉索赔机制，增加申诉权力，简化申诉程序，降低申诉成本，提高申诉效率，从根本上保护诚信者，打击失信者。努力营造诚信至上、服务至上的商业环境，切实转变服务观念，树立服务意识，强化服务培训，规范服务行为，提高服务技能，讲求服务效果。充分发挥媒体作用。政府利用舆论工具大力宣传和倡导社会诚信，强化消费者诚信和环境诚信建设的重要性，强调规范诚信行为就是规范社会行为。社会公众也可以通过媒体来揭发、谴责失信者及其行为。只有政府、企业、消费者都从自律出发，才能改变现阶段流通秩序混乱的现状，为扩大消费、满足消费升级提供和谐的社会环境。

六 健全消费品市场体系，为扩大消费提供活跃的市场主体

完善我国消费品流通市场体系的目标是：按照建立统一开放、竞争有序的现代市场体系的要求，在优化结构的基础上，努力扩大市场规模，完善市场功能，建立现代化的消费品流通系统，初步形成布局合理、结构优化、功能齐备、制度完善、现代化水平较高的消费品市场体系。

（1）开拓国际消费品市场。打造消费品内外销渠道，促进内外贸一体化发展。构建覆盖全球的流通网络、实现内外贸一体化是新时期我国流通业转型升级的需要。首先，鼓励有实力的流通企业走出去开拓海外市场，推进海外营销网络和海外贸易中心建设，着力获取渠道控制权和商品定价权，提升外贸产品附加值。其次，推动外贸流通企业开拓国内市场，通过一体化整合实现内外联动。最后，以兼并重组为手段组建流通跨国公司，鼓励流通企业通过兼并联合等方式整合有实力的内外贸流通企业和中小加工贸易企业，拓展国内外市场，实现产业链纵向一体化，提高我国流通企业的竞争力。

（2）城市消费品市场体系。以农村市场为基础，以中小城市市场为主体，以中心城市市场为主导，依托各种不同区域的城市群，建立双向畅通、互动互补的多层次消费品市场结构体系。做好城市在流通领域中的定位；明确各个城市流通领域的优势与劣势；加强城市在流通领域中连接点和集散地的作用。市级商业中心是城市的窗口和名片，是城市凝聚力和辐射力之所在，它对城市商业发展起到引导、示范和标志性的作用。社区商业是城市商业的基础，它直接营造着生活环境，关系到群众的生活内容和质量，是一项"民生工程"。社区商业不仅要为居民提供便利性选择和配套性消费的条件，还要汇聚不同类型、风格、定位的商家和商品，为满足不同居民的需要和商家的良性经营创造条件。要以满足度、方便度、舒适度为标志，重在业态完善、功能配套。要统筹规划，传统和现代相结合，发挥特色，形成一个城市区别于另一个城市的商业特点和优势。

（3）生活消费品零售体系。零售体系担负着调整和完善供给的作用。要充分发挥零售体系在扩大内需、提供供给的基本作用，支持零售体系健康、有序的发展。零售体系点多面广，遍布各个角落，必须针对不同的消费对象实行差异化经营、个性化服务。第一，转变零售企业以联营、保底、扣点等方式为主的短视的经营模式，鼓励零售企业提高自营业务比重，拓展零售商自有品牌，培育核心竞争力。第二，建立和谐稳定高效的现代供应链，加快由单个企业竞争向供应链竞争转变。大型零售企业应积极采用现代流通技术，加强供应链管理，与供应商形成良好的战略合作伙伴关系。第三，建立零售企业联合采购联盟，加快由无序竞争向协同合作转变。针对国际品牌商品（包括奢侈品），组织零售企业建立联合采购联盟，提升渠道控制权和品牌商品定价优势，降低采购成本，提高企业盈利能力。

（4）工业消费品市场体系。应当对工业消费品流通给予适当的引导和扶持，以便尽快形成少环节、低成本、高效率的工业消费品流通模式。实现批发市场模式和专业卖场模式向商场管理方向发展，代理模式向总代理、总经销方向发展，小生产、大流通模式向大生产、大流通的超市模式发展，培育大生产商、大批发商、大零售商、大代理商，提高工业消费品制造业与流通业中的企业组织规模，为工业消费品的流通发展奠定良好的产业组织基础。

通过做大做强和产业集群培育大生产商、大批发商。一是通过支持流通企业发展电子商务，促进线上线下业务互动。充分发挥实体批发和零售企业比网上企业更加可信的优势，利用实体店的物流配送体系，扩大销售规模，实现规模经济。二是鼓励经济发达地区发展直营店，通过增加大生产企业的网点数量和业态种类，提升流通企业的市场影响力和话语权。三是引导流通企业做大主营业务。应鼓励企业在主营业务范围内的兼并收购，拓展主业内的多业态经营，围绕主营业务做大做强。同时要鼓励大型流通企业集团通过发展自有品牌的方式进一步做大规模、扩大影响力，并对企业开发自有品牌所用的研发费用、设计费用、品牌管理费用等进行补贴。四是鼓励工业企业自建营销渠道，形成多元化、多层次的流通网络体系，避免生产企业因渠道单一导致的店大欺客的问题。

要按照流通产业集群的发展理念，引导批发市场从大批发市场、小批发商向大批发市场、大批发商转型，加强批发市场的管理，从出租、出售摊位向商场化管理转型，扶持具有较高品牌优势的产品在市场内进行交易，扶持有国际话语权的品牌产品，提高批发市场的品牌影响力。鼓励批发市场不断完善物流配送、信息共享等方面的服务功能，推动有条件的批发市场向上下游延伸，不仅可以通过价格发现机制引领区域经济发展，也可形成以批发市场为中心、上下游产业高度集中的流通产业集群，成为区域经济发展的增长极。

（5）农村消费品市场体系。以"万村千乡"农家店为示范工程，充分发挥它在农村市场的主导和示范作用，发展新供销网点、邮政供应点和农产品专业店，扶持村头铺、连家店和个体户经营，结合新农村建设，完善农村社区生活网点，建立以农民自我服务为主体的多形式的农村市场体系。第一，发挥"万村千乡"试点商店在农村市场的主导地位，发挥引导、示范和骨干作用，树立样板，构建平台，成为城乡双向流通的互动平台、工业品下乡的集散平台、农产品集聚的收购平台、农村零售网点的示范平台。第二，动员多方力量发展农村网点，包括新供销网点、邮政网点和农业部门的推广站、种子站等销售网点；不同业种、不同业态在农村开展有序的竞争，不仅可以解决广大农民买难和卖难问题，而且从多方面满足了他们自己的需求。第三，充分发挥农民在农村消费品市场的主体作用。引导农民进入流通，有利于促进农村产业结构的调整，参与农产品交易，从事农村日用消费品的销售，扩大农村的网点，吸纳更多的农村劳动力。第四，结合新农村建设，在乡镇所在地，或以农村较大型的交易市场为基础，规划和打造农村社区商业中心，以中小型百货或综合超市为主导，建立便民商业设施，完善消费品社区市场。

七 创新流通业态体系，为消费者提供丰富的业态选择

业态结构包含多种商业形态，是按照特定消费者的特定需求，运用商品经营结构、店铺位置、店铺规模、店铺形态、价格政策、销售方式、销售服务等经营手段，提供销售和服务的类型化服务形态，是流通体系结构的重要组成部分。百货店、超级市场、连锁店、购物中心和网络商店可以说是近代零售企业的五次革命。我国零售业各种业态纷纷出现，要对其结构进一步优化，注意定位发展。以百货店为主导，以超市为基础，积极发展专业店和网上购物，构建适应不同地区、不同需要的便利店、便民店，有重点地发展多种形式的购物中心，创新业态，构建具有中国特色的业态体系。不同的业态结构，细化了消费者的需求，满足个性消费、定制消费的要求，丰富了内需实现形式，同时也从多角度去引导内需、创造消费。当前的新型流通生态主要有以下几种。

（1）专业店。它以品牌为支撑，以单店独立存在为主要形式，专门销售或经营某一品牌的商品，或者由厂家在市场直接开设。它环节少，价格相对低，同样品牌要比大店便宜，而且款式比较集中，便于群众挑选。专业店的发展，是经济发展的结果，是消费需求细分化、专门化、层次化的表现，它标志着零售业态发展的水平，锁定了一批消费群体，以品种、品牌、品质和品位构成众业态中的特色。

（2）便利店。以24小时营业为其特点，统一经营、统一配货，商品档次相应要高，以一定收入水平的消费者为对象，因区域等原因，开设要具有一定条件，应有重点地发展。结合我国国情，要提倡多开连家铺形式的便民店，其布局零星分散，成本低，方便购买，也是安排就业的重要途径，应充分鼓励其发展。

（3）购物中心。它是现代的一种生活方式，必须建立在一定的经济基础上。它以规模大、业态多、功能全、辐射面广为特征，要有足够的购买力来支撑。购物中心的诞生适应了居民追求休闲、娱乐等综合消费的倾向，要注意多形态零售形式的店铺组合，确立有特色的主力店，营造良好的购物氛围。

（4）仓储式商场。它依靠简化装修和减少附加服务为特点，因而更应该在价格上形成优势，更多地让利给顾客，让顾客真正地感到实惠。

（5）网络商店。以网络商店为代表的无店铺销售是零售业态在信息技术时代的发展趋势。据《2012年度中国电子商务市场数据监测报告》显示，2012年中国网络零售市场交易规模达13205亿元，同比增长64.7%，占社会消费品零售总额的6.3%，国内B2C、C2C与其他电子商务模式企业数已达24875家，较上年增幅达19.9%。网络商店应该在质量保证、物流配送、售后服务等方面进行改进，给消费者带来满意的购物体验。

（6）奥特莱斯。奥特莱斯是英语Outlets的中文翻译，在零售业中指销售过季、断码、下架的名牌商品的商店组成的购物中心，也被称为"品牌直销购物中心"，该种零售业态以品牌知名度高、折扣低和停车场大为特点，近些年得到了飞速的发展，销售额屡创新高。

（7）生活百货。这种新兴的零售业态创造性地将妇幼用品、药品、化妆品等品类放在超市中出售，因为贴近生活被称为"生活百货"。该种业态在台湾地区发展迅速，人气很旺。

根据市场需求特点，发达地区和城市的商业业态发展方向是多元化和便利化，特别是新兴业态的引入。针对落后地区和农村商业业态不足的情况，要大力引进各种商业经营模式，以适应居民消费需求的增长。通过对不同地区业态布局的调整和完善，实现各地区商业业态均衡发展。在引进和发展国外成熟业态的同时，积极推进业态创新，满足居民日益增长的多样化、个性化的消费需求。通过业态结构调整，优化商业业态布局，创新消费服务方式，改善流通服务功能，扩大消费需求，将流通业发展的立足点放在扩大消费上，形成经济增长的良性机制。

八 本章小结

在前文分析的基础上，本章提出了建设消费品流通体系建立扩大消费长效机制的措施和建议：完善流通基础设施建设，健全消费品物流配送体系；加强宏观调控和顶层设计，健全消费品流通政策体系；提升流通科技水平，健全消费品流通信息体系；净化流通环境，健全消费品流通监管体系；多主体和谐共生，建立公平竞争的消费品流通市场体系；创新商业业态，建立丰富的消费品流通业态体系，将流通新政策建设成为长效机制。需要通过政府流通部门、流通组织、消费者和社会公众的共同努力，才能实现扩大消费长效机制的建立。

第九章 结论和展望

第一节 研究结论

本书在对消费品流通体系和扩大消费长效机制相关文献进行综述的基础上，分析了我国现阶段的消费状况和消费品流通体系的现状和存在的问题之后，对流通体系和居民消费之间的关系进行了理论和实证的研究；并对近些年流通体系的新政策实践扩大居民消费需求的成效进行了分析；在分析了建设扩大消费长效机制对消费品流通体系的要求后，提出了流通体系建设的重点领域；构建了扩大消费长效机制的流通体系的总体框架，并建立指标体系，评价了流通体系促进消费的状况；最后提出了完善消费品流通体系以建立扩大消费长效机制的对策和建议，得到以下结论。

（1）通过将厂商的市场竞争模型引入流通领域，证明了流通组织的数量扩张导致均衡价格的下降，价格下降将促进更多消费。同时也证明了产品多样性的增加促使均衡价格下降，价格下降刺激消费扩大。建立流通和居民消费的时间序列模型。通过向量误差修正模型的分析发现：从短期来看，流通产值和居民收入都对居民消费有正向的影响。长期来看，我国居民消费和流通产值以及居民收入具有长期稳定均衡的关系。格兰杰因果关系检验发现，流通产值是居民消费的格兰杰原因，表明了流通业发展对居民消费增长的影响不可低估。通过构建包括流通增加值、居民消费和居民收入的三变量 SVAR 模型，并进行了脉冲响应分析和方差分解，实证结果表明，我国改革开放以来的居民消费、流通增加值和居民收入序列具有协整关系，表明了三者之间具有长期的稳定关系；脉冲响应分析发现流通冲击对消费的影响绝大部分是正向的，长期比较稳定，这从侧面说明了流通业的发展可以促进居民消费的增长。通过面板数据模型的分析发现，流通业产值和居民消费之间具有协整关系，流通业发展和居民消费增长具有长期稳定的相互关系；流通业发展对居民消费的增长具有正向的影响，其弹性大约为10%，此结果小于现有的研究结论；分地区来看，东部地区流通业发展对居民消费的影响最大，中部地区流通业促进消费的效应没有充分发挥出来。

（2）本书认为我国改革开放以来消费总量不断扩大，增长率较高；消费水平指数增长较大，消费结构趋于合理。但是和发达国家相比，我国居民消费在消费规模、消费率、消费水平、消费结构等方面仍存在相当的差距。我国消费品流通体系已经形成了市场主体多元、流通渠道丰富、流通方式多样、流通环境改善的现代消费品流通体系，基本满足了我国居民的消费需求。但是，仍然存在诸如城乡体系分割、流通结构不合理、流通效率不高、流通制度环境差问题，这些问题导致我国消费品流通体系的不健全、欠完善，制约了我国居民消费水平的升级和国内需求的扩大。可以看出，我国消费品流通体系缺乏扩大消费需求的长效机制，需要在今后的建设中积极探索。

（3）在分析了我国消费品流通体系近年的新政策的实施情况和对扩大居民消费的效果以后，认为"万村千乡"、"双百"、"农超对接"、"新网"等消费品市场工程的实施显著地改善了消费品流通和消费环境，激发了居民消费尤其是农村居民消费需求的扩大。但新制度在实施的过程中也存在一些问题：政策落实不到位，执行有偏差；流通体系基础设施薄弱，配送体系不健全；流通新政策的宣传力度不够，而且行政色彩浓郁，对具体需求未做充分调研；农村市场主体本身规模小，分布零散，信息化水平低，无法达到合作要求，等等。要想将新的制度转变为扩大消费的长效机制，需要多方面努力。

（4）通过建立影响流通体系长期发展的多元回归模型，发现城市化水平、信息化水平、基础设施建设水平与流通体系的发展呈明显的正相关关系，据此认为社区商业体系建设、网络购物体系建设和农村消费品流通体系建设是建立扩大消费长效机制的我国消费品流通体系建设的重点领域。

（5）根据扩大消费长效机制的要求，构建了消费品流通体系的总体框架；建立指标体系，进行实证分析后发现，我国流通体系促进消费的综合评价序列值整体呈现波动上升的趋势。

(6) 消费品流通体系建立扩大消费长效机制的措施和建议主要有：完善流通基础设施建设，健全消费品物流配送体系；加强宏观调控和顶层设计，健全消费品流通政策体系；提升流通科技水平，健全消费品流通信息体系；净化流通环境，健全消费品流通监管体系；多主体和谐共生，建立公平竞争的消费品流通市场体系；创新商业业态，建立丰富的消费品流通业态体系。需要通过政府流通部门、流通组织、消费者和社会公众的共同努力，才能实现扩大消费长效机制的建立。

第二节 研究展望

目前针对健全消费品流通体系以建立扩大消费长效机制的研究还不多，微观分析和定量研究才刚刚起步，本书试图在消费品流通体系健全、流通体系新政策扩大消费的成效、扩大消费长效机制建设的突破点等问题上作了尝试性的努力，但仍然存在许多不足之处。笔者认为，针对这个主题，以下几个问题可以进一步研究。

在流通和消费相互关系的定量研究中，本书使用了向量误差修正（VEC）、结构向量自回归（SVAR）和面板数据模型的研究方法，但是还有许多其他的计量方法可以尝试，比如状态空间模型、变参数和非参数等方法，相信能得出更多有意义的结论。

在对流通体系新政策扩大消费效果的研究中，使用的资料和数据多是从已有研究、统计年鉴、政府报告等搜集的二手数据，缺乏实地考察得出的一手资料，所以下一步需要进行对流通组织和消费者的实地走访、问卷调查等，以确保数据的原创性和实际情况真实性的把握。

流通体系有非常丰富的内容，本书仅从消费品流通体系方面探讨扩大消费的长效机制，未来还可以从工业品、大宗商品等方面来研究。

限于数据可得性，本书在数量分析方面仅从狭义流通业（批发和零售业）角度进行分析，然而，流通体系包含的范围很广，以后可以尝试从广义的流通范畴进行探讨。

附 录

附表1 面板数据模型流通产值原始数据

单位：亿元

年份	北京	天津	河北	山西	内蒙古	辽宁	吉林	黑龙江	上海	江苏	浙江	安徽	福建	江西	山东	河南	湖北	湖南	广东	广西	海南	重庆	四川	贵州	云南	陕西	甘肃	青海	宁夏	新疆
1978	8.28	6.95	9.23	4.82	2.87	12.6	2.7	5.0	23.15	13.63	7.98	7.40	3.47	4.91	3.29	7.88	9.69	9.71	19.39	4.43	1.45	2.34	7.75	3.59	4.49	5.5	4.55	1.29	0.96	2.07
1979	8.79	7.42	8.36	6.58	3.25	12.8	2.6	5.7	23.70	17.64	8.72	8.80	3.29	4.92	4.18	8.88	11.21	10.85	23.52	3.98	1.56	2.59	8.71	3.40	5.21	6.0	4.83	1.32	0.97	2.34
1980	11.01	7.13	9.85	5.10	4.01	14.1	2.8	6.5	31.62	18.04	10.55	10.30	5.08	5.78	6.39	11.42	14.09	11.73	29.53	5.00	1.94	2.90	9.68	3.17	5.16	6.5	6.86	1.51	1.12	2.91
1981	11.86	8.54	10.86	6.24	4.00	16.1	3.9	8.5	32.73	19.24	15.35	11.20	7.01	6.50	16.56	12.00	14.96	13.42	33.57	10.40	2.35	3.22	10.83	3.93	6.09	7.0	7.07	1.90	1.13	3.41
1982	11.05	7.26	12.03	6.49	5.20	17.6	3.3	7.2	29.18	20.84	19.43	13.80	8.12	7.04	22.39	13.13	16.82	12.81	38.07	11.36	3.06	3.89	12.69	4.02	7.41	7.9	7.18	1.99	1.19	3.84
1983	13.63	8.93	15.18	8.31	6.32	20.8	6.1	7.2	31.66	23.86	23.12	15.60	9.38	8.21	32.07	17.08	20.29	12.56	41.42	11.17	3.34	4.49	15.39	5.33	8.37	8.5	8.63	2.33	1.33	4.75
1984	18.37	14.68	17.95	9.86	10.34	26.2	7.5	9.9	38.22	29.66	28.42	17.60	11.82	8.62	37.97	18.29	24.90	15.40	54.41	12.31	4.01	5.73	19.27	6.39	9.94	9.3	10.16	2.53	1.61	6.29
1985	25.88	15.73	22.22	13.08	19.65	35.8	14.0	15.3	51.82	32.98	40.52	21.30	15.17	11.57	46.14	27.34	30.16	22.94	79.86	14.56	4.16	8.90	24.85	8.16	11.94	10.6	11.40	2.93	1.87	8.97
1986	27.99	17.51	25.74	15.56	24.11	49.3	18.3	17.8	51.56	40.09	48.77	24.50	16.53	13.47	49.85	31.15	33.20	27.60	89.78	12.30	4.59	10.08	28.84	8.54	14.20	13.3	12.71	3.74	2.22	10.48
1987	27.21	20.51	29.06	17.30	32.91	61.1	21.0	20.7	53.74	61.60	58.78	32.50	23.14	13.84	60.58	42.11	40.67	34.56	104.17	13.55	5.74	12.30	35.09	10.33	21.66	15.0	15.67	4.24	2.83	12.45
1988	39.07	21.72	54.36	25.70	38.88	71.6	30.0	47.4	64.19	103.63	81.96	42.50	40.58	19.23	86.71	65.25	47.95	46.61	145.89	28.23	8.66	17.10	47.19	12.60	33.01	17.5	22.55	4.90	4.41	16.11
1989	40.27	14.38	56.75	26.79	35.58	89.5	39.5	50.4	41.14	102.69	88.50	54.60	41.31	28.30	108.51	71.14	58.01	45.48	136.65	44.41	10.27	21.61	56.45	9.52	39.48	21.8	29.08	4.53	4.90	17.59
1990	48.85	16.00	56.98	29.07	24.92	95.4	25.5	48.0	51.84	103.25	91.86	43.90	49.53	19.74	132.83	58.17	69.35	62.94	152.90	57.53	11.41	17.19	61.29	18.20	40.44	25.5	30.64	7.06	5.32	20.48

续表

年份	北京	天津	河北	山西	内蒙古	辽宁	吉林	黑龙江	上海	江苏	浙江	安徽	福建	江西	山东	河南	湖北	湖南	广东	广西	海南	重庆	四川	贵州	云南	陕西	甘肃	青海	宁夏	新疆
1991	66.65	27.94	109.11	34.70	27.76	124.1	32.3	79.9	63.68	140.27	127.94	50.50	60.46	27.86	161.00	73.86	86.66	73.91	185.77	62.03	15.15	20.33	65.94	20.97	52.76	35.7	31.17	7.27	6.45	36.88
1992	85.41	41.51	130.37	44.31	34.04	167.9	41.6	97.4	96.31	201.91	174.33	67.30	79.64	35.80	200.93	84.95	112.25	104.96	236.59	74.92	29.56	33.08	78.45	25.53	73.64	41.8	39.15	8.44	7.60	39.85
1993	123.12	54.26	161.88	54.38	47.44	237.4	52.8	113.6	160.73	308.21	238.36	92.90	115.99	44.68	229.98	101.64	150.24	123.52	340.49	101.66	39.13	49.63	90.29	32.88	95.84	48.3	43.11	10.47	9.68	43.46
1994	171.87	72.63	205.75	71.29	63.14	287.6	72.6	144.8	211.42	389.41	332.19	128.40	146.90	57.76	346.88	136.13	175.93	167.24	486.46	130.96	48.36	64.66	121.26	40.32	114.70	59.9	50.17	12.92	12.30	57.67
1995	221.91	91.08	261.69	94.62	83.03	339.6	93.2	174.6	279.31	516.89	446.15	162.30	203.10	82.39	471.95	182.75	240.41	210.40	647.55	168.97	52.47	85.53	181.21	48.49	134.91	86.7	66.99	15.39	15.36	73.78
1996	257.78	119.47	307.23	120.49	103.70	391.3	113.7	197.3	331.60	621.01	556.36	205.20	257.03	108.31	574.97	226.19	303.27	244.45	798.55	200.72	55.23	110.22	220.19	58.32	161.27	111.9	78.86	17.28	18.77	87.25
1997	309.74	137.25	355.80	137.69	126.82	490.2	129.9	231.1	404.18	663.86	602.12	242.00	306.22	124.66	664.92	285.98	352.62	268.06	944.61	223.52	58.93	130.86	240.78	68.81	169.34	130.6	89.54	19.04	20.87	94.23
1998	331.84	170.47	386.96	152.49	144.86	533.2	130.8	246.6	442.61	724.85	645.71	264.80	341.19	143.54	735.63	316.81	376.94	289.06	1073.26	247.04	61.90	142.99	254.51	76.37	183.14	138.1	98.34	20.49	22.72	98.06
1999	364.46	200.04	411.54	160.21	168.89	575.8	139.1	255.7	484.59	782.38	687.40	290.70	364.97	161.63	787.90	339.08	408.59	311.68	1174.76	267.96	64.88	151.89	270.84	80.61	194.42	152.3	107.15	21.66	24.33	102.26
2000	406.38	229.16	459.00	180.16	195.39	631.6	237.6	317.4	533.89	857.57	794.64	300.80	399.11	181.96	856.94	380.66	449.00	342.30	1371.49	290.02	70.30	163.38	283.26	83.72	216.33	175.6	112.81	23.98	26.24	110.10
2001	424.11	269.76	488.61	201.68	226.46	696.5	267.4	344.8	555.06	955.07	868.00	323.50	429.56	192.06	972.33	422.14	480.79	377.18	1543.18	312.68	74.08	178.39	311.95	89.67	221.24	202.2	121.28	26.25	29.18	118.45
2002	463.03	311.20	521.81	226.21	266.54	760.3	287.8	377.1	604.62	1066.77	983.72	343.90	465.91	214.19	1142.54	466.38	519.46	416.15	1761.27	342.28	78.65	195.64	341.12	100.61	239.25	228.4	129.91	29.29	32.25	123.88
2003	515.45	177.78	557.34	258.15	312.12	803.2	327.7	412.3	672.50	1204.61	1095.92	380.50	520.10	243.06	1283.70	578.37	569.27	458.07	2009.33	375.96	85.64	216.35	372.68	116.05	244.87	256.2	140.18	33.30	36.53	141.32
2004	587.70	210.10	621.14	309.60	382.66	686.0	371.0	462.9	745.00	1533.64	1126.01	349.00	595.35	285.10	1431.58	512.63	634.00	518.39	2221.76	267.63	96.50	246.52	425.54	136.92	278.68	311.0	117.54	38.00	44.53	160.30
2005	654.09	436.12	598.56	261.14	458.10	850.3	414.7	516.5	840.89	1816.46	1258.21	397.70	584.63	341.52	1653.87	575.37	610.83	610.83	2522.45	401.25	107.57	277.68	475.16	160.92	314.30	293.8	130.78	42.80	49.98	145.10
2006	751.91	468.12	661.21	295.61	560.93	952.7	485.4	576.9	929.16	2028.80	1435.97	449.60	667.79	387.81	1611.66	682.40	649.37	588.88	2542.45	568.57	122.18	314.33	541.68	148.18	351.68	337.6	145.89	47.62	52.73	163.15
2007	879.42	498.61	714.84	348.61	662.51	1062.3	587.2	660.9	1077.76	2432.88	1711.20	525.70	809.15	449.64	1958.24	765.76	749.81	660.94	2805.16	672.56	142.13	366.19	624.74	174.26	410.44	392.8	166.85	54.56	64.22	187.10
2008	1060.92	604.61	844.94	421.83	783.97	1229.9	732.8	785.4	1266.37	3026.27	1899.02	634.10	950.60	543.16	2263.93	902.30	889.58	766.44	3306.57	803.39	172.63	449.32	736.41	208.75	438.06	483.1	196.93	64.62	75.38	224.31
2009	1525.0	836.84	1157.8	557.86	915.89	1410.33	673.37	880.83	2183.85	3579.81	2119.39	733.19	1043.42	553.89	3106.24	1057.81	979.14	1221.2	3907.43	551.14	168.75	524.16	868.98	293.53	571.03	707.39	231.71	66.13	74.52	253.6
2010	1888.5	1090.68	1529.26	695.51	1051.96	1651.66	880.47	1060.47	2594.34	4447.5	2646.14	887.66	1310.94	666.89	4257.4	1293.5	1291.68	1434.68	4647.76	1050.6	220.65	624.33	1016.03	367.52	685.38	856.65	272.13	81.44	89.5	276.28
2011	2139.65	1463.89	1780.63	846.65	1216.6	1960.33	860.47	1060.47	3040.99	5341.3	3288.53	1050.6	1511.29	831.97	5400.19	1586.97	1662.21	831.97	5489.84	803.48	258.06	747.3	1186.58	448.7	932.21	1036.35	351.97	93.7	109.99	371.9

· 208 · 扩大消费长效机制的消费品流通体系研究

附表 2 面板数据模型居民消费原始数据

单位：亿元

年份	北京	天津	河北	山西	内蒙古	辽宁	吉林	黑龙江	上海	江苏	浙江	安徽	福建	江西	山东	河南	湖北	湖南	广东	广西	海南	重庆	四川	贵州	云南	陕西	甘肃	青海	宁夏	新疆
1978	28.58	27.13	83.02	42.0	37.8	90.2	53.0	93.8	48.3	115.2	72.1	77.2	44.52	49.3	120.6	94.34	74.70	93.93	111.46	50.14	15.7	38.7	114.13	34.23	47.80	48.2	31.90	9.33	7.6	22.61
1979	31.49	30.57	92.94	46.2	44.7	107.6	61.9	101.4	58.8	142.9	82.3	89.8	51.08	55.3	133.4	113.00	87.01	109.67	128.48	55.19	16.7	45.1	122.13	37.87	54.35	59.0	34.98	9.55	8.1	27.63
1980	39.64	36.29	102.07	54.1	55.8	124.8	67.8	119.6	66.3	154.7	91.9	106.9	58.04	68.5	161.7	135.32	93.51	125.42	156.51	65.62	17.8	50.4	137.32	43.45	58.87	65.2	39.81	11.58	9.8	32.78
1981	44.22	38.07	116.08	61.4	67.1	142.5	75.1	131.7	73.7	174.3	122.3	128.1	68.42	75.7	181.8	147.09	126.26	142.77	175.12	65.09	19.2	58.5	157.70	53.85	63.04	72.2	42.74	12.13	10.7	37.27
1982	48.77	41.11	124.99	68.0	79.1	148.5	83.5	135.6	75.0	203.4	138.4	141.3	79.14	88.5	221.5	159.95	126.75	159.45	202.50	89.60	20.8	62.5	176.87	58.59	72.72	78.5	47.05	13.29	12.0	39.60
1983	54.56	45.78	139.14	75.9	83.8	162.5	96.7	145.7	81.6	216.0	151.3	153.8	84.99	95.0	242.3	166.43	141.49	178.56	220.14	93.87	22.1	68.4	198.86	64.79	83.45	84.1	51.54	14.64	13.3	43.08
1984	64.81	50.84	164.17	87.3	89.4	188.4	111.8	164.7	94.6	257.9	175.4	158.3	101.28	105.6	264.7	187.87	172.19	199.24	250.92	102.82	23.4	79.4	220.28	77.07	93.70	98.6	55.99	16.79	15.1	48.53
1985	88.72	61.19	202.16	102.0	105.1	225.5	120.5	190.4	124.8	300.9	233.2	187.3	127.72	126.2	297.9	231.11	203.23	240.71	298.00	123.92	28.1	88.0	256.39	87.33	110.69	115.8	66.10	20.03	17.7	58.51
1986	109.85	69.92	230.85	109.4	118.2	257.9	137.9	205.2	145.7	339.4	285.2	215.9	140.94	137.5	330.9	256.07	247.13	265.54	349.52	137.65	32.7	100.5	283.97	97.38	121.36	127.7	77.82	23.08	20.4	66.14
1987	124.27	77.78	280.08	124.7	135.3	296.9	161.5	229.8	161.1	406.8	339.4	253.4	163.04	150.7	377.2	285.09	271.22	298.85	442.20	154.31	35.6	114.7	329.30	110.53	141.23	145.1	90.63	26.15	23.7	76.06
1988	161.94	99.36	382.14	157.0	149.6	379.6	203.5	285.0	211.0	501.6	444.9	312.6	214.16	182.1	471.3	348.87	328.82	364.37	566.25	196.36	44.6	146.2	407.52	127.43	178.00	193.0	107.43	29.66	27.8	93.61
1989	176.05	111.74	421.79	176.9	160.5	434.1	223.3	285.0	244.6	557.6	498.1	354.2	261.21	212.4	522.4	398.09	364.37	393.49	743.90	228.80	49.3	172.9	475.73	142.91	218.55	202.5	120.26	34.74	31.7	107.24
1990	194.12	119.32	456.84	191.5	169.8	450.8	232.7	335.7	284.8	608.3	519.4	373.0	289.33	250.0	588.5	447.97	434.62	454.90	807.84	265.41	51.7	179.5	553.97	148.55	269.68	220.4	130.36	36.34	33.9	121.12
1991	225.71	135.19	525.70	218.1	188.1	502.2	255.9	369.2	311.1	657.0	576.3	389.4	338.57	270.9	667.6	479.04	475.85	500.84	923.37	297.08	55.6	200.1	604.40	172.63	325.36	238.0	147.60	40.37	38.1	145.55
1992	260.75	154.19	595.43	263.0	208.1	614.3	306.3	413.6	366.1	735.6	654.3	440.5	419.67	299.4	780.5	531.59	546.61	582.91	1118.52	328.31	69.3	241.3	665.99	196.59	365.98	270.5	170.10	46.94	42.5	159.20
1993	354.88	195.20	686.54	333.2	253.4	770.2	364.9	495.5	555.5	984.4	797.1	561.2	534.45	349.3	906.9	672.23	694.49	709.62	1574.61	422.30	94.5	298.2	770.40	250.77	417.49	324.7	194.69	54.60	50.5	197.78
1994	504.22	255.93	839.97	378.6	327.9	966.0	473.6	666.2	732.7	1350.9	1099.9	669.0	741.05	471.9	1319.9	927.84	845.14	964.13	2287.69	588.47	118.1	389.5	1103.04	334.91	498.67	389.9	229.33	69.50	67.6	242.79
1995	672.75	337.71	1081.09	486.5	413.0	1177.6	586.2	895.3	926.5	1806.4	1404.3	837.5	951.68	629.8	1684.6	1251.49	1055.97	1214.61	2912.58	754.12	143.0	488.2	1321.95	466.02	595.27	449.1	291.08	82.80	83.8	320.70

续表

年份	北京	天津	河北	山西	内蒙古	辽宁	吉林	黑龙江	上海	江苏	浙江	安徽	福建	江西	山东	河南	湖北	湖南	广东	广西	海南	重庆	四川	贵州	云南	陕西	甘肃	青海	宁夏	新疆
1996	815.51	413.10	1243.31	581.4	466.3	1327.7	684.5	996.2	1090.8	2218.7	1712.8	978.7	1100.78	788.4	1988.5	1557.04	1346.76	1462.70	3343.01	919.89	170.4	609.2	1520.28	557.57	736.6	528.2	397.93	96.36	92.7	397.6
1997	926.98	472.58	1399.02	620.5	517.1	1485.8	772.8	1022.9	1262.9	2417.8	1857.3	1000.4	1270.82	796.8	2375.9	1694.84	1458.12	1585.45	3559.62	986.66	179.6	675.2	1670.30	611.19	821.93	598.7	420.74	100.9	97.0	436.67
1998	988.52	501.24	1444.78	579.3	559.1	1578.5	777.1	1085.6	1359.4	2513.5	1950.1	1128.6	1358.23	823.0	2543.7	1717.39	1518.62	1662.14	3781.21	952.63	190.8	685.7	1784.92	661.55	866.26	666.4	457.87	105.8	103.7	457.33
1999	1075.93	537.85	1553.64	584.4	592.9	1707.3	783.0	1108.1	1529.0	2594.2	2103.1	1237.2	1374.02	865.9	2807.8	1781.18	1577.12	1789.71	4072.05	978.81	197.1	727.0	1886.74	694.15	938.08	739.4	460.49	114.0	108.7	475.74
2000	1159.68	596.52	1682.65	651.8	696.1	1857.4	845.1	1179.9	1756.3	2815.5	2334.1	1334.3	1559.38	989.2	3092.1	2010.01	1594.08	1928.94	4474.11	1009.36	220.8	772.2	2021.66	754.57	1097.05	802.5	460.35	122.30	125.7	492.32
2001	1253.26	657.57	1888.17	710.6	681.0	2012.0	905.7	1299.6	1910.4	3027.7	2612.8	1483.3	1634.83	1020.2	3300.9	2266.66	1767.38	2110.06	4733.53	1075.88	235.2	833.9	2261.96	791.08	1097.81	882.5	538.73	135.10	133.2	545.49
2002	1542.90	706.66	2109.66	853.0	794.5	2141.5	977.5	1340.4	2134.1	3475.1	2874.7	1681.1	1753.57	1114.6	3555.7	2446.86	1951.54	2075.13	5449.58	1157.95	255.2	901.2	2337.76	851.27	1061.39	965.9	584.61	148.70	146.6	615.47
2003	1751.84	781.22	2551.44	994.7	848.0	2345.0	1115.7	1494.9	2457.4	3809.6	3338.8	1899.2	1920.19	1171.7	3763.9	2801.19	2188.05	2293.01	6557.53	1244.70	281.1	1008.6	2579.30	912.56	1126.28	1065.0	668.37	164.90	162.6	623.61
2004	2100.71	877.16	2944.38	1222.0	1197.8	2721.0	1244.8	1634.1	2869.3	4429.0	3909.8	2112.7	2150.13	1431.4	4305.5	3370.21	2452.62	2600.61	7351.6	1395.28	313.2	1162.6	2904.34	1088.36	1456.90	1330.6	735.53	184.61	226.2	671.28
2005	2388.02	980.25	3344.38	1305.7	1385.9	2942.1	1407.9	1841.3	3271.6	5339.1	4705.8	2410.6	2293.17	1642.2	5435.4	3817.85	2765.42	3055.07	7899.7	1822.0	341.1	1337.0	3366.47	1220.0	1661.64	1522.9	775.53	210.29	271.1	764.26
2006	2615.26	1118.8	3399.15	1629.6	1694.0	3242.1	1552.9	1964.8	3063.2	6266.4	5512.7	2715.4	2775.43	1804.8	6518.0	4251.50	3124.37	3482.44	8899.70	2100.1	394.0	1518.5	3666.82	1359.60	1830.1	1752.3	993.76	230.89	305.7	853.89
2007	3099.03	1309.20	3951.08	1889.6	1694.0	3423.4	1819.8	2288.7	4455.5	7338.2	6099.9	3226.9	3131.13	2247.1	7540.9	4820.10	3709.69	3961.61	10005.29	2366.50	466.7	1840.4	4285.21	1608.25	2108.36	1972.7	1116.31	273.64	353.0	1013.48
2008	3385.60	1691.68	4576.73	2004.7	1956.7	3824.4	2075.7	2682.2	5042.6	8825.6	7071.6	3805.6	3722.10	2522.2	8891.1	5521.46	4225.38	4549.86	11873.01	2665.8	556.5	2280.8	4937.85	1672.8	2208.26	2261.9	1276.99	322.40	441.7	1171.05
2009	3989.2	1821	5043.4	2343.3	2337.6	4663	2304	2809.7	5633.1	9255.4	8131.8	4188.3	3969.2	2750.7	9910.2	6289.9	4456.3	5089.1	14665.9	3333.6	575.2	2367.1	5011.3	1944.5	2470.7	2669	1390.7	361	488.3	1284.7
2010	4668.2	2475.5	5731.4	2855.2	2706.6	5622.1	2510.6	3409.6	7281.9	10922.8	9701.8	4873.4	4710.8	3545.5	11089	7402.6	5166.8	5788.9	16722.5	3767.1	654.3	2792.3	6688.5	1988.5	3082.1	3105.8	1557.7	405.1	565.7	1458.9
2011	5525	2756.72	6882.66	3482.53	3475.38	6846.44	2971.81	4075.36	8239.76	13834.19	11643.88	5925.11	5544.31	4201.66	12999.98	8617.9	6341.95	6942.88	20014.11	4288.3	805.42	3433.10	7957.5	2266.78	3821.48	3788.99	1919.68	454.77	625.83	1554.33

附表 3 面板数据模型居民收入原始数据

单位：亿元

年份	北京	天津	河北	山西	内蒙古	辽宁	吉林	黑龙江	上海	江苏	浙江	安徽	福建	江西	山东	河南	湖北	湖南	广东	广西	海南	重庆	四川	贵州	云南	陕西	甘肃	青海	宁夏	新疆
1978	135.18	161.57	1889.99	585.96	439.78	1018.32	560.26	958.95	329.34	2858.24	1486.79	1968.42	890.38	1538.67	4643.80	4106.99	2084.33	2343.83	1979.23	936.39	111.13	969.22	3337.51	635.84	632.94	5079.45	102.88	21.15	28.24	152.03
1979	141.52	166.95	1927.81	598.98	453.33	1048.14	577.94	984.34	344.65	2920.51	1524.52	2040.15	918.28	1581.44	4748.12	4242.71	2137.72	2400.46	2040.14	970.57	114.76	983.94	3390.72	666.34	650.67	5193.89	106.91	21.99	29.50	157.75
1980	144.24	171.19	1975.63	613.57	465.15	1074.37	591.40	1005.87	352.61	2971.71	1557.65	2111.16	941.18	1619.93	4842.39	4355.04	2188.20	2459.83	2110.26	1004.73	118.33	994.17	3431.99	677.15	666.34	5296.84	111.09	22.72	30.96	164.67
1981	148.95	176.52	2040.90	629.70	477.85	1102.73	603.22	1029.11	362.18	3045.03	1596.06	2168.10	971.44	1657.74	4977.62	4487.85	2245.61	2537.51	2188.41	1043.93	121.45	1015.86	3497.74	700.85	687.06	5432.21	115.13	23.37	32.33	169.79
1982	154.22	183.18	2117.15	649.15	495.77	1136.95	618.23	1056.27	372.74	3126.23	1640.26	2224.67	1009.73	1703.84	5117.52	4634.43	2308.42	2625.55	2264.85	1082.72	125.36	1038.74	3585.51	725.24	712.28	5583.62	118.56	24.50	33.58	173.16
1983	158.84	187.99	2169.36	669.10	508.53	1158.89	625.90	1073.20	380.46	3177.21	1673.49	2266.23	1042.75	1747.84	5221.86	4764.75	2347.20	2684.84	2331.08	1109.44	128.38	1051.87	3627.23	740.09	732.79	5701.97	123.84	24.71	34.56	177.77
1984	163.62	192.84	2223.64	688.95	519.16	1175.60	634.60	1089.64	385.90	3220.25	1702.88	2314.75	1079.64	1804.41	5329.57	4889.97	2390.97	2742.23	2402.23	1147.63	131.10	1060.61	3661.46	756.48	751.50	5833.41	129.83	25.64	35.62	180.66
1985	168.40	197.35	2274.47	708.81	529.97	1195.01	642.99	1107.17	394.11	3269.12	1736.67	2366.64	1114.29	1852.93	5422.67	5025.74	2446.91	2807.69	2475.17	1184.79	134.15	1077.66	3722.67	777.46	772.29	6010.03	135.91	26.38	36.81	185.27
1986	180.60	202.57	2338.72	728.72	542.31	1219.97	653.48	1127.06	403.49	3333.09	1775.42	2428.09	1153.76	1917.58	5559.59	5208.91	2555.07	2890.94	2584.08	1227.71	137.87	1108.29	3821.53	805.70	800.25	6192.88	143.79	27.90	38.36	191.45
1987	186.89	209.09	2408.04	751.44	556.04	1252.18	666.71	1154.14	414.52	3418.46	1822.78	2497.94	1196.46	1979.51	5733.04	5414.72	2633.12	2986.62	2697.21	1269.97	142.00	1138.26	3927.63	831.05	825.86	6397.20	151.56	28.85	40.07	197.78
1988	192.09	214.82	2480.57	776.50	570.57	1283.98	680.13	1183.41	424.51	3517.16	1871.23	2583.75	1229.36	2040.19	5919.96	5634.18	2712.38	3122.38	2815.37	1314.02	146.88	1164.82	4029.11	860.78	854.55	6627.20	159.74	29.74	41.58	203.47
1989	197.44	221.47	2554.86	800.98	586.19	1318.54	701.29	1214.41	435.34	3622.84	1915.13	2675.19	1287.33	2114.45	6170.28	5861.69	2795.51	3231.02	2936.22	1352.54	151.28	1187.26	4134.51	885.90	881.58	6888.82	169.09	30.70	43.41	211.46
1990	204.81	232.67	2774.97	826.81	605.63	1350.57	725.92	1246.31	448.19	3858.60	1964.60	2849.39	1338.02	2200.43	6518.70	6099.71	2967.67	3344.31	3068.56	1409.12	156.40	1212.79	4248.77	939.12	925.43	7422.46	185.60	32.35	46.45	233.83
1991	208.42	236.70	2831.62	848.90	617.57	1367.66	739.18	1246.36	453.91	3945.91	2001.21	2932.29	1375.06	2261.92	6691.61	6263.99	3090.22	3425.13	3226.18	1442.19	160.30	1229.96	4316.41	965.92	950.66	7628.26	189.28	33.37	48.06	241.67
1992	211.52	240.56	2883.22	868.34	628.84	1382.54	749.16	1292.41	458.52	4024.35	2037.99	3004.45	1406.22	2312.57	6783.82	6409.26	3127.63	3495.34	3389.02	1482.19	163.91	1242.88	4374.16	992.78	975.82	7826.75	195.31	34.40	49.74	249.84
1993	215.42	244.72	2938.34	886.92	641.90	1401.37	762.25	1314.55	463.88	4090.41	2069.41	3060.74	1435.90	2366.47	6868.10	6544.25	3213.75	3569.74	3597.13	1513.99	167.80	1257.35	4433.51	1021.17	1003.80	8030.03	205.92	35.35	51.45	257.69
1994	219.90	248.07	2990.02	905.45	655.88	1419.48	774.30	1336.75	468.71	4155.25	2101.81	3129.27	1464.75	2417.54	6944.67	6678.60	3299.72	3668.79	3849.62	1545.71	171.76	1276.94	4509.72	1050.73	1031.28	8220.10	212.81	36.55	53.83	266.57
1995	253.87	251.15	3038.12	923.97	668.81	1440.66	792.97	1356.88	472.59	4212.49	2131.83	3195.26	1500.83	2467.88	7036.39	6800.21	3374.17	3783.46	4023.18	1577.67	176.08	1294.08	4586.88	1080.31	1057.60	8390.41	220.34	37.73	55.69	276.01

续表

年份	北京	天津	河北	山西	内蒙古	辽宁	吉林	黑龙江	上海	江苏	浙江	安徽	福建	江西	山东	河南	湖北	湖南	广东	广西	海南	重庆	四川	贵州	云南	陕西	甘肃	青海	宁夏	新疆
1996	257.37	254.06	3084.52	942.19	680.74	1458.86	808.50	1375.83	476.51	4267.27	2159.35	3253.00	1530.26	2514.27	7122.62	6914.64	3440.15	3847.98	4197.11	1599.90	177.99	1228.14	4656.00	1109.07	1084.49	8543.09	225.48	38.91	57.61	285.37
1997	253.28	256.01	3125.79	959.84	690.97	1474.38	820.51	1392.09	479.30	4315.57	2185.15	3310.94	1552.57	2564.54	7231.15	7090.02	3505.10	3920.72	4406.46	1628.02	181.77	1233.59	4721.65	1139.92	1112.30	8699.59	234.39	40.12	59.43	295.18
1998	255.99	259.28	3169.03	976.86	700.35	1484.04	824.41	1407.56	481.90	4359.68	2209.08	3358.04	1571.94	2611.45	7336.65	7144.37	3558.81	3993.38	4619.48	1651.48	185.10	1238.73	4789.23	1171.47	1138.75	8843.66	241.09	41.35	61.27	305.32
1999	260.34	262.53	3213.42	994.09	709.14	1494.68	832.65	1421.80	486.76	4400.55	2232.49	3413.58	1590.91	2656.89	7429.78	7258.94	3609.70	4062.81	4854.91	1675.73	188.56	1238.80	4849.17	1203.63	1164.81	8976.42	249.16	42.54	62.98	315.06
2000	291.25	265.23	3273.24	1018.17	716.96	1518.28	842.98	1442.78	498.60	4560.16	2396.67	3490.51	1651.05	2602.63	7537.80	7421.81	3669.35	4169.04	5314.99	1719.02	194.33	1238.30	4913.86	1232.53	1190.71	9103.39	249.59	44.38	66.62	342.03
2001	298.11	266.83	3299.22	1090.85	720.42	1527.25	848.77	1448.19	502.86	4597.52	2417.67	3539.49	1674.70	2635.63	7586.94	7444.33	3410.11	4218.79	5411.44	1741.26	197.09	1231.57	4958.12	1260.05	1215.88	9203.38	256.71	45.58	68.70	352.01
2002	310.09	269.69	3333.70	1042.34	722.03	1534.23	855.75	1452.97	508.09	4636.73	2451.98	3589.16	1698.93	2675.92	7665.47	7532.52	3436.40	4272.11	5536.58	1763.65	200.28	1228.34	5010.81	1285.92	1241.42	9325.62	269.52	46.70	70.78	362.97
2003	320.84	273.13	3366.31	1053.04	723.45	1540.29	861.31	1457.63	513.44	4674.12	2485.10	3634.82	1719.97	2711.73	7736.48	7617.91	3464.24	4332.35	5683.94	1807.23	204.26	1227.59	5079.54	1308.44	1265.81	9450.40	281.98	47.80	72.94	374.02
2004	332.80	276.62	3404.54	1064.26	726.57	1548.17	864.30	1462.96	520.28	4713.43	2522.44	3682.17	1733.43	2725.75	7736.28	7904.35	2803.69	4396.14	5857.79	1832.66	213.30	1228.60	5160.07	1331.71	1288.85	9568.71	294.04	48.85	74.96	385.38
2005	347.80	280.36	3446.16	1076.79	730.15	1578.82	870.75	1470.75	527.82	4783.48	2608.49	3749.34	1764.71	2780.42	7911.41	7776.74	3514.45	4443.05	5946.22	1842.45	211.72	1199.23	4741.65	1244.37	1309.40	9673.76	301.91	50.15	77.70	404.15
2006	362.61	285.25	3492.69	1089.53	737.49	1611.55	877.67	1480.07	536.28	4885.91	2686.29	3829.42	1787.41	2815.78	8019.97	7851.90	3513.53	4501.00	6077.87	1865.87	214.08	1203.62	4709.25	1262.62	1328.73	9790.11	313.15	51.33	80.11	420.25
2007	380.49	289.31	3537.32	1101.45	745.69	1631.60	888.19	1488.13	546.20	4989.13	2764.56	3915.62	1809.99	2851.64	8118.31	7924.46	3527.85	4547.30	6196.20	1747.97	216.67	1206.13	4673.23	1269.24	1347.27	9883.64	320.48	52.52	82.55	438.98
2008	401.90	295.23	3582.17	1112.49	751.45	1645.08	897.16	1495.34	555.55	5063.77	2824.40	3985.73	1832.55	2888.91	8200.15	8003.82	3507.58	4608.85	6318.83	1780.70	220.29	1221.82	4694.32	1289.16	1364.69	9981.14	328.06	53.45	84.89	454.04
2009	469.92	292.18	3628.61	1124.98	759.89	1663.96	927.69	1543.03	814.51	5066.88	2793.64	3437.20	1843.07	2906.88	8182.28	7408.94	3507.58	4192.27	6440.65	1809.89	224.51	1238.63	4752.03	1301.41	1396.50	10518.29	475.71	54.31	87.02	465.97
2010	515.58	427.99	3804.49	1209.42	789.50	1712.73	948.92	1595.92	1034.59	5259.10	2994.14	3304.89	1898.18	2938.98	8351.40	7367.21	3585.88	4462.93	7324.84	1654.99	223.22	1232.16	4552.08	1138.21	1410.16	10287.24	453.88	55.51	89.19	477.47
2011	575.11	436.64	3760.90	1131.07	794.97	1719.85	952.40	1602.87	1062.78	5288.12	3012.95	3322.62	1922.05	2968.46	8421.50	7360.60	3623.51	4503.24	7416.95	1678.95	226.71	1252.48	4558.36	1136.05	1426.58	10333.18	456.23	56.52	90.96	487.84

参考文献

[1] 王智：《对当前我国居民消费和消费品市场走势的基本判断》，《调研世界》2011年第11期。

[2] 刘国光：《促进消费需求，提高消费率是扩大内需的必由之路》，《经济研究参考》2002年第55期。

[3] 文启湘、张慧芳：《论构建扩大消费的长效机制》，《消费经济》2011年第1期。

[4] 梁霄、郝爱民：《经济发展方式转变背景下我国流通体系优化路径选择》，《经济学动态》2011年第10期。

[5] 唐未兵、刘巍：《论建立扩大消费需求的长效机制》，《消费经济》2010年第6期。

[6] 姜鑫：《构建我国扩大消费需求的长效机制研究》，硕士学位论文，黑龙江大学，2012年。

[7] 方振辉：《扩大消费需求长效机制的运行机理与构建路径》，《中共青岛市委党校学报》2011年第3期。

[8] 刁永作：《构建扩大消费的长效机制》，《福建论坛》（人文社会科学版）2012年第5期。

[9] 夏春玉：《流通概论》，东北财经大学出版社2011年版。

[10] 孙冶方：《流通概论》，《财贸经济》1981年第1期。

[11] 高铁生：《推进流通现代化的理论依据与政策选择》，《中国流通经济》2005年第11期。

[12] 吴小丁：《我国城市流通体系模式及政策选择》，《中国流通经济》2010年第6期。

[13] 孙前进：《中国现代流通体系框架构成探索》，《中国流通经济》2011年第10期。

[14] 蒋耀平：《以信息化推进流通体系现代化》，《求是》2010年第15期。

[15] 潘振良:《现代流通业的分层体系结构》,《物流工程》2007 年第 7 期。

[16] 丁俊发:《构建现代流通体系面临的形势和任务》,《中国流通经济》2007 年第 2 期。

[17] Keynes, M. J., The General Theory of Employment, Interest and Money, London: Macmillan, 1936.

[18] Duesenberry, J. S., Income, Saving and the Theory of Consumer Behavior, Cambridge: Harvard University Press, 1949.

[19] Friedman, McClains, Palmer, K., "Sources of Structural Change in the US 1963 – 1987: All Input – output Perspective", *Review of Economics and Statistics*, 1987.

[20] Hall, R. E., "Stochastic Implications of the Life Cycle Permanent Income Hypothesis: Theory and Evidence", *Journal of Political Economy*, Vol. 4, 1979.

[21] Carroll, C. D., "The Buffer – Stock Theory of Saving: Some Macroeconomic Evidences", *Brookings Papers on Economic Activity*, Vol. 2, 1992.

[22] Dynan, K. E., "How Prudent are Consumers", *Journal of Political Economy*, Vol. 101, No. 6, 1993.

[23] Wilson, B. K, The Strength of the Precautionary Saving Motive when Prudence is Heterogeneous, Enrolled paper of 37th Annual Meeting of the Canadian Economics Association, 2003.

[24] Kalecki, M., *Selected Essays on the Dynamics of the Capitalist Economy*, Cambridge: Cambridge University Press, 1971.

[25] Blinder, A. S., "Model of Inherited Wealth", *Quarterly Journal of Economy*, Vol. 87, No. 4, 1975.

[26] Bailey, M. J., *National Income and Price Level*, New York: McGraw – hill, 1971.

[27] Karras, G., "Government Spending and Private Consumption: Some International Evidence", *Journal of Money: Credit and Banking*, Vol. 26, No. 1, 1994.

[28] Devereus, M. B., Head, V. C. and Lapham, B. J., "Monopolistic Competition, Increasing Return and Government Spending", *Journal of Mon-*

ey: *Credit and Banking*, Vol. 28, No. 2, 1996.

[29] Okubo, M., "Intertemporal Substitution between Private and Government Consumption: the Case of Japan", *Economic Letters*, Vol. 79, 2003.

[30] Kwan, Y. K., "The Direct Substitution Government and Private Consumption in East Asian", *NBER Working Paper*, No. 12431, 2006.

[31] Nelson, R. R., Consoli, D., "An Evolutionary Theory of Household Consumption Behavior", *Journal of Evolutionary Economics*, Vol. 20, 2010.

[32] Grossman, G. M., Giovanni, M., "Diversity and Trade", *American Economic Review*, Vol. 90, 2000.

[33] Gorbachev, O., "Did Household Consumption Become More Volatile?", *The American Economic Review*, Vol. 101, No. 5, 2011.

[34] Kjellberg, H., "Market Practices and Over-consumption", *Consumption Markets & Culture*, Vol. 11, No. 2, 2008.

[35] Giles, J., Yoo, K., "Precautionary Behavior, Migrant networks, and Household Consumption Decisions: an Empirical Analysis Using Household Panel Data from Rural China", *The Review of Economics and Statistics*, Vol. 89, No. 3, 2007.

[36] Bonis, R. D., Silvestrini. A., "The Effects of Financial and Real Wealth on Consumption: New Evidence from OECD Countries", *Applied Financial Economics*, Vol. 25, No. 5, 2012.

[37] Xiao, G., Kim, J. O., "The Investigation of Chinese Consumer Values, Consumption Values, Life Satisfaction, and Consumption Behaviors", *Psychology & Marketing*, Vol. 26, No. 7, 2009.

[38] Osterhaven, J., Linden, J. A. V., "European Technology, Trade and Income Change for 1975 – 1985: An Intercountry Input – output Decomposition", *Economic Systems Research*, No. 9, 1997.

[39] Sabillon, C., *On the Causes of Economic Growth: the Lessons of History*, Algora Publishing, 2008.

[40] Thomas, D. J., Hackman, S. T., "A Committed Delivery Strategy with Fixed Frequency and Quantit", *European Journal of Operation Research*, Vol. 148, No. 2, 2003.

[41] Berdegue, J. A., et al., "Central American Supermarkets Private

Standards of Quality and Safety in Procurement of Fresh Fruits and Vegetable", *Food Policy*, Vol. 30, No, 3, 2005.

[42] Kjellberg, H., "Market Practices and Over - consumption", *Consumption Markets & Culture*, Vol. 11, No. 2, 2008.

[43] Thomas R., "The Rapid Rise of Supermarkets in Latin America: Challenges and Opportunities for Development", *Development Policy Review*, Vol. 20, No. 4, 2002.

[44] Rodriguez, E., "Consumer Behavior and Supermarkets in Argentina", *Development Policy Review*, Vol. 20, No. 4, 2002.

[45] Boehije M., Sehrader, L. F., "The Industrialization of Agriculture: Questions of Coordination, Great Britain: The Ipswich Book Company, 1988.

[46] Kliebenstein, J. B., Lawrence, J. D., "Contracting and Vertical Coordination in the United States Pork", Vol. 77, No. 5, 2002.

[47] Mhurchu, C. N., et al., "Effects of Price Discounts and Tailored Nutrition Education on Supermarket Purchases: a Randomized Controlled Trial", *American Journal of Clinical Nutrition*, Vol. 91, No. 3, 2010.

[48] Cacho, E. S., Loussaïef, L., "The Influence of Sustainable Development on Retail Store Image, *International Business Research*, Vol. 3, No. 3, 2010.

[49] Kenning, P., Grzeskowiak, S., "The Role of Wholesale Brands for Buyer Loyalty: A Transaction Cost Perspective", *Journal of Business & Industrial Marketing*, Vol. 26, No. 3, 2011.

[50] Robert, L. B., Xiaohe Xu., "Did Retail Enterprise Among White Immigrants Benefit from the Residential Segregation of Blacks?", *Social Science Quarterly*, Vol. 84, No. 4, 2003.

[51] Minten, B., Randrianarison, L. and Swinnen, J. F. M., "Global Retail Chains and Poor Farmers: Evidence from Madagasca", *World Development*, Vol. 37, No. 11, 2009 .

[52] Figuié, M., Moustier, P., "Market Appeal in an Emerging Economy: Supermarkets and Poor Consumers in Vietnam", *Food Policy*, Vol. 34, No. 2, 2009.

[53] Albayrak. M, "Organizing against Market Exploitation in Turkey: An A-

nalysis of Wholesale Markets, Trade Exchanges and Producer Organizations", *Scientific Research and Essays*, Vol. 5, No. 17, 2010.

[54] Hawkes, C., "Nutrition Reviews", *Nutrition Reviews*, Vol. 67, No. 6, 2009.

[55] Malyadri, P., Rao, K. S., "Indian Retail Marketing Scenario A Pivotal Role Towards Economic Growth", *Economic Affairs*, Vol. 56, No. 2, 2011.

[56] Peersman, G., Pozzi, L., "Business Cycle Fluctuations and Excess Sensitivity of Private Consumption", *Economica*, Vol. 75, No. 299, 2008.

[57] Emran, S. M., Zhaoyang, H., "Access to Markets and Rural Poverty: Evidence from Household Consumption in China", *The Review of Economics and Statistics*, Vol. 95, No. 2, 2013.

[58] 李智:《中国特色现代流通体系发展战略刍议》,《中国市场》2012年第24期。

[59] 洪涛:《"十二五"中国特色流通体系及其战略研究》,《商场现代化》2012年第24期。

[60] 王晓东:《完善我国市场流通体系的宏观思考》,《商业经济与管理》2012年第3期。

[61] 丁俊发:《加快流通速度提高流通效率》,《中国市场》2006年第38期。

[62] 宋则:《构建现代商贸流通体系相关问题研究》,《广东商学院学报》2011年第2期。

[63] 宋则、王雪峰:《商贸流通业增进消费的政策研究》,《财贸经济》2010年第11期。

[64] 郝爱民:《消费升级与我国流通体系的优化》,《现代经济探讨》2011年第2期。

[65] 王潇:《发展现代流通业,促进消费升级》,《经济纵横》2009年第1期。

[66] 程建平:《消费拉动与流通带动》,《技术经济与管理研究》2006年第1期。

[67] 刘振娥:《流通现代化对促进和刺激居民消费增长的机制和途径研究》,《现代商贸工业》2010年第11期。

[68] 黄国雄:《关于推进我国现代流通体系建设的几点建议》,《财贸经济》2011年第3期。

[69] 陈金波、陈向军：《流通方式的发展与现代流通方式的建设》，《物流工程与管理》2008 年第 12 期。

[70] 曲宏飞：《关于构建现代化流通体系的研究》，《中国城市经济》2011 年第 5 期。

[71] 刘统金：《以发展流通业促进居民消费增长》，《经营管理者》2011 年第 22 期。

[72] 王先庆：《扩大内需导向下的流通体系结构优化研究》，《商业时代》2012 年第 16 期。

[73] 文启湘等：《工业化、信息化进程中的现代流通体系构建》，《经济经纬》2002 年第 3 期。

[74] 任保平等：《统筹城乡视角下城乡双向流通的路径研究》，中国经济出版社 2011 年版。

[75] 余永胜、洪烨丹：《城乡一体现代商贸流通服务体系探讨》，《中国流通经济》2012 年第 10 期。

[76] 马龙龙：《论城乡一体化进程中市场体系建设》，《新华文摘》2011 年第 6 期。

[77] 洪涛：《我国城乡流通业协调发展初探》，《中国流通经济》2010 年第 7 期。

[88] 朱智、赵德海：《我国城乡商品流通市场一体化研究》，《财贸经济》2010 年第 3 期。

[79] 张如意等：《城乡统筹视角下农村商贸流通主体的培育》，《商业经济与管理》2011 年第 10 期。

[80] 李飞等：《中国流通业变革关键问题研究》，经济科学出版社 2012 年版。

[81] 田野、赵晓飞：《我国农产品现代流通体系构建》，《中国流通经济》2012 年第 10 期。

[82] 程国强：《我国农村流通体系建设：现状、问题与政策建议》，《农业经济问题》2007 年第 4 期。

[83] 文启湘：《加快构建农村现代流通体系，推进农村消费和谐发展的重要条件》，《湘潭大学学报》（哲学社会科学版）2007 年第 1 期。

[84] 张斌：《当前农村流通体系问题研究》，《中国经贸导刊》2008 年第 5 期。

[85] 刘根荣：《转型时期农村现代流通体系建设》，《中国流通经济》2012年第8期。

[86] 朱霖、权承九：《韩国农产品流通体系研究》，《浙江农业学报》2012年第3期。

[87] 白全礼、郝爱民：《国际农村流通体系建设比较及对中国的启示》，《河南师范大学学报》（哲学社会科学版）2009年第6期。

[88] 陆建飞等：《德国和日本有机农产品流通体系的比较及其启示》，《生态经济》2006年第5期。

[89] 黄国雄、曹厚昌：《现代商学通论》，人民日报出版社1997年版。

[90] 晏维龙：《论我国流通产业现代化》，《经济日报》2002年12月23日第T00版。

[91] 宋则、张弘：《中国流通现代化评价指标体系》，《北京市财贸管理干部学院学报》2003年第3期。

[92] 李飞：《中国商品流通现代化的构成要素》，《中国流通经济》2003年第11期。

[93] 王成荣：《城市商业现代化评价体系研究——对北京商业现代化水平的基本判断》，《北京市财贸管理干部学院学报》2006年第4期。

[94] 赵萍：《流通与消费的七大关系》，《中国商贸》2008年第1期。

[95] 王微：《我国城市商业在扩大消费中的地位与作用》，《中国流通经济》2006年第12期。

[96] 尹世杰：《疏通流通渠道扩大农村消费》，《中国流通经济》2010年第1期。

[97] 郑承志：《金融危机背景下扩大消费的流通创新研究》，《商业时代》2011年第3期。

[98] 张连刚、李兴蓉：《中国流通业发展与居民消费增长实证研究》，《广东商学院学报》2010年第4期。

[99] 冉净斐：《流通发展与消费增长的关系：理论与实证》，《商业时代》2008年第1期。

[100] 赵娴：《发展流通产业实现消费促进和结构升级》，《中国流通经济》2010年第11期。

[101] 罗永华：《广东省流通业发展对居民消费支出影响的实证研究》，《商业时代》2011年第18期。

[102] 文启湘、梁爽：《基于 DEA 模型的流通业与消费增长协调发展研究》，《商业经济与管理》2010 年第 10 期。

[103] 贺珍瑞：《农村流通体系对农村消费需求的影响分析》，《山东农业大学学报》（社会科学版）2007 年第 3 期。

[104] 李骏阳、包鋆伟、夏禹铖：《流通业对农村居民消费影响的实证研究》，《商业经济与管理》2011 年第 11 期。

[105] 王新利、吕火花：《农村流通体系对农村消费的影响》，《农业经济问题》2006 年第 3 期。

[106] 郝爱民：《农村流通体系建设对农民消费的影响——基于有序 Probit 模型的研究》，《北京工商大学学报》（社会科学版）2010 年第 3 期。

[107] 刘根荣、种璟：《促进消费视角下城乡流通协调发展研究》，《经济学家》2012 年第 9 期。

[108] 李骏阳：《我国农村消费品流通业创新研究》，《中国流通经济》2015 年第 4 期。

[109] 王惠：《消费对商业流通发展的作用》，《河南社会科学》2000 年第 6 期。

[110] 丁俊发：《促进消费与流通渠道建设的几个问题》，《中国流通经济》2012 年第 2 期。

[111] 尹世杰：《扩大消费需求的必要性及思路》，《经济评论》2004 年第 1 期。

[112] 易培强：《扩大消费需求供给因素分析》，《湖南师范大学社会科学学报》2000 年第 6 期。

[113] 傅自应：《扩大消费需求：宏观调控的一个重要方面》，《求是》2004 年第 20 期。

[114] 姜作培：《扩大消费：经济发展方式转变的理性选择》，《福建论坛》（人文社会科学版）2008 年第 6 期。

[115] 李键：《论建立和完善扩大消费需求的长效机制》，《经济与社会发展》2011 年第 8 期。

[116] 赵萍：《收入提升与环境改善并举　建立我国扩大消费的长效机制》，《时代经贸》2011 年第 3 期。

[117] 龚亚玲：《浅析扩大居民消费需求长效机制的建立》，《中共太原市

委党校学报》2011 年第 6 期。

[118] 丁国华:《在经济转型中建立扩大消费需求长效机制》,《中国商贸》2012 年第 14 期。

[119] 陈少强、刘玲:《扩大国内消费需求重在建立长效机制》,《商场现代化》2011 年第 9 期。

[120] 谭永生:《建立扩大消费需求长效机制的对策探讨》,《消费经济》2011 年第 6 期。

[121] 韩振普:《建立扩大消费需求的长效机制》,《求知》2011 年第 1 期。

[122] 徐永新:《构建扩大消费需求的长效机制》,《中国经贸导刊》2011 年第 14 期。

[123] 沈鸽等:《扩大农村消费的长效机制研究——基于政府转移支付的视角》,《北方经济》2012 年第 5 期。

[124] 郭宝贵、刘兆征:《建立扩大农村消费需求的长效机制》,《宏观经济管理》2011 年第 11 期。

[125] 徐娟:《当前扩大消费需求的宏观调控政策选择》,《改革与战略》2011 年第 6 期。

[126] 李永英:《积极参与大力推进"万村千乡"市场工程建设》,《中国合作经济》2005 年第 10 期。

[127] 杨青松:《万村千乡工程,农村的春天》,《连锁与特许》2006 年第 7 期。

[128] 冯岳松:《"万村千乡"市场工程对农村社会经济的影响》,《内江科技》2006 年第 6 期。

[129] 江若尘、陈宏军:《"万村千乡市场工程"农村日用品连锁超市店绩效的实证调查与分析》,《江淮论坛》2009 年第 6 期。

[130] 常晓村:《"万村千乡市场工程":扩大内需的重要支撑》,《求是》2012 年第 13 期。

[131] 孔德华:《"万村千乡"花满地》,《江苏农村经济》2006 年第 7 期。

[132] 徐瑞华:《浅议"万村千乡"市场工程在新农村建设中的推力作用》,《现代商业》2007 年第 4 期。

[133] 欧翠珍:《"万村千乡市场工程"的消费效应评析与前瞻》,《消费

经济》2006年第6期。

[134] 尤鑫：《"万村千乡"市场工程现状及发展问题分析研究》，《学理论》2012年第28期。

[135] 张武康：《"万村千乡"市场工程长效机制构建的探索》，《经济论坛》2007年第20期。

[136] 吴小丁、王晓彦：《"万村"千乡龙头企业全面亏损的政策思考——吉林省"万村千乡"市场工程调查报告》，《市场营销导刊》2008年第2期。

[137] 吴峰、涂晓玲：《构建农村新型物流配送体系研究——以"万村千乡市场工程"为例》，《农业考古》2008年第6期。

[138] 司瑞婕：《浅谈"万村千乡市场工程"对我国农村经济的影响》，《经济视角（下）》2010年第2期。

[139] 林超群：《万村千乡市场工程存在的问题及对策》，《农村经济与科技》2007年第1期。

[140] 林乐碳：《基于DEA模型的农超对接模式的绩效研究》，硕士学位论文，北京交通大学，2010年。

[141] 沈默：《基于"农超对接"模式的联动效益研究》，《农业经济》2010年第11期。

[142] 单毅、陆娅霖：《基于农产品营销角度的农超对接效益分析》，《江苏农业科学》2012年第3期。

[143] 张立华：《"农超对接"流通模式对农产品价格的影响分析》，《价格理论与实践》2010年第8期。

[144] 胡定寰、曾祥明：《"农超对接"的机遇和挑战》，《中国农民合作社》2009年第6期。

[145] 尤芳：《中国农超对接模式发展研究》，硕士学位论文，渤海大学，2012年。

[146] 周焕、姜彦坤：《农超对接发展模式新思》，《黑龙江八一农垦大学学报》2011年第2期。

[147] 熊会兵、肖文韬：《"农超对接"实施条件与模式分析》，《农业经济问题》2011年第2期。

[148] 宋美艳：《"超市+合作社+农户"农超对接模式评价研究》，硕士学位论文，河北农业大学，2012年。

[149] 刘晓峰：《"农超对接"模式下农户心理契约的构成及其中介效应分析》，《财贸经济》2011年第2期。

[150] 孙江超：《"农超对接"体系的构建及其主体行为》，《江苏商论》2011年第6期。

[151] 陈军、曹群辉：《农超对接风险识别与防范对策》，《江苏商论》2012年第6期。

[152] 赵蕾、马丽斌：《基于电子商务的农超对接研究——以石家庄市为例》，《江苏农业科学》2012年第9期。

[153] 马翠萍、杨青松：《规模经济视角下的农超对接问题研究》，《价格理论与实践》2011年第9期。

[154] 王艳梅：《发展"农超对接"的主要障碍与对策》，《湖北农业科学》2011年第17期。

[155] 李莹：《"农超对接"深入开展所面临挑战及对策措施》，《安徽农业科学》2012年第7期。

[156] 刘阳：《"农超对接"流通模式的影响因素及策略探析》，《中州学刊》2011年第4期。

[157] 齐力、于明霞：《农超对接——基于组织治理机构的营销创新研究》，《商业研究》2012年第9期。

[158] 施晟等：《"农超对接"进程中的溢价产生与分配》，《财贸经济》2012年第9期。

[159] 黄海：《继续实施"双百市场工程"加快农产品现代流通体系建设》，《中国市场》2007年第21期。

[160] 张玲玉：《双百市场工程：构筑现代物流与信息体系》，《当代贵州》2009年第16期。

[161] 常晓村：《培育"双百市场"品牌发挥引导和示范作用——在全国"双百市场工程"现场会上的总结讲话》，《中国市场》2007年第21期。

[162] 卢霞、隋静：《"新网工程"评价指标体系构建研究》，《商业会计》2012年第8期。

[163] 吴刚、田新东：《浅析新网工程专项资金管理中存在的问题及对策》，《商业会计》2012年第21期。

[164] 王璐、王玉莲：《新疆供销社在"新网工程"推进中的品牌建

设》,《西部经济》2012 年第 11 期。

[165] 陆影、徐明:《提升"新网工程"发展路径的探析——以安徽省供销社为例》,《经济研究导刊》2012 年第 19 期。

[166] 吴元君:《安徽省"新网工程"物流管理系统建设》,硕士学位论文,安徽大学,2011 年。

[167] 王晓利:《加快"新网工程"建设,推进农村流通现代化》,《市场研究》2010 年第 4 期。

[168] 黄彬红、吴海亮:《"新网工程"下农业产业化领域农产品流通组织的培育》,《台湾农业探索》2011 年第 6 期。

[169] 刘初明:《新网工程建设模式构想》,《中国合作经济》2006 年第 9 期。

[170] Shevchenko A., "Middlemen", *International Economic Review*, Vol. 45, No. 1, 2004.

[171] Watanabe M., "A Model of Merchants", *Journal of Economic Theory*, Vol. 145, No. 5, 2010.

[172] Cachon, G. P., Terwiesch, C., "On the Effects of Consumer Search and Firm Entry in a Mul - tiproduct Competitive Market", *Marketing Science*, Vol. 27, No. 3, 2008.

[173] Anderson S. P., Regis Renault, "Pricing, Product Diversity, and Search Costs: a Bertrand - Cham - berin - Diamond Model", *Rand Journal of Economics*, Vol. 30, No. 4, 1999.

[174] 徐敏兰:《节约型社会的交易成本分析》,《经济问题探索》2006 年第 11 期。

[175] 国务院:《部署完善消费品进出口相关政策,丰富国内消费者购物选择》,http://www.gov.cn/guowuyuan/2015 - 04/28/content_2854625.htm。

[176] 宋则:《重视流通产业的就业贡献》,求是网(http://www.qstheory.cn/economy/2014 - 06/24/c_1111285251.htm)。

[177] 夏春玉:《流通概论》,东北财经大学出版社 2009 年第 7 版。

[178]《我国现代物流业发展现状分析》,中国报告网(http://baogao.chinabaogao.com/)。

[179] 祝合良、李晓慧:《扩大内需与我国流通结构调整的基本思路》,

《商业经济与管理》2011年第12期。

[180] 丁润健等：《基于空间视角的我国流通产业结构均衡性研究》，《商业时代》2012年第33期。

[181] 《2014年全国物流运行情况通报》，国家统计局网站（http：//www.stats.gov.cn/tjsj/zxfb/201504/t20150416_713212.html）。

[182] 丁俊发：《流通成本高效率低的冷思考》，《中国流通经济》2012年第12期。

[183] 《2009年中国流通行业信息化调查报告》，联商网（http：//www.linkshop.com.cn）。

[184] 《2010年中国流通行业信息化调查报告》，联商网（http：//www.linkshop.com.cn）。

[185] 王冲、陈旭：《农产品价格上涨的原因与流通改革的思路探索》，《中国软科学》2012年第4期。

[186] 《2012年度中国网络零售市场数据监测报告》，中国电子商务研究中心（http：//www.100ec.cn）。

[187] 《实施"万村千乡市场工程"的基本思路》，http：//www.lianghui.org.cn/chinese/zhuangti/wcqx/948448.html。

[188] 杨国民：《"万村千乡市场工程"稳步推进——农村市场建设系列报道之一》，《经济日报》2006年7月30日第1版。

[189] 杨国民：《开启农村市场的"金钥匙"——农村市场建设系列报道之二》，《经济日报》2006年8月2日第1版。

[190] 《推动农产品流通体系建设，扩大农产品消费》，商务部（www.gov.cn）。

[191] 唐施华：《790个"双百市场工程"获确认》，第一财经（http：//www.yicai.com/news/2010/03/319484.html）。

[192] 商务部新闻办公室：《商务部、财政部联合确认790个农产品现代流通体系建设项目》，商务部（http：//www.mofcom.gov.cn/aarticle/ae/ai/201003/20100306810702.html）。

[193] 党文民：《河南省社系统网点突破7万个，城乡居民生活更便利》，中国供销合作网（http：//www.chinacoop.gov.cn）。

[194] 张婷、郎卫国：《山西供销合作社已建设改造提升日用消费品配送中心152个》，《山西日报》2013年8月27日。

后　　记

呈现在大家面前的这本《扩大消费长效机制的消费品流通体系研究》，其主体部分来自我的博士学位论文，是在导师李骏阳教授2011年国家社科基金基础上的扩展研究。所以本书的选题论证和几番增删，都是在恩师的亲切指导下完成的。李老师严谨的治学、渊博的学识以及优雅的谈吐都是我学习的榜样。在本书即将付梓之际，再一次向恩师致以崇高的敬意和由衷的感谢。

我还要感谢上海财经大学周亚虹教授、上海交通大学朱保华教授和台湾清华大学张国平教授，感谢他们传授我经济学研究方法。感谢上海财经大学陈启杰教授，上海市社科院朱连庆研究员，上海理工大学杨坚争教授，上海大学经济学院的沈瑶教授、聂永有教授、陈秋玲教授、史东辉教授、王学斌副教授和毛雁冰博士，感谢他们极具真知灼见的提问和修改建议，使我的初稿写作少走了不少弯路。感谢我的师兄杨平宇博士、何勇博士、吴学品博士以及众多师弟师妹们，他们给我的书稿提供了许多富有建设性的意见和建议，也让我的博士生涯充满了快乐的回忆。

感谢河南科技大学朱选功教授在本书出版方面的建议，感谢邓国取教授、张晶博士、赵丹博士、乔静博士的修改建议，也感谢靖恒昌副教授在文字校对方面的贡献。

还要感谢我的母亲、兄长和姐姐，他们在学业、工作和生活上给予我巨大的支持和鼓励，谢谢你们！

特别感谢我的爱人张瑞丹女士，她的美丽和温柔驱走了我写作上的枯燥和苦闷，给我带来了无尽的甜蜜和幸福。如此拙作，敬献于卿。

丁超勋

2015年12月于洛阳朗润园